湖北省社会科学院文库

建国初期长江中下游地区
乡村地权市场探微

A RESEARCH ON RURAL LAND MARKET IN THE MIDDLE
AND LOWER REACHES OF THE YANGTZE RIVER
IN THE EARLY DAYS OF THE PRC

张静 著

中国社会科学出版社

图书在版编目(CIP)数据

建国初期长江中下游地区乡村地权市场探微／张静
著.—北京:中国社会科学出版社,2011.6
ISBN 978-7-5004-9485-0

Ⅰ.①建…　Ⅱ.①张…　Ⅲ.①长江中下游平原—农村—
土地所有权—研究—现代②长江中下游平原—农村—土地
制度—研究—现代　Ⅳ.①F321.1

中国版本图书馆 CIP 数据核字(2011)第 012143 号

策划编辑　冯　斌
责任编辑　郭　嫒
责任校对　韩天炜
封面设计　人文在线
技术编辑　戴　宽

出版发行　中国社会科学出版社
社　　址　北京鼓楼西大街甲 158 号　　　邮　编　100720
电　　话　010—84029450(邮购)
网　　址　http://www.csspw.cn
经　　销　新华书店
印　　刷　新魏印刷厂　　　　　　　装　订　广增装订厂
版　　次　2011 年 6 月第 1 版　　　　印　次　2011 年 6 月第 1 次印刷
开　　本　880×1230　1/32
印　　张　9.5　　　　　　　　　　插　页　2
字　　数　246 千字
定　　价　32.00 元

序

在建立和完善社会主义市场经济体制的宏伟变革中，农村土地流转制度已成为当前的重点和热点。在统筹城乡发展、全面建设小康社会的新阶段，进一步完善农村土地承包制度，对于促进农村经济结构的调整和建立农民收入持续增长的长效机制具有重要的现实意义。

土地具有自然和社会双重属性，土地与农民的关系构成了农村的一对基本关系。地权则是全部社会关系的高度浓缩，它在本质上体现着人与人之间的关系。从历史的延续性上来讲，新中国成立（以下简称建国）前尤其 20 世纪二三十年代，中国农村问题主要是土地问题就已引起广泛的关注，不论是官方还是民间学术团体，甚至国外史学界、人类学家都对中国的广大农村进行了持久的、系统的问卷调查。自建国至 1979 年以前，中国农村和农民问题具有强烈的意识形态色彩，因而国内对地权纯粹学术意义上的研究基本处于停滞状态。改革开放以来，学界对传统中国农村地权分配和地权交易的研究多集中于民国时期和前近代社会。近些年的研究主要针对当前我国农地制度的弊端，多集中于提出各种农地制度理论模式的预设。至于对 50 年代初期的地权市场的实证的量化分析和考察并不多见。尽管 50 年代初期的土地买卖、租佃关系以及雇佣关系只存在了短短几年的时间，但对历史的反思可以为今天的土地使用权合理流转提供有益的借鉴和启迪。

建国以来，我国土地制度经历了多次巨大的变革，从土地改革确立明确的土地私有权，到农业合作化确立明确的土地集体所有权，再到人民公社化确立不明晰的土地所有权，直至以联产承包责任制为标志的农村经济体制改革，每次变革无不涉及地权的变动，而每次地权的变动又同时牵涉一系列重大的理论及政策的探讨和选择，牵涉到千万农家和农民的切身利益，影响到社会心理的变化和社会结构的转型。在中华人民共和国成立初期的短短几年时间内，农村土地制度经历了从土地改革到集体化高潮的频繁变动，地权市场的发展也带有国家强制性制度变迁和个体小农自发性制度创新的双重色彩。作为经济史学者，有必要对建国初期的土地流转做一番梳理、分析和评价，为当前进一步完善土地承包制度、也为经济学研究提供一些历史借鉴和启迪。张静博士以50年代初期长江中下游地区土地买卖、租佃和典当以及基于土地经营的雇佣关系的实证分析为切入点，来考察国家土地政策的演变、地权交易的经济和社会绩效、地权市场和劳动力市场的有机整合、社会关系的变动以及由此所衍生的一系列问题。

张静博士在华中师范大学近代史所接受过较好的史学训练，在彭南生教授指导下研读过中国近现代经济史。为进一步"换脑筋、换思维"，张静报考我的博士生。在博士论文选题时，我鼓励她选择该研究领域，这样容易取得成果，但困难也很大。因为，在此之前有些专著虽然对20世纪50年代的土地流转制度有所提及，但缺乏系统的研究成果可以作为借鉴参考，公开的调查资料也很少。

张静在撰写该书的过程中，尽可能较完整地收集档案资料、地方志资料、报刊资料等，在此基础上进行了非常仔细的梳理。

她以 20 世纪 50 年代初期的长江中下游地区的乡村地权市场为研究对象，系统回顾了新中国成立后的土地制度变迁、中共中央的相关政策演变以及 50 年代初期的乡村地权交易情况，分析了乡村地权市场的多元化特征，探讨了乡村劳动力市场和地权市场的整合状况，构建了制度约束及非制度约束影响小农行为的理论模式。在学术研究上充分体现了严中平先生所提出的"四新"论。通过自己艰苦的努力，初步完成了这项拓荒性的研究任务。严谨缜密是张静治学的一贯风格，粗略统计一下，仅正文和附录表格即有 63 处之多，可见其用心之苦与用力之勤。

当然，由于文献、资料、研究时间等方面的限制，该书尚有许多值得进一步探讨和延伸的领域。如在资料方面，主要采用当时官方的调查数据，缺乏一些田野调查资料作为有益的补充。在研究区域上，作者考察的重心在长江中下游地区，下一步研究能否拓展到全国范围？这些问题虽为拓荒性著作之所难免，但也说明农村土地制度史的研究亟待继续加强和深入。

作为她的导师，欣闻她的专著即将付梓出版，对本书谈上几点，以为贺。并祝愿她在学术科研道路上继续努力，取得更大的成就。

苏少之

2010 年 7 月于武汉

目　　录

图表目录

绪　　论

一　研究现状与存在的问题

近年来，随着三农问题的日益凸显，地权问题逐渐成为经济学、历史学、法学，甚至农民学研究的显学。根据笔者的粗略统计，国内外学者有关土地制度和地权市场的论文和专著可以用汗牛充栋来形容，但专门研究新中国成立（以下简称建国）初期以土地买卖和租佃为主要内容的乡村地权市场的论文却寥寥无几，专著更是付诸阙如。笔者将与本书有关的研究成果作一简要的论述，以便作为本书研究的基础和出发点。

（一）有关小农经济理论的研究

20 世纪 50 年代前后，尽管中国的政权统治模式发生了更迭，但农民经济仍具有传统经济的基本特征。因此，讨论 50 年代初期农村的地权市场，不得不涉及对传统农业社会小农经济理论的分析。关于小农经济的特性，以舒尔茨、蔡雅诺夫、马克思主义等为代表的各主要学派已分别加以阐述。黄宗智融合了上述西方农民学研究的三大观点，将农民经济看成是生产关系（马克思主义）、小生产（蔡雅诺夫主义）和小企业家（新古典主义或理性主义）的组合。主张通过区别不同阶层的小农，对形式主义、实体主义和马克思主义学派的观点进行综合分析。他认为小农既是一个追求利润者，又是维持生计的生产者，当然更是受剥削的耕作者①。

　　以舒氏为代表的小农经济理论的经济学解释机制弱化了传统的西方中心论的倾向，开始关注发展中国家的传统农业、农村经济发展特征和趋势，摆脱了流行的西方理论模式对东方的偏见，其关于传统农业落后的分析及其解决途径对历史和现实有着重要的参考价值。但他所提供的"经济人"、"企业家式人物"以及农民的生存环境不适合中国农村。这种经济人预设不是在农民特定的历史空间中去解释其内在的逻辑，而是从预设的概念出发给出形式化的解释，自然是不能接近历史真实的。完全以古典经济学的理论模式分析农民经济不足为道，但是把农民经济等同于自然经济，判定其完全自给自足，认为在高度自给的社会中，农民往往追求一种家庭效用的最大化，而对家庭收入及利润等市场经济下的概念完全无考虑，以一种极端代替了另一种极端，也不符合实际。黄宗智虽然融合了上述观点，但同样也存在理论失误。他以西方经济学的"边际"概念解释中国小农经济，本土化的工作做得还不够，其文章内涵隐藏的是资本主义技术密集型生产取代劳动密集型生产的现代化诉求。中国传统的小农家庭的经济选择是在特定的历史时空中发生的，其内容的发生机制以模型化的西方概念难以得到较为合理的解释。诚如林刚所指陈的，"在寻求落后国家的发展问题上，可称为科学的经济理论的含义，不是去设计一套完美无瑕的经济行为模式或前景，而是指明客观存在的社会经济环境条件下所可能做出的最佳选择。"②

---

　　①　黄宗智：《华北的小农经济与社会变迁》，中华书局2000年版，第5页。
　　②　林刚：《中国国情与早期现代化》，《中国经济史研究》1999年4期。

　　徐勇、邓大才等通过多年的实践观察和实地研究，在"生存小农"、"阶级小农"、"商品小农"、"理性小农"等经典理论的基础上，提出"社会化小农"的概念。他们认为，当今中国的小农处于"商品小农"与"理性小农"之间，还部分带有"生存小农"的特点。小农受货币支出压力约束，以货币收入最大化为行为伦理，"支"、"收"、"往"都源于"社会"，农民生产、生活、交往都被卷入"社会化"大分工网络①。该理论既是对当今农民特性的基本抽象，也是"再识农户"的基本视角，是基于中国本土认识上的理论范式。

　　总之，学术界对小农经济理论的认识，经历了一个曲折的过程。从一定意义上讲，舒尔茨学派是这种认识过程的一个小结。近年来的诸学派尽管立论角度各异，改造传统农业的措施又因国情和制度不同而相去甚远。但总的趋势是人们越来越承认农业在现代化进程中具有举足轻重的作用，认识到小农经济某些仍然可资利用的合理成分。上述有关小农经济理论对本文理论框架的构建启发颇多，本文主要从制度和非制度约束层面上来分析各种小农经济行为。

（二）乡村经济史研究范式的二元路径：革命论和现代化理论

　　有关传统经济下的地权研究涉及乡村社会经济的各个方面，因此对乡村地权的论述不得不涉及乡村经济史研究范式的综述。20 世纪 20 年代社会性质大论战以来，革命史观成为研究近代以来中国乡村地权问题的主流范式。以陈翰笙为代表的"中国农村派"学术团体指出农村诸问题的中心是"集中在土地之占有

---

　　①　徐勇、邓大才：《社会化小农：解释当今农户的一种视角》，《学术月刊》2006 年 7 月。

与利用以及其他的农业生产手段上", 土地所有与土地使用间的矛盾, "正是现代中国土地问题的核心"。由于马克思主义在1949 年以后的中国大陆得以借助官方意识形态话语而流行, "地主制经济"成为农村土地问题研究领域的主流观点, 因而必然推导出"租佃关系决定论"和"地权集中论"。革命范式主导下的中国乡村经济史领域的概念还有很多, 如"封建制度"、"资本主义萌芽"等, 已有若干学者讨论过, 在此不便赘述。

80 年代以来兴起的现代化范式从对立的另一极作出了对中国革命的否定性解释, 革命论被边缘化了。在以美国学者为主的现代化范式, 如停滞论(帕金斯)、陷阱论(伊懋可)、过密化(黄宗智)等理论, 认为近代中国乡村社会处于一种结构性或制度性的不发展状态。而新古典主义的增长论(马若孟)指出, 近代中国农民有着相对自由的经济选择和较为广泛的经济机会, 生活水平不仅没有下降, 反而有所提高。赵冈、张五常等产权论学派在新制度经济学的分析框架中, 认为近代中国农村产权是排他的, 甚至在前近代时期, 地权市场已经孕育出不断生长的现代因素。上述观点, 仁者见仁、智者见智, 这种多元化的研究格局对于学术进步有其现实的合理性。

在上述理论范式的指导下, 中外学者先后有一批高质量的有关传统乡村地权分配和使用等方面的实证性研究论文和论著问世。关于地权分配的实证研究多集中于民国时期, 学界主要有两种观点: 其一是地权集中论, 80 年代以前研究地权分配的学者多数接受一种规范认识, 即地权越来越集中, 失去土地的农民越来越多。80 年代以后一些学者提出不同的意见, 以章有义为代表的一批学者认为很多地方的土地占有是趋于分散的。两种论调使用的统计资料相差不远, 但前者注重佃农和地主之间所有土地规模的差距, 因而强调地权的集中。后者偏好广泛存在的小土地所有者的规模,自然追寻小土地所有者存在的成因，因而强调地权分散趋势①。90年代以来，对民国时期和前近代社会的地权研究有了进一步的进展，张佩国著《地权分配、农家经济、村落社区——1900—1945年的山东农村》，分析了前近代山东农村地权分配与农家经济、村落社区的相关性，以地权分配为切入点，在村落层级上对农村社会经济结构进行全方位的透析。另外一本著作以地权为核心考察了19世纪中叶至20世纪中叶江南乡村的变迁，作者力图整合人类学、经济史、社会史、法制史和文化史等学科，以历史人类学的方法，从江南村落共同体意识入手，考察了村落和地权的关系，尤其是该书对"一田两主"这一特殊地权形态的分析，深刻揭示了这种地权结构发生的乡土意义②。龙登高认为，中国前近代社会地权市场不断扩大和深化，出现了地权转移的高频率和零细化，地权交易形式复杂多样，发生多层次的分化裂变。由于商业资本的发展，开始出现了地权转化为商业资本的现象。凡此表明，地权市场作为家庭和社会财富的调解与平衡的负载作用日趋强化③。刘克祥系统考察了20世纪20—30年代中国的地权集中趋势和土地经营模式，其史料价值高于理论价值④。

　　关于民国时期土地租佃关系的研究，多数学者都强调了其区域的差异性。80年代，乌廷玉分别从佃农的一般状况、租佃手

---

　　①　章有义：《二十世纪二三十年代中国地权分配的再估计》，《明清及近代农业史论集》，中国农业出版社1997年版。

　　②　张佩国：《近代江南乡村地权的历史人类学研究》，上海人民出版社2002年版。

　　③　龙登高：《11—19世纪中国地权市场分析》，《中国农史》1997年第16卷第3期。

　　④　刘克祥：《1927—1937年的地价变动与土地买卖》，《中国经济史研究》2000年第1期；《20世纪30年代地权集中趋势及其特点》，《中国经济史研究》2001年第3期；《20世纪30年代土地阶级分配状况的整体考察和数量估计》，《中国经济史研究》2002年第1期。

续、地租形态、地租率等方面对旧中国的东北地区、黄河流域、山西、河北、长江下游的苏浙皖 3 省的租佃关系进行了详细的论述，但主要从史学的角度，且论述结构雷同，没有提出多少新的见解①。刘洁分析了解放前甘肃省的租佃状况、租佃形态和租佃率、佃农负担②。史建云对华北平原的河北、河南、山东的地租形态进行研究③。李三谋认为历史上永佃制的存在刺激了佃农的生产积极性，从而获得良好的经济收益，对其曾经产生的历史作用与经济影响应给予肯定。民国时期传统的租佃制发生了变化，如永佃制的没落、书面契约制的出现和发展、田租货币化程度的提高等，但过重的地租负担，增加了佃农生产成本，束缚了佃农的农业生产力，很大程度上破坏和阻碍了简单的农业再生产④。曹芬通过研究川西地主刘文彩及其家族发家置产的过程，认为佃田的分散使用已成为近代川西农村经济发展的障碍⑤。秦燕考察了 20—30 年代陕北地区的租佃制，指出由于该地区租佃制的发展并没有导致新的经济因素产生，也没有促进生产力水平的提高⑥。侯建新考察了 20 世纪上半叶冀中农村一般农民家庭的耕作规模、土地经营方式，指出租佃制在当地农村经营方式中并不占主导地位，它不过是农村主体经济生活的一个方面、一个补充，甚至仅是一个残存的形式⑦。

---

①　李金铮：《二十年来中国近代乡村经济史的新探索》，《历史研究》2003 年第 4 期。

②　刘洁：《解放前甘肃省的土地占有及租佃关系》，《北方文物》1996 年第 1 期。

③　史建云：《近代华北平原地租形态研究》，《近代史研究》1997 年第 3 期；《近代华北平原佃农的土地经营及地租负担》，《近代史研究》1998 年第 6 期。

④　李三谋：《民国前中期土地租佃关系的变化》，《农业考古》2000 年第 1 期。

⑤　曹芬：《田地及租佃问题》，《成都大学学报》2000 年第 4 期。

⑥　秦燕：《清末民初陕北地区租佃制的发展》，《西北工业大学学报》2000 年 6 月。

⑦　侯建新：《近代冀中土地经营及地权转移趋势》，《中国经济史研究》2001 年第 4 期。

　　关于租佃关系对农业生产力发展的影响，最初主要是在革命范式框架下，多数从地主、富农对农民超经济剥削的角度进行分析，并且强调租佃制的落后性、反动性和对农业生产力的阻碍作用。近年来学术界除了对传统观点的论证延续外，无论从研究视角还是方法上都有了新的发展。如章有义通过分析近代以来徽州地区的租佃关系的变化和特点，认为租佃制到了近代成了农业生产力的桎梏，沉重的地租剥削导致佃农经营的恶化和农业生产率的低落，佃农连简单再生产也难以维持[1]。而曹幸穗通过对旧中国苏南农家经济的研究，认为租佃关系的存在并不对农业生产力的发展造成障碍，并且进一步指出租佃长期化"有利于经济秩序的稳定，有利于激励佃农增加土地投入和合理利用土地资源，避免对土地的掠夺性经营"，因此"佃农农场的生产力水平与自耕农并无明显差异"[2]。钞晓鸿通过探讨陕北、关中、陕南地区的雇佣、租佃关系，认为农业中的雇佣制与租佃制作为土地"所有者"与具体生产者的结合方式，在中国可谓源远流长，具有共时性，两者均有极强的适应性与变通性[3]。温锐通过对清末民初赣南闽西地区的考察，认为租佃制作为一种有效的资源配置方式，适应了当地农村生产力的发展水平，促进了地富阶层转向工商业投资，促进了农村众多公田的有效经营，有利于农村劳动力的缓慢转移[4]。李金铮在综述上面观点的基础上，认为"无论

　　① 章有义：《近代徽州租佃关系案例研究》，中国社会科学出版社 1988 年版，第 338 页。

　　② 曹幸穗：《旧中国苏南农家经济研究》，中央编译出版社 1996 年版，第 75、229 页。

　　③ 钞晓鸿：《本世纪前期陕西农业雇佣、租佃关系比较研究》，《中国经济史研究》1999 年第 3 期。

　　④ 温锐：《清末民初赣闽边地区土地租佃制度与农村社会经济》，《中国经济史研究》2002 年第 4 期。

如何，租佃制度作为一种长期延续的经营体制，始终能够将主佃关系维持下来，本身就表明他有一定的生存空间"①。

20 世纪 30 年代，美国人卜凯通过对中国农家经济大规模的实证调查得出结论，认为佃农率高了便会导致剥削和农业生产的停滞的观点并没有其必然性的依据②。马若孟认为民国时期华北的租佃关系变化比较有利于佃户而不是地主，他以沙井村的租佃契约形式为例，说明租佃是一种合理的经济关系③。帕金斯通过分析 1368—1968 中国农地制度的变迁，从历史发展的宏观背景上揭示出中国的租佃制度不会妨碍佃农对提高生产力的努力，这种制度对于 14 世纪以来农田产量的增长没有多少消极作用④。美籍学者赵冈对中国历史上的租佃制着墨较多，他发表了一系列文章论述中国历史上的地权分配趋势以及小农经济和地主经营方式。他认为租佃制是市场经济发展的结果，它可以减少农业生产的交易费用和管理费用，增加生产制度的灵活性。所以，作为一种经济制度，只要市场经济不消失，租佃制度就会延续长存⑤。张五常认为在私有产权和竞争约束条件下，各种经营方式所暗含的资源配置方式和效率相同，如果将规避风险的假设与交易成本最小化的假设结合起来，可以解释雇工经营、租佃经营和自耕等几种经营方式并存的现象⑥。

---

①　李金铮：《二十年来中国近代乡村经济史的新探索》，《历史研究》2003 年第 4 期。

②　陈意新：《美国学者对中国近代农业经济史的研究》，《中国经济史研究》2001 年第 1 期。

③　马若孟：《中国农民经济：河北和山东的农业发展（1890—1949）》，江苏人民出版社 1999 年版。

④　美国德希·帕金斯：《中国农业的发展》，上海译文出版社 1984 年版。

⑤　赵冈：《历史上农地经营方式的选择》，《中国经济史研究》2000 年第 2 期。

⑥　张五常：《佃农理论》，商务印书馆 2002 年版，第 2、99 页。

上述理论范式和实证性研究成果，在相关的学科领域引起了极大关注和争论，这拓展了中国传统乡村经济史和地权研究的领域，同时也为今人的研究提供了宝贵的借鉴和史料。

（三）建国后农村土地制度和地权流转研究现状

本文对 50 年代初期乡村地权市场研究的分析，主要围绕土改结束后至集体化高潮前的土地买卖、租佃、典当关系和乡村雇佣关系而展开。土改结束后不久，有些言论为了说明农村"两极分化"的严重性和开展互助合作运动的必要性，对土改后农村出现的土地买卖、租佃和雇佣关系不加分析地进行批判，认为上述现象的存在标志着农村出现了"两极分化"。在后来的社会主义改造理论建构中，这种认识甚至被蒙上了意识形态色彩，这导致学界相关课题的研究处于停滞状态。改革开放以来，随着人们思想观念的解放以及各种档案资料的开放和利用，某些著作公开了一些有关土改结束后土地买卖、租佃和雇佣关系的档案资料①。在此基础上，一批学者对该相关课题也相继进行了一些研究。如黄荣华以湖北省新洲县为个案，考察了该县 1949—1983 年的地权变迁，重点探讨了该县农村地权变迁的实现历程以及由地权变动所带来的农民生产生活方式的变化和社会关系的变动。董国礼以安徽省太和县为个案，将 1949—1998 年以来的土地产权制度变更看作是由制度均衡到非均衡而引起变迁的过程②。陈吉元认为，由于生产力条件、劳动力多寡、经营能力高低上的差

---

① 中国社会科学院、中央档案馆：《1949—1952 中华人民共和国经济档案资料选编·农村经济体制卷》，社会科学文献出版社 1992 年版，第 485—494 页。

② 黄荣华：《农村地权研究：1949—1983》，董国礼：《中国土地产权制度变迁：1949—1998—以太和县为个案》，中国优秀博硕士学位论文全文数据库：www.cnki.net.

异，土改后农村的贫富差距正在拉开，农村小部分开始购买土地、雇工经营，另一部分则出卖土地、受雇于他人。我国农村出现了"两极分化"的苗头，但仅仅是苗头而已①。周志强认为，土改后农村中出现的少量的民间借贷、土地兼并、土地租赁和雇佣劳动等现象不能简单地说成是资本主义生产关系的发展，从资源优化配置的角度看，上述土地关系的局部调整是对土改中实行的按人口平均分配土地的一种纠偏，是对土地和劳力重组的一种方式，总体上对发展农业生产是有益的②。高化民也指出，用土地买卖的数据说明土改后农村出现了两极分化是不确切的，土地买卖是两极分化的一个重要原因，但不等于就是两极分化。属于调剂性质的出卖土地，对发展生产不仅无害反而有利③。汪柏树以徽州休宁北山乡土改后的一百多份土地卖契为主要根据，阐述了土改后土地买卖的基本情况、土地价格和主要卖因，并提出了"贫富两极分化差距率"的概念，分析了因生活困难而出卖土地形成了农村贫富两极分化的发展趋势④。相关论文提供的徽州土改后的土地卖契具有较高的资料价值。苏少之系统分析了土地改革后农村出现的土地买卖、租佃和雇佣关系，认为上述关系多数

---

① 陈吉元等：《中国农村社会经济变迁（1949—1989）》，山西经济出版社1993年版，第88—92页。

② 周志强：《中国共产党与中国农业发展道路》，中共党史出版社2003年版，第185—200页。

③ 高华民：《买卖土地的数据不等于就是两极分化》，《党史研究》1982年第1期。

④ 汪柏树相关论文：《徽州土改后的一个田地卖契系统——徽州休宁北山乡土改后的田地卖契研究之一》《黄山学院学报》2004年第4期；《徽州土改后出卖土地的法律凭证——徽州休宁北山乡土改后的田地卖契研究之二》《黄山学院学报》2004年第10期；《徽州休宁北山乡土改后的土地买卖考察——徽州休宁北山乡土改后的土地卖契研究之三》《徽州社会科学》2005年第12期；《徽州土地改革前后的土地卖契》《黄山学院学报》2005年第4期。

是发生在劳动群众之间，并且多属于调剂生产和劳力的性质。土改后农村阶级结构变化的趋势是中农化，上述关系的存在并不能说明农村出现两极分化①。笔者受该文的启发和影响颇多。莫宏伟分别考察了土地改革后苏南土地交换、租佃和买卖情况，该文运用了一批新的档案资料，但内容上没有大的创新，偏重于史料的整理②。上述有关 50 年代初期的地权市场研究虽具有一定的实证性，但或者没有深入系统的分析，或选择的资料范围较窄，或倚重于史料的整理。

　　此外，由于我国市场经济的发展及其推动下的土地制度改革，土地流转成为经济学界、社会学界和法学界的热门研究课题。有关土地流转的基础理论研究包括马克思主义的企业、产权学说和地租地价理论，邓小平关于建设有中国特色的社会主义市场经济理论，西方经济学的地租地价理论、土地收益理论和土地供求流论，新制度经济学的制度理论、产权理论、交易费用理论和契约理论，现代民法理论中的物权法及债权法。这些理论分别对我国土地制度的改革尤其是现阶段土地流转制度的建设具有重要的指导意义，同时对我国现阶段土地制度的创新和完善具有一定的借鉴意义。关于土地流转问题国内外学者也进行了广泛、系统的研究，内容涉及土地流转的各个方面，包括现状和问题、道路与模式、土地交易、功能结构、利益分配、制度创新、法律规范等各个方面。围绕土地制度变迁国内外学者也作了大量的论述，分别从激励机制、宏观环境、博弈主体、利益诱致、公平与效率及交易费用、利益集团和产权等角度分析，给出不同的经济

---

① 苏少之：《论我国农村土地改革后的"两极分化"问题》，《中国经济史研究》1989 年第 3 期。

② 莫宏伟：《土地改革后苏南土地交换、租佃和买卖的历史考察》，《广西社会科学》2005 年第 2 期。

学解释。因本文的论述重点不在上述研究范围，因此不再赘述，笔者也无意逐一评述，但上述各个方面的研究成果为笔者的进一步深入研究提供了理论和方法论上的指导。

（四）传统小农经济和乡村地权研究现状的结论与启示

上述有关小农经济理论、乡村经济研究范式以及地权分配和地权经营状况的探讨，不仅为本文研究思路和理论框架的构建提供了坚实的平台，同时也为本文的进一步研究提供了多方面的启示。但检视上述研究，不难发现对传统尤其是建国初期的小农经济和地权市场的研究，仍存在以下几个方面问题需要进一步深入探讨。

首先，不管是国内学者还是国外学者，对中国传统小农经济的研究带有显著的意识形态倾向。美国学者对中国农村问题的完整系统地研究始于卜凯，他认为中国近代农业经济的主要问题是技术上的"落后"，解决的方案是广义的技术进步。这一思路形成了"技术学派"，技术学派的观点曾成为国民党政府制定农业政策的基础。卜凯对中国近代农业经济的看法在20世纪30年代初发表后，受到了中国马克思主义学者的批判。陈翰笙等运用阶级分析的方法，指出中国农村最主要的问题是土地分配不均，解决的方案是重新分配土地和财产。这一思路形成了"分配学派"，分配学派的观点则成为共产党社会革命的理论基石。1949年后，卜凯的技术学派观点很快受到了中国革命强有力的挑战。而当人民公社与"大跃进"灾难性后果逐渐显露出来后，分配学派的观点又受到质疑。

70年代，马若孟通过对满铁资料的分析研究，得出了与卜凯一样的结论，他认为发展中国农业经济的关键在于广义的技术进步。马若孟的观点在70年代遭到了批评并引起了广泛辩论。辩论的学者们都各自利用了不同甚至相同的资料引出了各种数据，对中国近代农业经济问题作出了自己的解释。70 年代的辩论显示学者们对于中国近代农业经济的根本性问题、土地分配、租佃关系的理解存在着巨大的分歧。80 年代以来，美国学者对中国近代农业经济问题的研究进入了新的一轮辩论，开始了对中国近代农业经济根本性问题的新的理解。由于受意识形态取向的限制，即使使用同一套资料研究同一个地区，学者们得出的结论也不甚相同。马若孟利用满铁调查资料对近代华北农村经济研究的结论，美国学术界对其做了否定的批评，认为过多地使用了日本人的资料，他的结论是错误的。黄宗智和杜赞奇同样利用满铁资料在 80 年代得出与马若孟南辕北辙的结论后，学术界却称赞他们的见解新颖独到。90 年代，多数历史学家又认为马若孟对史料的运用是准确的。这些研究结论的不同和学术界的反复恰恰表达了美国学者对历史资料的重新认识，对中国农业经济和中国革命的重新理解以及他们意识形态的取向。

其次，定量和定性分析相结合。在研究乡村经济史尤其是地权流转问题时，针对长于定性分析、疏于定量分析的问题，史学界提出要加强对计量经济史学和科学统计方法的训练，许多学者也相应地作出了有益的探索。但是，在重视定量分析的同时，许多学者不仅把计量分析作为经济史学分析的辅助工具或手段，甚至作为起点或目标。在此基础上，某些研究在一开始便建立在某些错误的理论预设上，甚至有意无意地隐去某些关系条件。那么，即使统计工具再先进、输入的数据再准确无误，则计量的结果和实际情况也会有很大的出入。正如吴承明先生所说：“经济计量学方法应用经济史，其范围是有限制的。在这个范围内，应该主要用它检验已有的定性分析，而不宜用它建立新的理论。”①

---

① 吴承明：《市场·近代化·经济史论》，云南大学出版社 1996 年版，第 63 页。

因此，在加强对已有资料的挖掘和梳理的同时，通过典型调查和系统调查、静态研究和纵向比较、定量分析和定性分析有机结合等途径来实现对经济史研究的科学和实证的考察。

最后，研究小农经济要凸显农民的历史主体性。近年来，国内史学界有关乡村社会经济史的研究不断深入，"从下层看历史"的呼声不绝于耳。但以往相关研究多数远离小农的生活场景和史景，从学科的角度对小农经济作出单一化的学科分析，从而缺乏乡土感觉。这不仅是由研究者的问题意识所决定，也与研究者的角色意识有很大的关联性。正如张佩国所说，对"农家经济"的研究实际上带有方法论意义的学理概念。这一概念的解释策略存在两个问题：一是单一化的成本收益分析，一是价值预设的成分太浓或者说以现代化理论的价值标准评价农家经济的发展。研究农家经济主要不在于如何评价，而是要探讨农民们在特定的社会历史时空中为什么会做出这样的选择，也就是说解释要比评价更重要①。因此，研究乡村地权市场，要真正的从"旁观"到"贴近"，从而最大限度地凸显本已存在的农民的历史主体性。

二 选题旨趣

土地具有自然和社会双重属性，土地与农民的关系构成了农村的基本关系。地权则是全部社会关系的高度浓缩，它在本质上体现着人与人之间的关系。本文以 50 年代初期长江中下游地区农村土地个人私有基础上的土地买卖、租佃和典当以及雇佣关系

---

① 张佩国：《近代江南的农家生计与家庭再生产》，《中国农史》2002 年第 21 卷第 3 期。

的实证分析为切入点，来考察国家强制性土地制度的演变、地权市场的纵向发展和多元化特征、劳动力市场和地权市场的有机整合、地权交易的经济和社会绩效、社会关系的变动以及由此所衍生的一系列问题。下面主要从以下几个方面来解释笔者为何以50年代初期长江中下游地区的乡村地权市场作为研究选题。

（一）选择50年代初期的乡村地权市场作为研究对象

　　之所以选择50年代初期的乡村地权市场作为研究对象，是因为对建国初期土地私人占有基础上的土地买卖、租佃和雇佣关系的实证考察，在共和国经济史的研究中占有十分重要的历史地位。它不仅可以从新的角度重新阐释建国初期政府的制度变迁过程和个体农民的经济行为，而且对于历史的反思可以为今天的土地使用权合理流转提供有益的借鉴和启迪。具体来讲主要体现在以下几个方面：

　　首先，在中华人民共和国成立初期的短短几年时间内，农村土地制度经历了从土地改革到集体化高潮的频繁变动，地权市场的发展也带有国家强制性制度变迁和个体小农自发性制度创新的双重色彩。建国初期，我国的土地制度经历了三次重大变革：土地改革使封建地主土地所有权转变为农民土地所有权；初级农业合作化使农民土地所有权、农民土地使用权转变为农民土地所有权、集体土地使用权；高级农业合作化则使得农民土地所有权、集体土地使用权进一步转变为集体土地所有权和使用权。三次强制性制度变迁主要体现在土地产权制度上——农民土地产权私有变为集体所有。

　　土改结束后到集体化高潮前，土地产权属于农民个体所有，土地所有权和使用权在不同的经济实体之间的转让和流动以及围绕土地经营而发生的农村劳动力的转移，是符合当时生产力发展的自然良性调整。在地权个人私有存在的短短几年的时间内，中国共产党对土地买卖、租佃和雇佣关系的政策发生了很大的变化：从废除封建地主土地所有权到保护农民土地产权私有以及倡导土地买卖、租佃和雇佣自由，从对老区互助合作组织和党员买地、出租和雇工经营采取区别对待的政策到逐渐批判土地买卖、租佃自由，最后通过土地、劳动力等生产资料入组入社的合作化运动，从根本上杜绝了土地自由流转和雇工经营存在的可能性，地权市场也随之消失。

第二，关于建国初期农村土地买卖、典当关系以及租佃关系的系统研究，在目前土地制度史研究和中华人民共和国经济史研究中还是一个薄弱的环节。从历史的延续性上来讲，建国前尤其二三十年代，中国农村问题尤其是土地问题就已引起广泛地关注，不论是官方还是民间学术团体，甚至国外史学界、人类学家都对中国的广大农村进行了持久、系统的问卷调查。自建国至1979年以前，中国农村和农民问题带有强烈的意识形态色彩，因而国内对地权纯粹学术意义上的研究基本处于停滞状态。80年代以来，土地制度变迁作为中华人民共和国经济发展和社会转型中一个绕不开的环节，一些学者分别从不同的学科背景和不同的角度进行了探讨，还有的学者对已有的研究成果进行了概述。在中华人民共和国农业史和经济思想史著作中，地权作为一个不可缺少的组成部分也被经常提及。这一类的研究著作主要在政策层面为我们展现了地权变迁的宏大历史背景和思想渊源，但与微观的实证研究还有很大的距离；关于土地改革、农业合作化、人民公社、家庭联产承包责任制等专题研究中对于建国后各个时期的地权问题也有所涉及，这类著作有助于我们从宏观上了解各个时期地权的特点，但缺乏深入基层的连贯性考察；有的著作侧重于分析中共十一届三中全会以后农地制度的变革，这一类著作侧重于针对当前我国农地制度的弊端，从理论或理论与实践相结合来提出各种农地制度理论模式的预设，探讨十一届三中全会以后我国农地制度的改革与创新。

总之，80 年代以来，历史学界和经济史学界对传统农村地权分配和地权交易的研究多数集中于前近代社会和民国时期，并且已取得了丰硕的成果。而当代经济学者则基于现实的需要，主要针对当前我国农地制度的弊端，多偏好提出各种农地制度理论模式的预设。至于对 50 年代初期的土地买卖、典当和租佃关系的研究却尚显不足。鉴于建国初期兼具资源配置效应和社会保障效应的土地买卖、租佃关系等存在的重要性，有必要加强对此作实证的量化分析和考察。如此，不仅可在时间界限上将土地制度史研究前后承接起来，同时也可考察不同政权形态下的地权交易转型的内在根源及其历史作用。

第三，通过对 50 年代初期土地买卖、租佃关系和雇佣关系的实证分析，可以看出，土改结束后，上述关系的继续存在主要缘于当时农村生产力的落后、土地和劳动力等生产要素占有的分散以及国家社会保障体系的缺失；地权交易主体由原来主要发生在地主、富农和普通农民两极之间，转变为普通劳动群众之间；租地户和出雇户对于出租户和雇工户没有人身依附关系，主佃之间和主雇之间保持相对平等，形成一种单纯经济意义上的契约关系；从生产要素优化配置的角度来看，土地使用权的流转以及围绕土地经营而发生的农村劳动力的转移，是劳动力和土地优化重组的一种理性选择。它对于促进土地、劳动力的合理流动和优化配置、发挥土地的社会保障和失业保险功能、提高农地经营效益、恢复和发展农村个体经济等方面都起了积极作用。这些结论表明，建国初期把土地买卖、租佃和雇佣关系等视为"两极分化"主要标志的认识是不符合历史实际的。为了说明土改结束后农村的实际情况，有必要对当时农村中存在的上述关系作些微观的、实证的分析。

最后，研究该阶段的土地买卖、租佃关系和雇佣关系可以为当今的农村土地流转和劳动力转移提供历史借鉴。改革开放以来，我国实行土地农民集体所有基础上的家庭联产承包责任制。在此土地制度下，土地承包造成的土地平均化，国家建设征地、商业性开发圈地、乡镇村非农化利用圈地等造成大量的失地农民，农村劳动力转移造成的土地抛荒，农村社会保障制度的相对滞后等人地关系和就业方向上的变化，使得土地流转成为必然发生的农民经济行为。和50年代初期相比，当前我国农村土地流转的层次高、规模大、范围广，流转形式呈多样化发展趋势，土地租赁作为实现土地使用权合理流转的一种主要方式仍然广泛存在。但随着以土地租赁为主的土地流转行为的日益增多，我国农村土地市场发展中存在诸多问题，如市场主体之间的产权关系模糊不清、交易不规范、配置效率低等诸多缺点，直接制约着稀缺的土地资源的合理流动和优化配置。因此，政府的主要任务是为土地流转创造良好的政策环境以保护农民土地权益，尊重和确保农民在土地使用权流转中的主体地位。尽管50年代初期的土地买卖、租佃关系以及雇佣关系只存在了短短几年的时间，但对历史的反思可以为今天的土地使用权合理流转提供有益的借鉴和启迪。

（二）选择长江中下游地区作为研究区域

农业生产与特定的生态环境关系密切，因而呈现出鲜明的地域性特征。因此，农村问题尤其是土地问题研究更应倡导运用区域经济的研究方法，对中国这样一个各地自然生态条件相差较大的农业大国尤应如此。近年来区域经济史研究成果显著增多，华北地区、长江流域和珠江流域等区域经济史研究都有专著问世，大大推动和深化了区域农村经济史的研究。与此同时，区域经济史的研究时限均集中于 50 年代以前的民国时期和前近代社会，如罗仑等之于清末山东经营地主经济、黄宗智之于明清以来的华北和长江三角洲小农经济、从瀚香之于近代冀鲁豫乡村、温锐之于 20 世纪世纪赣闽粤三边地区实证研究、唐致卿之于近代山东农村社会经济、金德群之于民国时期农村土地问题、段本洛之于苏南近代社会经济史等等。区域经济史的勃兴是新时期中国经济史学引人注目的现象，也是中国经济史学向广度和深度发展的需要。前人在江南地区和长江流域区域经济史研究上已经作了相当深入的探讨，其成果也反映了他们的独具慧眼，但也应该看到在区域经济史领域仍有一定的学术空间可供拓展。而对 50 年代初期长江中下游地区乡村地权市场的研究更显薄弱，特别是运用现代经济学理论框架和分析方法进行实证分析仍比较缺乏，因此需要进一步深入和加强研究。

　　如何划分区域经济史的"区域"，进而确定具体的研究范围，是从事研究不可回避的基本问题。对此，历史学家、经济学家、人口学家、地理学家等不同领域的学者们都分别立足于自己的学科基础，从不同的角度出发，提出过各自的划分标准。归纳而言，主要按照行政区划、自然经济条件、市场网络和人文风俗等的不同来界定。80 年代以来，在施坚雅"地文地域"论的基础上，提出"地文—生态地域"新说，即将生态环境的概念纳入经济区域划分中，使之更为全面①。之所以选择长江中下游地区作为研究的对象，主要基于该区域自然、人文生态环境的相似性。

　　① 陈丽霞：《对区域经济史研究若干问题的思考》，《福建论坛》2003 年第 1 期。

长江中下游的地域划分，通常是指自湖北省宜昌至江西省湖口为中游，湖口以下为下游。本文论述的长江中下游地区，其范围则要广泛得多，除长江中下游干流以外，还包括其支流所能集水的区域及其流域邻近属省界行政管辖范围内的若干区域，计有湖北、湖南、江西、安徽、江苏、浙江六省。

该区域河川径流丰富，主要支流湘江、沅江和澧江等水系汇于洞庭湖泄入长江。汉水是长江最大的支流，于武汉注入长江；赣江、抚河、信江、都江和修水等汇注于鄱阳湖后流入长江。另有京杭大远河贯穿大江南北，是南水北调的一个重要通道；湖泊众多，鄱阳、洞庭、太湖等全国五大淡水湖均分布在本区。由于河川径流丰富、河网密集，农业开发利用条件较好，有利于形成较统一发达的农业灌溉系统①。长江中下游区域兼有暖温带和亚热带等多样性气候条件，霜冻期短、雨量充沛、气候温暖湿润。本地区大部分地势比较平坦开阔，没有东西走向的高大山脉横贯阻挡，因而各地的气候均有一定的相似性和特殊性。

长江中下游经济区的地形以平原和丘陵为主，平原约占土地总面积的1/3，主要有洞庭湖平原、江汉平原、鄱阳湖平原、太湖平原、长江下游沿江平原、苏北里下河平原，以及长江各支流的河谷平原，多属湖积或冲积平原，分布有大面积的土层深厚、土质肥沃的水稻土，成为该区水稻高产的重要自然基础。长江三角洲、里下河平原、皖中沿江平原和鄱阳湖平原是我国最大的水稻产区，水稻种植面积和产量约占全国水稻总面积和总产量的三分之二左右。在经济作物中占有重要地位的棉花，产地主要集中在杭州湾以北的浙江、江苏的沿江和沿海、上海市郊以及皖中沿江平原，产量在全国占有重要地位，特别是单位面积产量较高。

---

① 蒋德隆：《长江中下游气候》，气象出版社1991年版，第1—2页。

江南丘陵按地域分布，一般分为湘西、湘南、赣西、赣东、赣南、宁镇和浙西南等丘陵地，各丘陵地之间一般有河谷盆地，有利于发展茶叶、油桐、油茶、杉、松、竹等经济作物①。

此外，从行政区划上来看，当时长江中游的湖北、湖南、江西3省隶属于中南区，而下游的安徽、江苏和浙江省则被划入华东区。中南区和华东区都属于土改新区，而且土改后中央政府的土地制度变迁和政策演变在两个地区是一致的。建国初期，中共中央中南局和华东局分别在各自的管辖省域组织了一系列的农村经济调查。各地区农村工作部一般采取逐户调查的方式，而统计局则根据苏联的经验，按照类型比例与随机机械抽样相结合的原则来进行。各省各地区的农村工作部和统计局在各大局的统一领导下采取科学抽样的方法，获得了大批第一手的翔实资料，这为本课题的实证研究奠定了丰富的资料基础。在这批档案资料中，各典型调查县、乡和村的选择均有很强的代表性，可代表各种类型调查区的一般社会经济情况。从各地的自然生态环境来看，可分为平原区、丘陵区、山区和湖区。有的地理位置偏远，有的靠近城镇和集市；按经济特点划分又可分为粮食作物区、经济作物区和粮棉夹种区；根据土改后各地区农村政权的建立和互助合作运动发展情况，可分为先进乡、一般乡和薄弱乡。本文引用的大批第一手的档案资料，均为第一次使用。

三 研究框架和主要内容

我国各地自然生态环境条件差异大、人多地少的状况决定了

---

① 孙颔等主编：《中国农业自然资源与区域发展》，江苏科学技术出版社1994年版，第340页。

与西方有着根本的不同，简单地套用西方经典资本主义的思路不能解决中国农村经济的深层次问题，中国需要建立符合本国实际的理论模式。因此，研究中国问题时应走出狭隘的学科本位观，以开放的问题意识和多维度的科际整合（学科间的整合），按照中国自身内部的社会经济发展脉络来实证考察区域和下层社会问题。柯文的中国中心观和诺斯关于制度的分析对本课题的框架构建启发颇多。在经济发展过程中，国家强制性制度变迁因素固然重要，但制度因素中的非正式规则和非制度性因素的影响也不可忽视。正是基于上述理解，本文力图从多学科整合的角度入手，通过实证分析 50 年代初期以个体农民为交易主体的长江中下游地区的乡村地权市场，来考察建国初期中共中央强制性的制度变迁、传统农村社会的非正式制度约束和非制度性约束对农民行为的影响，以此来实现对地权市场更加"贴切"的研究。

（一）研究框架

本文以 50 年代初期长江中下游地区的乡村地权市场为研究对象，借鉴新制度经济学和小农经济理论，采用宏观分析与微观分析、定量分析与定性分析、规范研究与实证研究相结合的研究方法，系统地回顾了新中国成立后的土地制度变迁、中共中央的相关政策演变以及 50 年代初期的乡村地权交易情况，分析了乡村地权市场的多元化特征，探讨了农村劳动力市场和土地市场的整合状况，构建了制度约束中的正式规则和非正式规则及非制度约束对小农经济行为影响的理论模式，解读了由地权交易和土地流转所引起的经济社会效应。

（二）主要内容

第一章首先回顾了土改前的地权占有和使用状况，这为本文下面的论述作了一个重要的历史背景铺垫。民国时期，许多官方机构和国内外民间学术团体都进行了持久的问卷调查。在此基础上，部分学者利用这些资料对当时的土地买卖、租佃和雇佣关系等进行了系统的研究。新中国成立以后，各地区土改委员会服从土地改革的需要，也相继进行了大量的农村经济调查。在借鉴上述调查资料和研究成果的基础上，对民国时期长江中下游地区的地权占有和土地经营方式作一简要概述。

　　第二章实证分析了 50 年代初期政府的土地政策演变和土地买卖、租佃关系的动态发展。土改结束后，我国农村土地制度发生了根本变革，农民土地所有制彻底取代了封建地主土地所有制，封建性的土地买卖、租佃关系也得以废除。但在当时广大农村生产力落后、个体农民生产要素占有更加分散以及国家农村社会保障体系缺失、金融组织不健全、国家农贷尚无力顾及绝大多数农民、农村私人借贷不能健康发展的情况下，长江中下游地区地权个人私有基础上的土地买卖、租佃关系仍然继续存在下来。与新中国成立前甚至土改前比较，土地买卖和租佃关系大大减少，有的地方甚至出现停滞的情况。政府从恢复和发展农民个体经济的角度出发，曾一度鼓励土地买卖、典当和租佃自由，提倡租额由租佃双方自由面议，使土地租佃率有所上升。1953 年下半年过渡时期总路线提出后，党中央对土地买卖、租佃关系采取批判和限制的措施，并通过强迫农民的土地和劳动力入组入社来逐渐取消上述关系。从各地的农村经济情况调查来看，互助合作组织虽然某种程度上促进了土地和劳动力等生产要素的合理流动，但并不能完全替代土地买卖和租佃关系对生产要素的配置功能。直到集体化高潮前，土地买卖和租佃关系依然存在，有的地方甚至有所增加。

　　第三章从多方面、多维度剖析了地权市场的多元化特征。土改结束后，各地土地买卖和租佃关系的原因发生了根本性的变化。到集体化高潮出现之前的短短几年时间内，土地买卖、租佃等地权交易形式虽然在数量和规模上远远低于土改前，但作为重新配置劳动力和土地等生产要素的主要方式仍然继续存在下来并有所发展。地权市场传承着传统农业经济社会的地权交易的诸多特征的同时，一些引人注目的趋势开始出现或加强：从地权流转的原因和绩效来看，地权交易尤其是土地经营权的流转有社会保障和失业保险的功能，同时兼具合理有效配置土地和劳动力资源的经济功能；个体农民尤其是贫雇农、中农等占人口绝大多数的普通劳动者开始成为地权市场的交易主体，小农家庭纷纷卷入土地买卖、典当和租佃关系中，地权市场广泛而普遍存在；地权交易普遍呈现小额数、高频率、细零化的特征；地权占有和使用的分散性及各地生态环境、耕作习俗的差异性，造成地权交易形式的多元化。种种特征表明，地权市场日趋细密化和复杂化，其作为调整劳动力和土地资源的配置功能日趋强化，相应的其转移家庭和社会财富从普通劳动者向地主、富农集中的阶级分化功能逐渐式微。

第四章探讨了地权私有基础上的农村劳动力市场，即雇佣关系（本文主要指农业雇佣劳动力）的发展状况。土改后，由于农业生产的特殊季节性、人均占有土地的分散和土改后租佃关系不发达，作为实现劳动力和土地有效配置方式之一的农村雇佣关系仍然在各地普遍存在。从地区上讲，大部分雇佣劳动集中在商业性农业比较发达的经济作物种植区和农户经营规模比较大的地区；从农户方面讲，则主要集中在广大的中农和贫雇农阶层中。土改前后相比，各地的雇工形式并无大的变化，主要有长工、月季工、短工、牧童等。但各种雇工形式的数量多寡发生变化，其变化趋势是雇佣长工的绝对值和相对值都急剧下降，而短工、散工等形式的雇佣比重却呈上升趋势。雇工工资的高低主要取决于各地的劳动力供求状况，工资报酬也多与农时忙闲和活计的多寡相适应。由于农业生产的季节性特征，劳动力往往按照季节工资率获得工资。就此而言，雇主与雇工之间的关系变成一种纯粹的劳动力买卖关系，劳动力成为一种真正的商品。由于受劳动力供过于求等各种因素的影响，土改后的工资比土改前降低。总之，雇佣关系存在的原因和阶层分布状况从一个方面论证了当时地权分配和占有的分散性，同时也说明是对土地租佃关系的有益补充，其存在、发展促进了劳动力和土地资源的合理流动和优化配置，部分实现了与地权市场的有效整合。

　　第五章理论部分首先分析了制度约束中的正式规则和非正式规则以及非制度约束对小农行为的影响。50 年代初期的地权交易，发生于正式制度和非正式制度相互交织的制度环境中，这两种制度约束动态决定和改变着政府和个体小农的行为空间。其次，针对当时舆论中认为"四大自由"是两极分化和资本主义自发趋势重要标志的观点，本文从分析当时农村阶级结构的基本变化趋势和特点入手，认为当时多数农户成分普遍上升或接近上升，中农成为农村阶级结构的基本构成，这说明农村并没有出现两极分化。同时，50 年代初期长江中下游地区农村土地买卖、租佃关系和雇佣关系发生的程度和规模与当地的经济发展水平、农民人均收入水平等统计指标呈明显的正相关性。换言之，农户之间的土地买卖、租佃和雇佣关系的广化和深化，一定程度上促进了农村经济的发展。

第 一 章

新中国成立前长江中下游地区农村
地权占有和使用状况

第一节 地权占有和使用情况

土地是农民繁衍生息的第一要素，是乡村社会经济的基础，也是近代中国革命的中心问题。本文的论述重点在建国初期的50年代，尽管当时中国的政权统治模式发生了更迭，但50年代的小农经济仍具有传统经济的基本特征。因此，讨论50年代初期的乡村地权市场，不得不涉及到对新中国成立前地权占有和使用状况的回顾和分析，以便为下文所涉及的内容作一前提铺垫。

一 地权占有分配情况

小农经济是中国传统农村社会经济的主体部分，而土地所有制是农村社会经济的重要支柱。地权分配是土地问题的核心，决定着农村生产关系、利益关系以及社会关系的基本面貌。正如张佩国所说：地权分配是中国乡村社会历史进程的"全息元"，中国乡村社会的全部信息含量通过地权分配折射出来，而透过地权分配这一聚焦点也能够全面地透析中国乡村社会乃至整个中国社会变迁的历史行程①。长期以来，受革命范式的影响，学术界流行这样一种估计，即占乡村人口不到 10% 的地主、富农占有 70%—80% 的土地，而占乡村人口 90% 以上的雇农、贫农、中农仅占有 20%—30% 的土地。章有义首先对此提出质疑，认为抗战以前全国无地户约占农村总户数的 30%—40%，有地户中地主、富农占有土地的 50%—60%，中贫农占 40%—50%。稳妥一点说，地主、富农占地比重为 60% 左右，中贫农占地 40% 左右②。此后，郭德宏也做了大体相当的估计③。乌廷玉的估计更为大胆，他认为占总人口 6%—10% 的地主、富农占有全国土地的 28%—50%，占人口 90%—94% 的农民占全国土地的 50%—72%④。上述研究表明地权问题并非如以前所估计的那样严重。

地权分配不只是静态的分布，更是不断变化的动态过程。在很长一段时间，与上述传统思维惯性相联系，土地越来越集中已成为学术界的通论。但有的学者曾经提出过这样的疑问，如果土地越来越集中，农民的土地早就应该没有了，但为什么长期以来一直还保留部分土地，这岂不是自相矛盾吗？章有义认为，土地自由买卖和遗产多子均分制是对地权分配长期起作用的两个基本因素，地权流动在任何时期、任何地区都经常发生，既有分散又有集中。于是，在长期上、整体上形成地权阶级分配的某种常态，即地主与农民占地的比率大体稳定。11 世纪初至 20 世纪 30

---

① 张佩国：《近代江南乡村地权的历史人类学研究》，上海人民出版社 2002 年版，第 63 页。

② 章有义：《本世纪二三十年代我国地权分配的再估计》，《中国社会经济史研究》1988 年第 2 期。

③ 郭德宏：《旧中国土地占有状况及发展趋势》，《中国社会科学》1989 年第 4 期。

④ 乌廷玉：《旧中国地主富农占有多少土地》，《史学集刊》1998 年第 1 期。

年代佃户比例基本上是一个常数的事实证明，"人们所想象的地权不断集中的长期趋势，实际上是不存在的，或者说是不可能存在的"。郭德宏进一步认为，在1949年前几十年间，各地区地权变化的情况虽然很复杂，但总的来说，地权是越来越分散，而非越来越集中，地主、富农占有的土地比例有所下降，农民占有的土地比重有所上升。朱玉湘也指出，1900年以来，在一些地区土地占有趋于集中的同时，很多地区的地权却是逐渐趋于分散，尤其是抗日战争以后，因地主经济地位下降，土地占有的分散趋向更加明显①。

有关地权分配的微观个案研究也显示土地占有的分散趋向。张佩国通过考察1900—1945年的山东农村，认为土地占有的分散化趋势自清末至民国初年愈益明显，这一进程在抗战期间进一步加快②。史志宏通过对20世纪30—40年代河北清苑县的研究显示，有关统计数字并不能说明该县农村的土地分配是集中的，相反，它们反映了当地的土地分配呈相对分散化的格局③。曹幸穗在考察苏南地权分配时也发现，19世纪末至20世纪30年代，苏南地权同时经历了分散与集中的两个过程，土地占有权并不是越来越集中于少数大地主手中，而是越来越多的中小地主共占土地④。

近年来只有少数学者仍坚持土地集中论的看法，如刘克祥认为，虽然20世纪30年代的地权集中与分散同时并存或交替出现，但集中却是地权分配的一般形态。主要表现为自耕农、半自

---

① 朱玉湘：《试论近代中国的土地占有关系及其特点》，《文史哲》1997年第2期。

② 张佩国：《地权分配、农家经济、村落社区——1900—1945年的山东农村》，齐鲁书社2000年版，第57—70页。

③ 史志宏：《20世纪三四十年代华北平原农村的土地分配及其变化》，《中国经济史研究》2002年第3期。

④ 曹幸穗：《旧中国苏南农家经济研究》，中央编译出版社1996年版，第20—21页。

耕农占地零细化和无地化的程度愈加严重，中小地主也普遍衰败，大地主和城市地主急剧膨胀，全国地权恶性集中①。赵冈通过研究宋代以来的地权分配趋势，却认为中国历史上地权分配的趋势并非所谓的"不断集中论"或"无限集中论"，相反就长期趋势而言，中国历史上的地权转移反而出现了逐渐分散的倾向。他指出，地权分配主要受两个因素支配，一个是土地市场的条件支配田地集中的速度，另一个是中国传统的遗产分配制度支配田产分散的速度。两种因素的相互作用，决定地权分配更趋向集中还是趋向分散。宋明以后中国人口的快速增长，导致了地权分配的分散倾向②。这些研究成果进一步证明，地权分配是一个相当复杂的问题，决不能简单化、标签化甚至极端化。

尽管如此，上述争论并不影响地主土地所有制在近代中国农村土地关系中处于统治与支配地位和土地占有集中的事实。进而言之，它也不能否定中国共产党领导农民革命的社会经济基础。

新中国成立前夕，我国农村封建地主土地所有制仍占绝对统治地位。根据国家统计局对土改前各阶级占有耕地情况的调查统计，占农户总数6.8%的地主、富农占有总耕地的51.9%，而占全国总农户86.7%的贫雇农和中农仅占有耕地总数的45.22%，地主人均占有土地为贫雇农的二三十倍，为中农的近9倍③。

由于各地区社会经济发展的不平衡及战争等方面的原因，各地区之间地权占有和分配状况存在着显著差别。本文涉及的中南

---

① 刘克祥：《20世纪30年代地权集中趋势及其特点》，《中国经济史研究》2001年第3期；《20世纪30年代土地阶级分配状况的整体考察和数量估计》，《中国经济史研究》2002年第1期。

② 赵冈：《地权分配的长期趋势》，《中国社会经济史研究》2002年第1期；赵冈：《中国传统社会地权分配的周期波动》，《中国经济史研究》2003年第3期。

③ 吴承明、董志凯：《中华人民共和国经济史》（第一卷），中国财政经济出版社2001年版，第47页。

区的地权占有比较集中，全区地主占有耕地 30%—50%，富农占有土地 15% 左右，中农占有土地 30%—35%，贫雇农及其他劳动人民占有耕地 10%—20%。在人均占有土地方面，中南区农村人均占有土地 1.5—2 亩，地主人均占有 10—20 亩，"贫农平均土地却每人不过半亩"，即地主人均土地超过全部农业人口人均土地的 10 倍以上，"比贫农的土地则要多三四十倍了"；富农人均占有土地相当于当地人均占有土地的 2 倍[1]。由于各地的自然生态条件的差异，在同一个行政区内土地占有分配状况也各不相同。据中南军政委员会土改委员会的调查统计，中南区和湖北 20 个乡、湖南 15 个乡、江西 14 个乡各阶层占有土地比重和人均占有土地情况存在差别（见表 1）。

1948 年中南区及湘、鄂、赣 3 省各阶级及

表 1　　　　　　　　　　**占有土地比例情况**　　　　　（单位：%，亩）

阶层	湖北 20 个乡			湖南 15 个乡			江西 14 个乡			中南区 100 个乡		
	人口	土地	人均	人口	土地	人均	人口	土地	人均	人口	土地	人均
贫雇农	51.35	17.54	0.47	37.35	10.35	0.37	47.59	13.8	0.49	45.08	13.84	0.47
中农	35.01	31.91	2.05	37.91	29.77	1.51	32.81	26.17	1.85	34.89	30.03	1.94
其他劳动人民	2.68	0.43	0.33	10.74	1.38	0.28	7.16	0.94	0.33	7.13	0.74	0.25
富农	3.74	8.05	4.85	3.06	6.48	4.09	3.57	5.96	3.87	3.6	7.21	4.52
地主	4.68	34.54	13.98	6.13	40.32	12.7	4.63	37.46	18.78	5.69	37.68	14.9
其他剥削阶层	2.54	3.81	2.45	4.81	4.93	1.37	4.24	5.21	1.86	3.61	4.07	1.43

注：土地比例中除表中所列外，1948 年还包括其他公田和外乡一般业主田。

资料来源：中南军政委员会土地改革委员会：《中南区 100 个乡调查统计表》，编者刊，1953 年。

―――――――――

[1]　人民出版社编辑部：《新区土地改革前的农村》，编者刊，1951 年，第 27、30 页。

可见，20 世纪 40 年代长江中游 3 省地主土地所有制处于支配地位，地主占有土地比重和人均占有土地面积都远远高于其他阶层，其中以江西省地主人均占有土地最多，其次为湖北和湖南。

在华东区，土地占有则相对比较分散。华东区是民国时期经济相对比较发达的地区，调查的华东各省（区）市的农业经济较发达，农副产品商品化程度较高，因此该地区土改前的土地占有情况具有其特点。调查的华东区农村主要包括山东、安徽、江苏、浙江、福建等省和上海、南京两个城市的郊区农村。土地改革前，浙江、安徽、福建、苏南等省 1722 个调查乡的土地占有情况如下：占总人口 4% 的地主占有土地 26.17%，平均每人占有耕地 14.26 亩；半地主式富农和富农占总人口的 3.16%，占有耕地 7.21%，人均耕地 5.92 亩；中农占人口总数的 36.4%，占有土地 33.65%，人均占有耕地 2.01 亩；贫雇农占总人口的 48.9%，却只占有耕地的 18.5%，人均耕地仅 0.6 亩。地主人均占有耕地为中农的 7 倍，贫雇农的 24 倍。各省农村各阶层土地占有情况也有所不同：据苏北 10 个乡统计，地主占有土地 38.73%，人均耕地 15.23 亩。富农占有土地 9.31%，人均耕地 5.2 亩。中农占有土地 37.36%，人均耕地 1.18 亩。贫雇农占有土地 11.22%，人均耕地 0.19 亩；据苏南 20 个县统计，地主占有耕地 28.3%，人均耕地 16.29 亩。富农占有耕地 7.01%，人均耕地 4.21 亩。中农占有耕地 31.61%，人均 1.7 亩。贫雇农占有耕地 21.3%，人均耕地 0.55 亩；据安徽 77 个县统计，地主占有土地 30.87%，人均耕地 19.25 亩。富农占有土地 7.92%，人均 6.5 亩。中农占有土地 34.67%，人均 2.79 亩。贫雇农占有土地 19.39%，人均 0.83 亩；据浙江 76 个县统计，地主占有土地 20.66%，人均耕地 7.96 亩。富农占有土地 6.77%，人均 3.33 亩。中农占有土地 32.43%，人均 1.35 亩。贫雇农占有土地

17.72%，人均 0.36 亩[1]。

　　总之，土改前各地的地权分配情况及其变化是十分复杂的。从全国范围看，地权的集中与分散状态总是同时并存或交替出现。在一些地区或村落大地主发展和膨胀、地权趋向集中和加速集中的同时，也有部分地区或因农村经济凋敝、或因分家析产导致地主占地规模缩小，地权不同程度地趋向分散。同时，还有一些地区不同程度地维持原有的地权分散态势。尽管各地的地权分配和占有存在着集中与分散的差异，但有一点是共同的，即地主土地所有制处于主导地位，耕地占有极不公平。即使在土地占有比较分散的地区，地主占有的土地也高于贫雇农十余倍，大地主则高出几十倍以上。这种地权分配相当集中的格局是阻碍近代以来中国农村生产力发展的重要因素。因此，中国共产党以土地问题作为革命的核心问题，提出"消灭农村的封建土地所有制，实行耕者有其田"的土改方针，并在广大农村实行按人口平均分配土地的土地改革是完全合情合理的。

二　地权使用情况

　　由于上述地权占有和分配集中格局的存在，普通农民除一部分占有土地的数量可以满足其自耕生活外，还有相当大一部分只有很少的土地甚至没有土地。少地或无地的农民必须依赖或部分依赖掌握在地主、富农手中的土地资源，成为向其提供地租的佃户或出卖劳动力的雇工，才能进行生产和维持生存。而地主、富农往往将拥有的大量土地出租或雇工经营，以利用土地进行经济剥削。租佃关系、雇佣关系是与地权分配形影相随的社会经济现象，是农业经营

---

　　① 华东军政委员会土地改革委员会编：《华东区土地改革成果统计》，编者刊，1952 年。

方式的重要组成部分，也是生产关系研究的核心问题。

土地租佃关系是土地所有权赖以实现的主要形式，是土地所有、土地使用与劳动力物化的结果，同时也是中国传统封建土地制度下一种主要的农业经营方式之一。据调查统计，1948年中南区发生租佃关系的农户36436户，占总调查户数的64.51%，土地租佃率79.72%。其中湖北省20个乡1948年发生租佃关系的农户7076户，占湖北总调查户数的61.18%，土地租佃率76.95%；湖南省15个乡发生租佃关系的农户7385户，占湖南总调查户数的69.41%，土地租佃率88.63%；江西省14个乡1948年发生租佃关系的农户6140户，占江西总调查户数的75.75%，土地租佃率91.96%。如表2所示，各阶层出租土地所占的比重以地主阶层最高，而贫雇农和中农等普通劳动者租入土地占总租入土地的绝大多数。3省地主出租土地所占比重最高的为湖南省，其次为湖北和江西。

从佃农在农户中所占比重来看，长江中下游6省的土地租佃关系大量存在。据南京政府实业部1934年统计，江苏省佃农占农户总数的29%—32%，半佃农占农户总数的26%—28%，浙江省佃农占农户总数的35%—47%，半佃农占33%。安徽省各县佃农占全省农户总数的41%—45%，半佃农占19%—27%。江西省佃农占全省总户数的46%，半佃农占24%。湖北省佃农占38%，半佃农占32%，湖南省佃农占34%、半佃农占28%。抗战后，各地自耕农进一步破产，佃农所占比例显著扩大。据中南区和华东区土改委员会的调查，1949年苏南佃农总人数至少占50%以上，浙江省佃农总人数比抗战前至少增加10%以上，皖南6个村佃农总数达到50%左右，皖北28个乡佃农占总户数的64%强，比抗战前增加20%左右。长江中游3省的佃农比例比抗战前也有所增长，其中湖南各调查县佃农所占比例增为50%左右。

表2　　1948年中南区及湘、鄂、赣3省各阶级租佃关系比例表

（单位:%）

阶层	湖北20个乡				湖南15个乡				江西14个乡				中南区100个乡			
	出租		租入		出租		租入		出租		租入		出租		租入	
	户数	土地	户数	土地	户数	土地	户数	土地	户数	土地	户数	土地	户数	土地	户数	土地
贫雇农	15.37	1.9	65.98	65.49	10.13	0.82	49.25	40.47	19.08	1.99	61.24	58.21	12.2	1.25	58.7	51.07
中农	26.67	5.33	30.17	30.99	26.95	3.29	41.37	54.41	21.91	3.96	32.23	36.99	23.43	4.01	34.36	41.73
其他劳动人民	4.09	0.5	0.94	0.33	6.04	0.75	5.49	0.45	8.34	1.53	2.53	0.46	6.3	2.01	2.96	1.25
富农	12.58	6.9	1.54	1.83	8.74	4.25	1.77	3.18	8.83	2.9	1.92	2.35	10.08	4.62	1.81	2.95
地主	26.1	72.62	0.93	1.08	29.08	73.9	1.22	1.09	20.92	69.19	1.38	1.6	29.33	73.37	1.56	2.66
其他剥削阶层	15.19	3.99	0.44	0.28	19.06	4.93	0.9	0.4	20.92	6.36	0.7	0.39	18.66	4.89	0.61	0.34
公田		3.55				7.37				8.88				6.36		
外乡一般业主		5.21				4.69				5.19				3.49		

资料来源：中南军政委员会土地改革委员会：《中南区100个乡调查统计表》，编者刊，1953年。

从土地经营规模来看，因为土地高度集中，佃农十分贫困，经营规模很小。抗战前，苏浙佃农户均使用土地面积多数是一二十亩，安徽省73％以上的佃农户均使用土地20亩以下。40年代，由于兵役、差役及各种繁重的苛捐杂税，自耕农纷纷破产，佃农所占比例扩大，佃农户均使用耕地面积相应缩小。1949年调查的苏浙皖30个村中，佃农户均使用土地7亩1厘，比抗战前剧减。其中江苏省佃农户均使用土地为5亩左右，最低1.8亩，超过10亩者占极少数。浙江省佃户户均使用土地7.27亩，安徽省佃贫农户均使用土地最少仅1.7亩。湖南平均每户最多使用30余亩土地，一般只能佃种10亩以下，湖北、江西户均使用土地多数在10亩以下。

地租是封建社会地主与佃农之间关系相维系的纽带，通过地租，农民获得了对土地的使用权，而地主则由此使其对土地的所有权以实物的形式得以实现。地租是研究封建社会租佃关系不可或缺的因素，所以长期以来备受学术界的关注。地租相对量的衡量标准是地租率，即地租额同土地总产量的比值。从30—40年代长江中下游地区的农村经济调查资料来看，各省的地租租额占亩产量的比重都较高。30年代，苏浙皖3省18个县中，有12个县平均每亩租额占产量的40％以上。长江中游的地租剥削率更高，地租最重的是湖南省，35个县平均每亩租额最高占亩产量的54.4％，其中有11个县的租额占亩产量的比重达60％以上。江西省14个县中下等田平均每亩租额占产量的50％，上等田租额占亩产量的47％。湖北省14个县中下等田平均每亩租额占产量的48％，中上等田占42％。由此可见，长江中游各省租额比苏浙皖3省大约高10％左右。抗战后，各地的地租率有上升的趋势，苏浙皖13个县中，每亩租额占产量一半以上者11县，其他2个县也在40％以上，较1937年以前地租剥削率普遍提高10％以上。湖南4

个县地租平均剥削率占62%，江西省部分地区平均每亩租额占产量的51%，湖北地租剥削率轻一些，每亩租额占亩产量的49%。与抗战前比较，各省剥削率都有了显著增长①。

封建地主制经济下的地主和佃农的关系，并不是由法律来规定的，他们之间是靠一种习惯势力或一种默契来维持的，正如列宁所说："并不是靠专门保护他们的法律来维持的而是靠实际存在的土地关系力量来维持的。"② 这就造成了地主和佃农之间的不平等，在主佃间发生冲突时，受损害的往往是农民。正如陈廷煊先生所说："在租佃关系中存在着超经济强制和佃户对地主的人身隶属或依附关系，是近代中国租佃关系的封建性质的重要特征。"③

封建租佃制具有双重作用：它一方面是地主、富农兼并地产和剥削农民的主要手段和方式，同时也是普通农民群众之间合理配置劳动力、土地资源的重要方式之一，有极强的适应性，因而能在中国历史上长期稳定地保存下来。正是考虑到租佃制的这种比较优势，中国共产党在建立政权后并没有立即消除农村广泛存在的租佃关系，而是相继开展了减租减息和土地改革运动，允许租佃关系的继续存在。

第二节　农村雇佣关系的发展状况

雇佣关系也是一种重要的农业经营方式，而且远比土地租佃关系更普遍广泛地存在。有关民国时期雇佣关系的研究主要集中

---

① 乌廷玉：《中国租佃关系通史》，吉林文史出版社1992年版，第208—215、263—266、231—235、282—290页。

② 《列宁全集》第6卷，人民出版社1959年版。

③ 陈廷煊：《近代中国地主土地所有制下的租佃关系》，《中国经济史研究》1991年第4期。

在雇佣关系发展与商品经济、资本主义萌芽的关系方面，或者是从史学角度进行资料文献的整理，或者从革命的角度对雇佣关系的封建性进行批判。较少从农村雇佣关系中供给和需求因素，以及雇佣关系对农村生产要素合理配置等角度进行研究。本节旨在为下文50年代初期农村劳动力市场的分析作一前提概括，因此对民国时期的农村雇佣关系只作简单的介绍。

一 雇工农户和农户的雇工数量

农业生产具有显著的季节性，农忙季节，农户单靠自家的劳动力往往不能及时完成必要的农业生产任务，因此各地农户都要雇佣一部分劳动力。而土地的兼并、农民的两极分化，尤其是商业性农业的发展，则使雇工农户和农户的雇工数量增加。20年代，雇佣劳动已成为农业劳动不可缺少的一部分，如江苏省武进县凡是比较富裕的自耕农，"未有不用雇工者"。[①] 南通县"雇他人佣工以补其不足，乃农家之常事"。[②] 根据当时各种调查资料综合计算，长江流域及其以南地区，雇工户占农户总数的38.3%，黄淮流域及其以北地区雇工户占农户总数的37.5%，平均雇工农户的比重为37.9%，既全国1/3以上的农户不同程度地使用各种形式的雇佣劳动。

雇佣劳动在各类农户中的分配极不平均。从阶级成分的角度看，无论雇工户数还是工数都主要是集中在地主、富农两类农户中。如表3所示，长江中游3省中，湖南地主雇工户占总雇工户数的比重最高，达43.49%，最低的为江西省。

---

① 龚俊：《各地农民状况调查》，《东方杂志》24卷16号，1927年8月，第106页。

② 章有义：《中国近代农业史资料》，第2辑，三联书店1957年版，第451页。

表3　　　　1948 年中南区 100 个乡各阶级雇入关系比例表　　　（单位:%）

阶层	湖北 20 个乡		湖南 15 个乡		江西 14 个乡		中南区 100 个乡	
	户数	长工	户数	长工	户数	长工	户数	长工
贫农	4.26	3.02			7.02	4.09	3.34	1.37
中农	32.36	20.95	31.8	25.4	39.61	28.75	36.17	21.78
其他劳动人民	0.67	0.15	1.32	1.03	2.39	2.61	0.65	0.51
富农	23.7	23.28	17.3	16.29	19.1	19.38	20.14	19.85
地主	35.82	50.74	43.49	52.52	26.68	41.13	35.36	53.5
其他剥削阶层	3.19	1.86	6.09	4.76	5.2	4.04	4.34	2.99

　　资料来源:中南军政委员会土地改革委员会调查研究处:《中南区一百个乡调查资料选集（解放前部分)》,编者刊,1953 年。

　　另据江苏省农民协会在土改前的调查,江宁、高淳、吴县、昆山等县 26 个村庄的地主都有雇工。富农也是雇工较多的农户,如江苏省丹阳县青旸乡、句容县一新村、金坛县汤庄村、圩埂村,吴江县浦西村的富农全都使用雇工。昆山县下塘联村使用雇工的富农占富农总数的比重为 75%,宜兴县方东乡为 37%,武进县大坝乡为 77%,高淳县孙王村为 62%,溧水县东芦乡为 93%,江宁县永平乡为 95%[①]。浙江省地主、富农也使用雇工从事农业生产,如孝丰、富阳、昌化、安吉、临安等 5 个县雇工农户占总户数的 67%,其中地主雇工者占该阶层总户数的 78.9%[②]。

二　雇农及其在农户中所占比例

　　雇农是完全或主要依靠出卖劳动力为生的农村无产者,是农业雇佣劳动的主体。他们几乎完全不占有和经营土地,即使

---

① 华东军政委员会土地改革委员会编:《江苏省农村调查》,编者刊,1952 年。
② 同上书,第 19—20 页。

占有土地，也是少量的、附带的，往往是利用佣工以外的闲暇时间或家庭次要劳动力来经营自有土地。雇农的数量及其在农户中的比重，直接反映出这一时期农业雇佣劳动的规模和发展程度。民国时期尤其是民国中后期，官方和民间学术团体相关调查资料增多，但由于在有关雇农项目的调查统计中，雇农标准差别很大。有些调查按户主的职业而定，有些只把全无土地的雇工算作雇农，有些把自己不经营土地而出卖劳动力的农户都算作雇农，还有一些调查不计雇农户数而只计农业工人的人数及其在全体农业人口中的比重。所以只能通过分析这些统计资料来透视长江中下游地区农村雇农及其在农户中所占比重的概貌。

据 1934 年南京中山文化教育馆调查，长江中游的湖南省雇农所占比重最高，达 11.1%，其次为江西 10.9%、湖北省雇农占 6%。长江下游各省雇农所占比例稍低，其中浙江占 9.3%、江苏占 8.8%、安徽 8.24%[①]。根据土地改革中对雇农的规定——一般全无土地与农具，有些有极小部分的土地或农具，完全或主要以出卖劳动力为生，40 年代长江中下游各省的雇农比重有所下降，湖北省 20 个县 20 个乡雇农占总人数的 2.89%，占总户数的 4.72%。湖南省 15 个县 15 个乡雇农占总人数的 3.19%，占总户数的 4.93%。江西省 14 个乡雇农占总人数的 3.84%，占总户数的 5.86%[②]。苏北 10 个乡雇农占总人数的 0.6%，占总户数的 0.9%。苏南 20 个县雇农占总人数的 2.4%，占总户数的 3.4%。安徽 72 个县雇农占总人数的 4%，占总户数

---

① 苑书义、董书林：《近代中国小农经济的变迁》，人民出版社 2001 年版，第 486 页。

② 中南军政委员会土地改革委员会调查研究处：《中南区一百个乡调查资料选集（解放前部分）》，编者刊，1953 年。

的 5.8%。浙江 76 个县雇农占总人数的 3%，占总户数的 5.2%①。

　　需要强调的是，雇农虽是农业雇佣劳动者的主体，但不是农业雇佣劳动者的全部。在近代农村，自己无地而又不租种土地、完全依靠出卖劳力为生的雇农，无论在农户中还是农业雇佣劳动者中，都是少数。除了雇农外，雇工中更多的是一方面耕种自有或租来的小片土地，另一方面出雇多余的劳力，这种情况所占的比重较高。以江苏无锡 11 个调查村为例，出卖长短工的户数有 167 户，相当于雇农的 27.8 倍，其中贫农和中农出雇户分别占两类农户总数的 64.7% 和 15.2%。在雇佣劳动者中，贫农、中农之所以占有相当比重并非偶然。贫农、中农本来在人口中占有绝对多数，随着农村人口的增长，其户均和人均占有使用耕地面积下降，加之天灾频仍、租税繁重，仅仅依靠耕种少量土地，收入微薄，生活难以为继，因而只好一面耕种自有或租佃的小块土地，一面从事副业生产或出卖劳动力，以补家计。总体来说，农业长工多为雇农，短工多为贫农和中农。

三　农业雇佣劳动的形式

　　新中国成立前，农业雇佣劳动有三种基本形式，主要分为长工、月工和短工。长工的佣工时间一般以一年为期，有的隔一天到雇主家劳动一天，或者每隔两天到雇主家干两天活，或者两个雇主使用一个长工轮流耕作。根据长工的技能和劳动效率，各地又有不同的名称，如江苏省称老鞭、二帮、三帮、司务、小放

---

①　华东军政委员会土地改革委员会编：《华东区土地改革成果统计》，编者刊，1952 年。

牛、小伙计等。月工为"月计工人"，雇佣时间长短不同，多在夏秋农忙季节雇佣，短的半月，长则三四个月或半年不等，其中以一个月到三个月最为普遍。短工为"日计工人"，又称零工、散工、找工、忙工及日工等，也是在农忙季节雇佣。

民国时期，农业雇工中的短工在人数上已明显超过长工，根据各种调查材料统计，长短工结构如下：在南方地区，长工占总雇工人数的 10%—20%，短工约占 80%—90%；在北方地区，长工约占 20%—30%，短工约占 70%—80%。全国平均长工约占 15—25%，短工约占 75—85%。如果按劳动日计算，则是长工多于短工。南方地区长工约占总工数的 60%，短工约占总工数的 40%；北方长工约占 70%，短工约占 30%。全国平均长工约占 65%，短工约占 35%[①]。民国时期，封建剥削、地权兼并等多种因素，导致并加剧了农民的两极分化，一部分农民经济地位上升、经营规模扩大，除了家庭劳动力外，这部分农户往往需要雇佣若干数量的短工作为补充。而更多的农户经济状况恶化，他们既不能单靠农业经营维持生活，又不能完全离开土地和农业另谋出路，只好以打短工的形式出卖劳动力。此外，各地区之间的农忙季节时差也导致较大规模的农忙季节工流动，这些都是民国时期短工数量明显扩大的主要原因。虽然短工数量不断增加，但直到新中国成立前，不管是从人数上还是劳动日来看，长工仍占有较高的比例。在封建生产关系占统治地位的情况下，由于长工这种雇佣形式本身固有的特点，不管有无主仆名分，长工或多或少存在着对雇主的人身依附关系。常年或整年受雇于雇主家的长工，伙食以外的报酬很少，全部剩余劳动乃至一部分必要劳动

---

① 刘克祥：《二十世纪二三十年代中国农业雇佣劳动数量研究》，《中国经济史研究》1988 年第 3 期。

都被雇主榨取。伙食以外的报酬越少，对雇主的人身依附关系越深。这一时期的短工尽管在人身上是完全自由的，但在生产资料占有方面，又不同程度地受到土地的束缚。

新中国成立前，地权分配不均、农业生产固有的季节性、单个农户在劳力供给和调配方面的局限性以及商业性农业的发展等因素造成对农业雇佣劳动的大量需求，而由于地权高度集中和农业的季节性特征造成的大量失业、半失业和季节性失业农民反过来构成了农村劳动力的过剩供给。从某种程度上讲，上述雇佣关系有利于土地和劳动力等生产要素的合理配置。但由于民国时期的雇佣关系是建立在地权高度集中的基础上，因此带有浓厚的封建剥削色彩。从雇主和雇工的阶级构成来看，雇佣关系的需求一方主要为地主和富农，而供给方却集中在贫雇农和中农阶层。这一时期的雇佣劳动者多数为无地或少地的贫苦农民，而50年代初期的土地改革正是通过为普通劳动者分得土地而废除了带有封建色彩的雇佣关系。

综上所述，民国时期长江中下游地区地主土地所有制处于主导地位，即占人口少数的地主和富农占有远大于他们人口比例的土地，而广大农民阶层占有的土地份额远小于他们的人口比例。在地权占有高度集中的基础上，农村土地租佃关系和雇佣关系非常普遍，土地出租方及劳动力雇工方多为占有较多土地的地主、富农阶层，而贫困农民则被迫以很高的租金租入土地和廉价地出雇劳动力。这种封建性土地租佃关系和雇佣关系的存在，使得普通劳动群众进一步陷入贫困，甚至不得不出卖仅存的小块土地，这就导致以封建性土地买卖和租佃关系为主要方式的土地流转，不断转移家庭和社会财富从普通劳动阶层向地主、富农集中，而其促进土地等生产要素流动的优化配置功能逐渐式微。

第 二 章

50 年代初期长江中下游地区
乡村地权市场的实证研究

土地是传统乡村社会最重要的生产要素，而地权转移是传统农家经济的重要特征，由地权转移形成的地权市场是传统市场中对社会经济影响甚为深远的市场。地权市场问题，特别是地权转移自由与否，关系着农业生产的性质乃至农村经济的性质。然而，在近些年出版的众多通史、明清和近现代经济史、农业史、制度史以至资本主义发展史著作中，对一个如此重要的问题研究却不够深入，有些甚至基本不提。有所涉及的著作，大部分也只是简单表述作者的观点。其中与地权转移问题相关的政治制度、地权市场在不同时代的发展程度等涉及较多，对地权交易过程中的一些具体问题则缺乏细致的研究。在区域社会经济史著作中相关的论述稍多，但也同样缺乏深入。

土地作为一种特殊的商品，其本身外在形态是有形的、具体的，而地权形态是无形的、抽象的。与一般商品买卖不同，田地作为不动产在买卖过程中既不发生空间上的位移，也不随时间的变动而流转，它所发生的只是地权的转移。从这个角度上讲，田地市场本质上就是地权市场。建国初期乡村地权市场的形成具备了一定的条件：首先是土地私有制的确立。小农必须是能自由处置其所有土地的私有者，才能自愿并参与地权交易。建国初期实行"耕者有其田"的土地改革，中央政府"保护农民已得土地的所有权"，赋予土地占有以法律规定，农民对土地的实际占有成为合法占有，土地具有私有财产的性质。政府承认"一切土地所有者自由经营、买卖及出租其土地的权利"，农民个体土地私有制在全国范围内的确立有利于地权交易的进行。其次，由于土地私有，他人要取得土地，就必须支付一定的等价物来进行交换。土地只有具备了用货币表示的价格，交换才能较广泛地展开。建国初期地权交易多数用货币价格或相当于一定货币价格的谷物数量来替代。再次，地权交易必须达到一定的数量，也就是要有一定的规模，才能形成地权市场。50年代初期的地权交易不仅包括土地所有权的流转，还包括经营权的交易。其主要表现形式为土地买卖、典当、租佃、交换及土地押进、押出等。交易的主体主要为占人口绝大多数的广大贫雇农和中农阶层。因此，建国初期的地权市场是广泛存在的。本章主要围绕土改结束后至集体化高潮前政府对农村土地流转政策演变和地权流转的纵向发展状况，来实证考察建国初期长江中下游地区农村土地买卖、租佃关系的消长变化。

第一节　建国前后的土地产权制度安排和政府的相关政策演变

一　老区[①]土地政策的演变

（一）老区土改废除一切地主的土地所有权到保护土地私有权

抗战胜利后，随着国民党向解放区的全面进攻和重点进攻，

---

①　本文所指的老区是指1950年6月前完成土地改革的地区，下面所指的新区相应的是1950年秋冬及以后进行土改的地区。

国共两党的矛盾日益激化，解放区的土地改革也呈现激进的态势。1947年9月，中共中央颁布了《中国土地法大纲》（以下简称《大纲》），宣布"废除封建半封建剥削的土地制度"，"废除一切地主的土地所有权"，土改以前的"土地契约及债约，一律缴销"，乡村中的一切土地"按乡村全部人口，不分男女老幼，统一平均分配"。《大纲》的颁布标志着自1937年中共中央改变根据地土地政策为减租减息以来，重新宣布废除封建土地制度。老区土改的平分对象不仅是乡村中一切地主的土地及公地，还包括其他一切土地。在平分方式上为全部打乱平分而不是在原有基础上作进一步调剂，这种按人口平均分配全部土地的政策，反映了农民的平均主义要求，便于发动广大农民群众迅速地消灭封建地主阶级土地制度，但绝对平均主义的平分原则部分触动侵犯了中农利益。

《大纲》颁布以前，各解放区的土地占有状况各不相同。抗战胜利后，新解放地区的高度集中不合理的封建土地制度的确需要改革，但许多老解放区经过长期的减租减息和土地改革，封建地主土地所有制得以废除。1947年3月，据晋冀鲁豫解放区20个县598个村的考察，地主的土地比抗战前减少了80%以上，富农的土地占有量减少40%以上[①]。地权分配状况发生重大变化，真正少地或无地的贫雇农，最多尚不足总户数的2%。另据太行区25个村调查统计，地主户数和土地数仅占总数的1.4%和2.1%。租佃关系也发生重大变化，1946年该区发生租佃关系的土地占全部耕地数的3.7%—4.4%，较之抗战前的16%—41%和1944年之前的8.8%—12.6%的土地租佃率都大大减少。分阶层而言，地主、

---

① 《当代中国》丛书编辑委员会：《中国的土地改革》，当代中国出版社1996年版，第192页。

经营地主出租土地占总出租土地数的 29% 左右，而中农和富裕中农出租、租入田所占比重日益增多①。此外，一部分缺乏劳动力和从事其他职业的贫困农户主要依靠土地收入为生。因此，如果在上述地区实行按人口平均分配土地的做法，不仅仅触动了地主的土地，而且侵犯了中农和其他劳动人民的利益。晋绥解放区中农受侵犯的情况较为严重，如临县抽动中农土地占总抽出土地的 37.5%，偏关县为 40%，河曲、保德县的有些村子抽动中农的土地甚至达 80% 以上②。所以，在土地改革中笼统地废除封建土地所有制和土改前的土地契约，对地主出租的土地与一般群众间的租佃关系不加以区分，会导致一部分缺乏劳动力的农民生活困难，影响农民间正常的土地流转，这有悖于贯彻实现党的"耕者有其田"的宗旨与团结农村绝大多数的战略方针。

　　针对上述绝对平均主义造成农村扩大打击面的"左倾"错误，中共中央和各解放区相继采取各种措施加以修正，其中保护中农土地产权的具体政策越来越明确，如 1947 年十二月会议提出坚决团结中农、不得损害中农利益的原则，但仍认为部分富裕中农的少量多余土地可以平分。1948 年 4 月召开的晋绥干部会议上指出："必须容许一部分中农保有比较一般贫农所得土地的平均水平为高的土地量。"1949 年进一步明确，在土改中对一切中农的土地不得抽动③。各解放区在土地改革过程中也都根据各地的具体情况改变了机械地执行按人口平均分配的做法。

　　虽然中共中央和一些地区对土改政策作了一些变通和补充说

<hr>

①　《中国的土地改革》编辑部等编：《中国土地改革史料选编》，国防大学出版社 1988 年版，第 447、267 页。

②　董志凯：《解放战争时期的土地改革》，北京大学出版社 1987 年版，第 147 页。

③　《当代中国》丛书编辑委员会：《中国的土地改革》，当代中国出版社 1996 年版，第 218 页。

明，但由于《大纲》在提出彻底平分土地政策的同时，没有制定出详细具体的划分阶级标准，明显地模糊了消灭封建剥削和绝对平均主义的界限。在 1947 年秋冬开始的老区土地改革中，各地发生了严重的绝对平均主义的错误，不仅彻底废除了地主土地所有制，还严重地侵犯了中农的利益。许多地方的烈军工属和普通农民因缺乏劳力被迫雇工和出租土地（占有土地财产并不多者）也被算入剥削阶级，这必然对土改后的土地流转和雇佣关系的发展带来负面影响。据调查，土改前黑龙江、吉林两省由于地权高度集中，租佃和雇佣非常发达，往往是"自有田者居十之二三，租田者约十之七八"，农村雇工户数占农户总数的 40% 以上①。土改后，黑龙江省典型调查村没有雇佣关系发生，土地租佃率仅为19%②。据山西省 20 个典型调查乡的调查统计，1948 年土改结束时卖出土地户数仅 48 户，占总户数的 1.8%，买入土地户占总户数的 2.6%，土地所有权流转率为 0.5%。典出土地户数仅占总户数的 0.2%，典出土地占总土地数的 0.02%，典入户数和土地分别占总户数和土地数的 0.1% 和 0.01%。在土地使用权流转方面也大大低于土改前的水平，20 个乡出租土地户共 105 户（其中贫雇农62 户、中农 31 户），占总户数的 0.8%，出租土地占总土地数的0.6%。租入土地户数仅 56 户，占总户数的 1%，租入土地占0.3%。雇佣关系也处于停滞状态，雇请长短工的户数仅占总户数的 9.8%，出雇户数占总户数的 11.1%③。

① 陈玉峰：《40 年代中国农村雇佣劳动者》，《吉林大学社会科学学报》1994 年第 2 期；刘克祥：《20 世纪 30 年代土地阶级分配状况的整体考察和数量估计》，《中国经济史研究》2002 年第 1 期。

② 中共中央东北局农村工作部编：《东北农村调查汇集（1950—1952）》，东北人民出版社 1954 年版，第 58 页。

③ 中共山西省委农村工作部编：《土地改革结束时期·1952 年·1954 年山西省20 个典型乡调查资料》（1956 年 5 月印），山西省档案馆，第 6805 号。

（二）确定地权私有，提倡土地租佃及雇佣自由

新中国成立前，封建地主土地所有制占有统治地位，租佃和雇工经营是传统小农经济重要的经营方式。土地买卖、租佃和雇佣往往成为地主富农兼并地产、剥削农民的主要手段和方式，但普通农民之间的上述关系也广泛存在。土地买卖、租佃和雇佣有双重功能：一方面，地权转移使土地由普通劳动群众向地主、富农单向流动，造成地权的高度集中和地权分配的不平等，而封建租佃制和雇佣制更加加重了农民的经济负担；另一方面，地权转移有融通资金的功能，农民通过地权转让来换取购买能力，以恢复和延续其再生产。而租佃制和雇佣制作为土地"所有者"与具体生产者的结合方式，某种程度上实现土地和劳动力资源的合理配置。两者均有极强的适应性与变通性，因而能在中国历史上长期存在和共同发展。土地改革彻底废除了封建地主土地所有制，旧的租佃关系和雇佣关系也随之消失，同时造成了农民生产要素占有的更加分散。从山东省老区历年人均占有土地变化情况看，1945 年人均占有土地 2.63 亩，到 1948 年人均占有减为1.97 亩[1]。土改后每户分得的土地也比较零散，据一份华北区土地房产证资料显示，被调查农户共占有土地 11 亩 2 分，耕地共分为 8 块且所处位置不同，其中最大的一块 2 亩 2 分，最小的仅1 亩[2]。

此外，由于连年战争以及支援前线需要支付庞大的人力、物力、财力，再加上各种自然灾害侵袭，普通群众生活穷困，生产购买力很低，而政府此时尚无足够的人力、物力和财力帮助贫困

---

[1]　山东省财政科学研究所、山东省档案馆合编：《山东革命根据地财政史料选编》（第 3 辑）（内部资料），1985 年，附表。

[2]　华北地区土地房产所有证第 4335 号。

农民渡过困难。因此，新的社会经济条件下，确保农民土地产权私有，鼓励租佃和雇工自由，不仅可以帮助农民克服生产生活上的困难，而且可以减轻政府的负担。各解放区将纠偏与调剂土地、确定地权和春耕生产结合起来，董必武在全国土地会议上指出："土改后土地私有制仍继续存在，现在我们进行的土地政策，只是把地主的私有土地，变为农民的私有土地，并没有取消土地私有制。"[①] 1948年6—8月，东北、华北、西北等解放区的行政委员会分别发出颁发土地所有证的指示，明确宣布为保障个人土地所有权，特颁发土地执照，由土地所有者存执，其所有权任何人不得侵犯[②]。1948年5月6日，中共晋察冀中央局指出，土地改革只是废除"封建的财产制度，并不是根本废除一切私有财产制"，在平分土地后，不仅对于劳动人民的财权、地权及私有财产予以保护，对于地主与旧式富农分得或保有的土地财产及其在新的条件下所得财产，一律加以保护。

为调动个体农民的生产积极性和恢复发展解放区的农业生产，中共中央制定了老区土改后的农业生产政策，允许特定条件下的租佃和雇佣关系。董必武在老区财经会议上指出，农民的愿望不仅是平分土地，而且希望土地私有和自由买卖。如果农民认为不能买卖，"就是私有权不完全不巩固，就不能永远保持土地"。晋察冀中央局也发出了关于发展生产的指示：平分土地后，因鳏寡孤独、暂时丧失劳动力、参加革命军队及后方其他工作、进入工厂做工或改营工商业而不能耕种自己所分得的土地

---

① 《董必武在全国土地会议上关于土地改革后农村生产问题的报告（1947年8月27日）》，华北解放区财政经济史资料选编编辑组《华北解放区财政经济史资料选编》（第一辑），中国财政经济出版社1996年版。

② 《当代中国》丛书编辑委员会：《中国的土地改革》，当代中国出版社1996年版，第235页。

者，应允许出租其所有的土地。关于租额，应交主佃双方自由约定之；雇佣劳动制在新民主主义下是合法的，雇佣与否及雇佣条件应由劳资双方自由约定，不得限制或强制①。

　　1948 年 7 月 25 日，中共中央制定土改后的农业生产政策并要求在各解放区认真贯彻执行。其内容包括，保障土改后农村各阶层土地财产的私有权，一切没收分配的封建土地财产属于分得者私有，允许其自由处理；允许雇佣劳动（包括请长工、短工）合法存在，雇佣条件除劳动法令已规定者外，由主雇双方约定。在已完成土改的地区，允许特定条件下的租佃关系②。1949 年 7 月 18 日，华北人民政府对上述中央政府颁布的相关土地租佃关系政策作了具体的阐释，租额在政府未统一规定前，可由主佃双方自由约定。烈军工属符合特定条件出租土地时，亦应由双方自愿约定，用强制办法将租额提得过高，承租者无利可图，使烈军工属无劳力或劳力不足部分之土地无人承租致陷荒芜，对社会生产与烈军工属均属不利，至于租额比率，目前难作一般规定，应视地方具体情况而定。土改后的租佃关系已根本上不同于以前地主对佃户之关系，故只要是双方自愿约定，应不限制③。

　　上述有关农民所有土地自由处理、租额和工资由双方自由约定等政策的实施促进了土地流转和雇工经营的恢复，如前述黑龙

---

　　①　《中共晋察冀中央局关于土地改革后农村发展生产的指示（1948 年 5 月 6 日）》、《董必武同志在晋察冀边区财经会议上的讲话（1947 年 9 月 18 日至 19 日）》、《中共晋察冀中央局关于土地改革后农村发展生产的指示（1948 年 5 月 6 日）》，华北解放区财政经济史资料选编编辑组《华北解放区财政经济史资料选编》（第一辑），中国财政经济出版社 1996 年版。

　　②　国家农业委员会办公厅：《农业集体化重要文件汇编》，中共中央党校出版社 1981 年版，第 18—19 页。

　　③　《华北人民政府关于租地问题复太行行署信（1949 年 7 月 18）》，华北解放区财政经济史资料选编编辑组《华北解放区财政经济史资料选编》（第一辑），中国财政经济出版社 1996 年版。

江典型调查村 1949 年发生租佃关系的户数占总调查户数的比重为 27%，1950 年增加为 37.87%[①]。和土改结束时相比，山西 20个乡的土地流转和雇佣关系也迅速发展，土地所有权流转率增为 5.7%，卖出和买入土地户数分别占总户数的 10.3% 和 15.7%，买卖土地数增加了 13 倍。在租佃关系方面，出租户数和租入户数分别占总户数的 4.3% 和 4.5%，分别比土改结束时增加了 2.5倍和 4.8 倍，土地租佃率增为 3%[②]。

二　新区土改政策的进一步完善

抗战时期，中共在抗日根据地已经实行适应抗日民族统一战线需要的减租减息政策。随着解放战争的顺利发展，解放区不断扩大。鉴于新解放区政治经济水平差别很大，干部力量薄弱以及群众的组织程度较低，中共中央根据老解放区减租减息和土地改革的经验教训，于 1948 年 2 月 15 日提出："不要性急，应依环境、群众觉悟程度和领导干部强弱决定土地改革工作进行的速度。不要企图在几个月内完成土地改革，而应准备在两三年内完成全区的土地改革。"1948 年 5 月毛泽东在另外一次指示中进一步指出，"新解放区必须充分利用抗日时期的经验，在解放后的相当时期内，实行减租减息……这一个减租减息阶段是任何新解放地区所不能缺少的，缺少了这个阶段，我们就要犯错误"。[③] 随后，中共中央相继发出的一系列指示中多次重申了上述观点。从 1948 年下半年，老区和半老区逐步结束土地改革，新区则相继实行减租减息。

---

① 中共中央东北局农村工作部编：《东北农村调查汇集（1950—1952）》，东北人民出版社 1954 年版，第 58 页。

② 中共山西省委农村工作部编：《土地改革结束时期·1952 年·1954 年山西省20 个典型乡调查资料》（1956 年 5 月印），山西省档案馆，第 6805 号。

③ 《毛泽东选集》第 4 卷，人民出版社 1991 年版，第 1283、1326—1327 页。

（一）新区减租退押运动

由于受老区土改和减租运动的影响以及即将面临土地改革这一巨大的社会经济变革，新区农村的土地买卖、租佃关系于新中国成立之初即处于停顿的局面。为了避免新区农民继续受封建高额地租和押租的剥削，又要防止土地买卖、租佃关系的停滞，在酝酿新区土改政策的过程中，长江中下游6省所属的华东区和中南区首先开展减租退押活动。1949年9月15日华东局制定的《华东新区农村减租暂行条例（草案）》提出，凡地主、旧式富农及一切机关学校、祠堂、庙宇、教会等所出租土地的地租，应按原租额减低25%—30%。新中国成立以前农民对地主富农的欠租一律免交，出租土地者不得预收地租或地租以外的任何变相剥削。减租后确实保障佃权，地主不得收回土地转租、出典和出卖①。中南区人民政府于1949年10月颁布《中南区减租减息条例》，详细规定了各阶级减租退租标准、减租年限、租额、佃权及公粮负担等问题②。

在全面总结各地区减租经验基础上，中共中央于1950年2月28日颁发《关于新解放区土地改革及征收公粮的指示》，规定"所有新解放区，在实行分配土地以前，应一律实行减租"，"地主依法实行减租后向农民收租，仍然是合法的，农民仍应向地主交租"，对于土地买卖，允许农民相互之间的土地买卖，但"地主不得将自己所有的土地出卖及典当、抵押、赠送等方式分散土地"。③ 至此，各地区的减租退押运动有了一个统一的政策

---

① 《当代中国》丛书编辑委员会：《中国的土地改革》，当代中国出版社1996年版，第319页。

② 中南军政委员会土地改革委员会编印：《土地改革重要文献与经验汇编》，1951年，第255—257页。

③ 中国社会科学院、中央档案馆：《1949—1952中华人民共和国经济档案资料选编·农村经济体制卷》，社会科学文献出版社1992年版，第147页。

标准。根据这一规定，华东、中南、西北等新区军政委员会相继制定和颁发了减租条例。

除了继续遵循上述减租退押原则外，各地区还特别强调了应区别对待农民之间的租佃关系。如对贫苦革命军人、烈军属、城市工人、贫苦自由职业者及鳏寡孤独等因缺乏劳力而出租少量土地可"酌情少减或不减"；中农与贫农之间的租佃关系"视为农民内部问题"，经由双方协议或由人民政府与农民协会调节处理。各地在减租过程中，根据各地的实际情况调整减租限额，如中南区取消了原有的37.5%的限额，规定减租标准根据当地的租额习惯和土地质量好坏按原租减去二成五。西北区规定按原租额减10%—20%，最高租额不得超过40%。减租退押政策的贯彻执行稳定了广大土地出租者尤其是地主、富农、富裕中农和工商业者的情绪，暂时解决了缺乏劳力的老弱孤寡出租户的生产生活困难，使得部分劳力强土地少的佃户有了扩大土地经营规模的机会。因此，减租退押运动某种程度上为农村劳力和土地要素的重组提供了制度保障。同时经过减租减息，农民生活有了初步改善，农民进一步转变了传统观念，特别是贫雇农已不仅仅满足于减租减息，他们强烈要求解决土地所有权问题。农村基层干部的组织水平和觉悟程度也得到锻炼和提高，这些都很大程度上为紧随其后的土地改革做了准备。

（二）新区土地改革运动

新中国成立以后的新区土改，是在统一的人民政权已经建立、全国转入和平经济建设的条件下进行的。土地改革除了解决农民的土地问题外，还必须服从和服务于恢复和发展国民经济、实现国家财政经济状况根本好转这一中心任务。新区土改政策总结了中国共产党在长期土地革命中解决土地问题的经验教训，充分考虑到新区农村的地权状况和生产力水平，采取了更为稳妥成熟的方法和步骤。新中国成立后不久，中共中央和中央人民政府就开始进行新区土改政策的制定。在充分酝酿和反复论证修改的基础上，1950 年 6 月 28 日中央人民政府委员会第 8 次会议正式通过并颁布《中华人民共和国土地改革法》（以下简称《土地改革法》），《土地改革法》与以前的土改政策相比，有了以下新的变化：

（1）用法律形式明确了农民的土地产权关系。它既包括废除封建的土地所有制问题，又包括分配给农民的土地产权归属问题。

（2）对富农租佃、雇佣关系的态度。将过去征收富农多余土地和财产的政策改为"保护富农所有自耕和雇人耕种的土地及其他财产不得侵犯"，甚至富农出租的小量土地"亦予以保留不动"。在某些特殊地区，要征收富农出租的土地，必须经省以上的人民政府比准。对富农的政策既能照顾到各地区耕地、人口多寡的不平衡和贫雇农对土地要求的满足程度，又能保存农村中的具有较高生产力的经济形式和生产经营方式。同时，可以更好地贯彻保护中农和小土地出租者的政策，消除农民（主要是中农）在发展生产中的顾虑，从而有利于农业生产的恢复和发展。

（3）提高了小土地出租者保留土地的标准。小土地出租者，是指革命军人、烈士家属、工人、职员、自由职业者、小商小贩以及因从事其他职业或缺乏劳动力而出租少量土地者。《土地改革法》规定小土地出租者出租的土地在不超过当地按人口平均土地 200% 的情况下予以保留，允许其继续出租或自耕。同时，还规定："如该项土地确系以其本人劳动所得购买者，或系鳏寡孤独残疾人等依靠该项土地为生者，其每人平均所有土地数量虽超过200%，亦得酌情予以照顾。"（第5条）小土地出租者出租的土地数量一般不大，其总数不超过耕地总数的3%—5%。同时，在当时的小土地出租者中有一些失业和丧失劳动能力人员。鉴于当时对失业和丧失劳动力的人员没有社会保障，而且这些土地很多又是土地所有者依靠个人劳动所得购得，因此，给他们多保留一部分并由其继续出租和自耕，政府的规定合情合理，既能起到社会保障的作用，又可减少对土地改革的阻力。

（4）将中农的土地由彻底平分改为完全不动。《土地改革法》明确规定："保护中农（包括富裕中农在内）的土地及其他财产不受侵犯，对少数中农附带出租的土地，亦不加没收和征收。"（第7条）《土地改革法》不仅保护了一般中农的利益，而且对农村中的佃中农也予以照顾，规定："原耕农民租入的土地抽出分配时，应给原耕农民以适当的照顾，应使原耕农民分得的土地，适当地稍多于当地无地少地农民在分得土地后所有的土地。"（第12条）有了上述规定，中农的利益就能得到切实的保护。

（5）没收地主全部财产的政策改为仅仅没收地主的土地、耕畜、农具、多余的粮食及其在农村中多余的房屋，其他财产均不能没收。这样，地主可以依靠这些财产维持生活或把这些财产投入生产，这无疑减轻了新区土改的阻力并一定程度上有利于农村经济的恢复和发展。

为了正确实施《土地改革法》，保证新区土地改革的顺利进行，中央人民政府政务院于1950年8月4日通过《关于划分农村阶级成分的决定》。《决定》包括重新修改和公布毛泽东在中央苏区制定的划分农村阶级标准的两个文件，同时增补了《政务院的若干新规定》。根据上述规定，凡家庭有劳动能力的人口不参加农业主要劳动，其生活来源主要依靠剥削收入的家庭为地主；凡家庭有劳动能力者参加农业主要劳动，但其剥削收入（指出租土地和生产资料、雇工、放债的收入）占家庭总收入25%以上的家庭为富农；中农的生活来源全靠自己劳动或主要靠自己劳动；贫农一般要出卖一部分劳动力。就划分农村阶级成分的界限而言，由于过去对各种阶级成分缺乏量的规定，规定操作难度较大且容易发生偏差。中共中央在广泛调查研究和征求各地意见的基础上，明确规定小土地出租者与地主的界限、半地主式富农与富农的界限以及富农与富裕中农的界限。此外，《决定》还对农村的手工业者、自由职业者、小商小贩等非主要阶级成分提出可以定量分析的标准。《土地改革法》、《关于划分农村阶级成分的决定》的制定是中国共产党领导土地革命过程中长期摸索和实践的结果，除了满足农民的土地要求外，反映了政策制定者更多的从恢复、发展经济和减少社会动荡等角度考虑问题。对地主、富农、中农及贫雇农等各阶层应有的照顾在政策上都作了必要和周到的规定，符合当时的实际情况。从 1950 年秋开始，在中共中央和人民政府直接领导下和既定的土地改革路线方针政策指引下，一场中国历史上规模最大的土地改革运动先后在华东、中南、西北、西南等各大行政区内的新解放区蓬勃开展起来。经过 3 年多的时间，到 1953 年春，除新疆、西藏等少数民族地区以及尚待解放的台湾省外，广大新区的土地改革基本结束。

　　土改结束后，农村土地制度发生了根本变革，农民土地所有制取代了封建地主土地所有制，真正实现了"耕者有其田"。此时，农村土地制度的特点是：土地所有权和经营权高度统一于农民，农民既是土地的所有者，又是土地的使用者；农民的土地产权得到保护并可以自由流动，政府允许土地买卖、出租、典当、赠与等交易行为；国家通过土地登记、发证、征收契税等措施对土地进行宏观调控和管理。

第二节　地权流转的潜在需求

新的社会经济条件下，农村生产力的基础仍然十分脆弱。长期战争导致一些农户丧失了主要劳动力，耕畜、农具和其他生产资料也有所消耗，人均占有和使用土地更加分散，部分地区的农民耕种土地时面临着地块零碎的困难。土改结束后，农民生活水平仍然低下，农业剩余较少。土地买卖、租佃关系在暂时改善农民生产生活条件方面仍然起着不可或缺的作用。具体来说，地权流转的潜在需求或原因主要表现在以下几个方面：

一　土改结束后长江中下游地区农村地权占有状况

土改结束后，地权占有分配状况发生了根本性的变化。根据国家统计局调查资料显示，土改后地主的土地减少了 36.06%，贫雇农的土地则增加了 32.82%，中农在土地改革中也是得益的，即其占有土地由原来的 30.9% 增加为 44.3%。全国平均而言，贫雇农和中农占有耕地达 91.4%，富农和地主仅占有 8.6% 的土地①。如表 4 所示，湖北、湖南、江西 3 省贫雇农、中农及其他劳动人民占有土地的绝大多数。就土改前后人均占有土地而言，贫雇农增加较多，中农也有所增加。华东区各省农村在土地改革中把没收征收的地主、富农等阶层的多余土地进行重新分

---

① 吴承明、董志凯：《中华人民共和国经济史》（第一卷），中国财政经济出版社 2001 年版，第 245 页。

配，其中苏北分配土地数占总耕地数的 42.2%，苏南为 42.6%，安徽为 38.6%，浙江为 46%。土地主要分配给原先无地或少地的贫雇农、中农等普通劳动群众，上述各省普通劳动群众得益土地数分别占总分配土地数的 91.6%、95.3%、85.6%、90.4%。地主在被征收和没收的基础上，也分得了一份土地，但所占比重甚小。安徽、江苏、浙江 3 省土改前后的地权分配和人均占地面积变化情况如表 5 所示，富农、地主土改前占有土地总数的 33.38%，土改后仅占 7.2%。贫雇农占有的土地增加最多，中农占有土地的比重在各阶层中最高。3 省土改前后人均占有土地情况变化趋势也是贫雇农人均占有土地增加最多，其次为中农。富农、地主人均占有土地比土改前大大减少，但富农的人均占有土地数仍高于当地的平均占有数。

<h3 style="text-align:center">1951 年中南区及湘、鄂、赣 3 省各阶级
及占有土地比例情况</h3>

表 4　　　　　　　　　　　　　　　　　　　（单位:%，亩）

阶层	湖北 20 个乡			湖南 15 个乡			江西 14 个乡			中南区 100 个乡		
	人口	土地	人均	人口	土地	人均	人口	土地	人均	人口	土地	人均
贫雇农	52.28	47.9	2.18	38.15	35.21	1.81	48.22	45.38	2.45	45.72	42.38	2.15
中农	34.85	37.17	2.45	37.64	40.23	2.03	32.7	33.69	2.4	34.75	37.49	2.41
其他劳动人民	2.57	1.38	1.38	11.54	7.57	1.34	7.4	4.82	1.71	7.46	4.64	1.51
富农	3.91	5.13	3	2.99	3.7	2.36	3.52	4.36	2.89	3.61	4.56	2.83
地主	3.98	3.16	1.82	5.33	4.31	1.53	4.14	3.48	1.96	5.07	4.33	1.92
其他剥削阶层	2.41	2.58	1.55	4.35	3.98	1.23	4.02	4.39	2.14	3.39	3.18	1.44

　　注：土地比例中除表中所列外，1951 年还包括其他公田、外乡一般业主田和机动田。

　　资料来源：中南军政委员会土地改革委员会：《中南区 100 个乡调查统计表》，编者刊，1953 年。

表5　　　　　　　　　华东区土改前后地权分配情况　　　　（单位：亩）

阶层	土改前			土改后		
	占总人口 %	占总土地数 %	人均耕地	占总人口 %	占总土地数 %	人均耕地
贫雇农	48.9	18.5	0.6	49.23	44.29	2.4
中农	36.4	33.65	2.01	39.92	45.01	3
富农	3.16	7.21	5.92	3.13	4.43	3.49
地主	4	26.17	14.26	3.46	2.76	2.12
工商业者	0.48	0.31	1.41	0.22	0.02	0.28
小土地出租者	1.7	2.56	3.28	0.9	0.87	2.59
其他	5.36	1.25	0.55	3.14	0.95	0.9

注：土地比例中除表中所列外，土改前后还包括公田。

资料来源：华东军政委员会土地改革委员会：《华东区土地改革成果统计》，编者刊，1952年。

　　总的来看，土地改革彻底废除了封建地主土地所有制，土改前后各阶层地权占有状况发生了根本性的变化，占有人口绝大多数的中农和贫雇农在土地占有比重上也最高。同时，土地改革采取了按家庭人口分配土地的办法，结果使各家的人地比例或劳地比例趋向平均，导致部分土地多劳动力少或土地少劳动力多的农户在土地耕作上的困难，从而相应地出现对具有配置生产要素功能的土地买卖、租佃关系的潜在需求。

二　人均占有和使用土地的分散

　　土地改革彻底废除了封建地主土地所有制，把原先集中在地主富农手中的土地分配给广大劳动群众，同时也造成各阶层农户人均占有土地更加分散。土改过程中，各地以乡或等于乡的行政村为单位，在原耕地基础上，按土地数量、质量及其位置远近，用抽补调整方法按人口统一分配。与过去提出的"抽多补少，抽肥补瘦"法相比，这次采取的"抽补调整"方法尽管更加切合农村实际，但同时造成了农户使用土地的分散。如图 1 所示，湖北省汉川县某农户分得的 15 亩可耕地共分 14 段，最大的一块也只有 2 亩多，最小的一块仅 7 分。由各地段的四至可以看出，每处的耕地也各自不相连，分别分布在该村的不同地方①。江西省临川县章舍乡章舍村某农户分得土地 7 亩 8 分 5 厘，这些耕地被划分为互不相连的 9 段，其中有 4 块耕地的面积超过 1 亩，但最大的一块也仅 1 亩 9 分，另外 5 块地的面积均不足 1 亩②。由于各地自然生态环境的差异性，部分地区的农民同时面临地块零碎、分散而难以集中经营的困境。长江中下游地区山区和丘陵地多开垦山坡地辟为梯田，每个田块相当于山坡上的一个台阶，面积自然不大。此外，梯田作为水稻田，在稻米的生长季节中水田中要蓄水，而且水的深度在整个田块中大体一致，这就需要田面要基本水平，而这在较大的田块中很难做到。如苏南句容县丁庄村地形高低不平，田地多成梯形和零星小块。全村总使用土地共分割成 3441 块，最多的一户富农，其占有的 36.11 亩土地多达 68 块。每户占有的耕地面最大一块 9 亩，一般都在一二亩之间，小至几分的。每户拥有的土地四散分布，距离一里半里的田地甚多，有的农户分得的 3 亩耕地远隔 4 里③。这种人均占有、使用土地分散的情况和各农户土地碎小且分布分散的局面，既不利于农户集中经营，又造成农户劳动力资源的浪费。

---

① 胡必亮、胡顺延：《中国乡村的企业组织与社区发展》，山西经济出版社 1996 年版，第 56 页。

② 江西省临川县土地房产所有证第 7157 号，1953 年 2 月 28 日。

③ 中共苏南区委员会农村工作委员会：《句容县三区春城乡丁庄村调查工作总结》（1951 年 10 月 25 日），江苏省档案馆，3006 - 短 - 363。

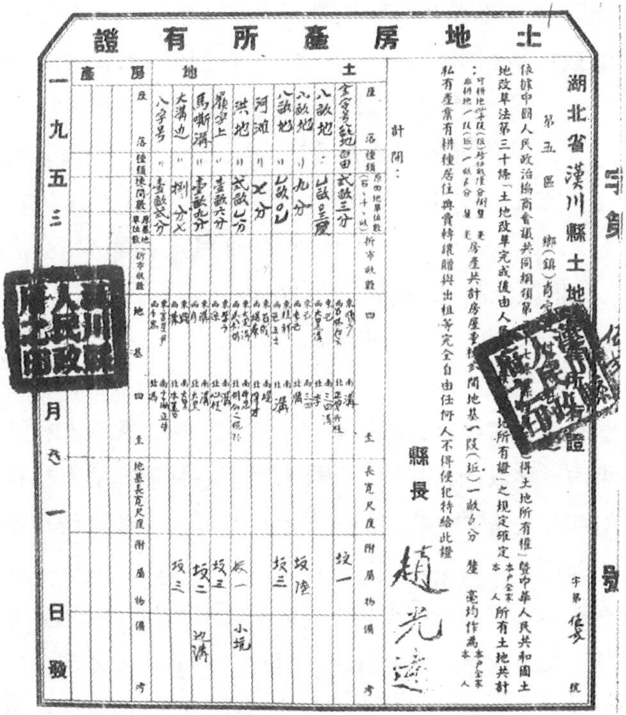

图1 建国初期湖北省汉川县土地房产所有证

三 农村社会保障体系的水平低下

土改结束后，随着农村经济的逐年恢复和发展，多数农民经济水平普遍上升，生活逐步得到改善，相应的，其抵御风险的能力大大提高。但农村中仍有部分农户处于赤贫状态，而这些农户多数为孤寡老弱户及烈军工属。造成他们经济严重贫困的原因主要是家底薄、生产资料不足，或是缺乏劳力、不善经营，或者遭遇突发性的天灾人祸。再加上建国初期灾害频繁、农民的抗灾能力低下。这就给刚取得新政权的政府提出了加强和改善农村社会保障环境的制度需求。

　　与此同时，随着土地改革的完成，某些传统的农村社会保障项目相继被取缔和中断。族田、祠田等公田一般被化整为零分配到农民手中，这部分土地救助本地区本族鳏寡孤独户的功能随之丧失。义仓这一传统的积谷备荒形式随着国家新的粮食政策的实施，也不再被推行。由于土改废债的影响和借贷政策执行上的偏差，农村私人借贷关系处于停滞的局面，造成农户"借贷无门"。这些传统乡村救助项目的退出，在某种意义上给农民的生产、生活带来一定程度上的困难。

　　针对上述情况，政府从当时的生产力水平和国情出发，相继颁布了一些有关农村社会保障的法律，建立了相关管理农村社会保障事业的机构。并以此为基础，积极开展了各种形式的农村社会保障活动：对部分处于赤贫状态的贫苦农民，通过发放救济粮款、减免农业税、动员社会力量开展募捐活动、扶持贫困户搞好生产等措施进行社会救济；对农村中无依无靠的鳏寡孤独残疾人从多方面给予特殊照顾，如土改中给其分好田、近田，有的地方还多分田。各地积极开展互助合作运动对其进行帮耕帮种帮收，并减免或缓交用工报酬。对不能维持最低生活水平者还给予实物补助和救济；在社会优抚方面，专门颁行优抚法规条例，给予资金补助和抚恤，组织和资助参加农副业生产活动，实行代耕制度，以帮助生活生产困难的烈军属、革命军人家属和退伍伤残军人。此外，针对建国初期长江中下游地区严重的水灾，中央人民政府成立了生产救灾委员会，根据"生产自救、节约度荒、群众互助、以工代赈，并辅之以必要的救济"的救灾方针，通过协调转移灾民、以工代赈、发放救灾粮款、组织群众互济和发动募捐等措施，扶持和组织群众灾后重建[①]。

---

　　① 宋士云：《1949—1978年中国农村社会保障制度透视》，《中国经济史研究》2003年第3期。

　　上述措施的推行，在短期内比较有效地解决了农村所遭遇的严重饥荒与贫困问题，一定范围和程度上解决了部分农户的生产、生活困难，在促进农业生产恢复和发展、提升农民抵御风险能力、安定人民生活和社会秩序等方面发挥了积极作用。但由于建国初期百废待兴、国力相当薄弱，财政支出根本没有足够的物质和资金实力解决农村所有贫困户的经济困难。因此，建国初期的农村社会保障主要是以农民个体经济为基础、农民家庭保障为主体的社会保障结构。农民日常生产生活中遇到的困难，主要由其个人或家庭成员来负担。政府的各种保障供给主要针对农民遭遇的各种突发性的天灾人祸和着重解决贫困军烈属的生活困难，即保障的主要内容是各种救灾救济和社会优抚。这种社会保障的水平极为低下，结构具有单一性。特别是对贫困农民的各种救灾和救济措施具有非常明显的临时性和随意性特征，而且也基本上没上升到制度层面。

　　土改结束后到集体化高潮前的几年时间内，在社会保障体系不完善的情况下，土地不仅承载着作为农民最基本生产要素的功能，还承载着作为农民社会保障的功能。土地之所以成为农民社会保障的主要来源，缘于经营土地对绝大多数农民来说是获得收入、维持基本生存的主要手段。土地本身是一种财富，这对老弱孤寡户来说更显得重要。因为一旦丧失了劳动能力，他们可以靠出租土地获取足够的租金或实物以维持基本生活，或者通过转让土地所有权的方式来获得必要的收入。在当时高度土地依赖性的农村经济结构之下，农民长期的生产、生活困难和农村社会保障体系不完善的现实，极易诱发出农民增强土地保障功能的制度创新冲动。土地买卖、租佃关系的发生，就是这种冲动爆发的结果。

第三节 土改结束前后长江中下游地区的乡村地权流转

上述恢复和发展农村个体经济的现实需要、农民土地占有和使用的更加分散以及国家的制度安排，共同推动了土改后农村的土地流转。因此，土改结束后，基于地权个人私有基础上的土地买卖和租佃关系继续存在下来。但与新中国成立前甚至土改前相比，土地买卖、租佃关系大大减少，有的地方甚至出现停滞的现象。

一 土地所有权的流转

土改结束后，由于各阶层按人口都分得了一份土地，贫雇农、中农等普通劳动群众对土地的需求暂时得到了满足，各地的土地买卖关系也随之急剧下降。如表6所示，苏南9个典型村中，有3个村没有土地买卖现象。第四村在各调查村中土地买卖较多，买入土地19.6亩，仅占总土地数的2.3%，卖出土地占总耕地数的3.7%，其余各村土地所有权流转的数量占总耕地亩数的比重更小。

苏北区的土地买卖现象也较少，如表7所示，14个典型调查村中有4个村没有土地买卖现象，其余各村买卖土地占总土地的比重都较小，三黄村1952年买入和卖出土地分别占总土地的0.5%和0.2%，吴庄村买入和卖出土地数较多，买入和卖出分别占总占有土地的1.5%和2.3%，西徐村买入和卖出土地分别占总数的2.5%和0.8%，光荣村买卖土地数占总占有土地的0.9%，新六村买卖土地数量最多，也仅占总土地数的3.1%，六合村买卖土地各占总占有土地的0.4%，团结村买卖土地分别占总占有土地的0.5%和1.3%，合作村买入土地占总占有土地的0.8%，卖出占3.1%。改新村买卖土地各10亩，占总土地数的0.5%，坚强村买卖土地分别占总土地数的0.5%和0.2%。

表6

江苏省9个乡土改后各阶层土地买卖情况

（单位：亩）

地名	买入土地									卖出土地								
	雇农		贫农		中农		其他		合计	贫农		中农		富农		其他		合计
	面积	占总买入%	面积	占总买入%	面积	占总买入%	面积	占总买入%		面积	占总卖入%	面积	占总卖入%	面积	占总卖入%	面积	占总卖入%	
宜兴县良庄村			0.2	100					0.2			0.2	100					0.2
武进县第四村			17.53	89.43	2.04	10.4	0.03	0.17	19.6	18	57.01	11.2	35.56	2.35	7.43			31.57
句容县第三村					0.1	100			0.1	0.1	9.09	1	90.91					1.1
江宁县第三村	5.4	60	1.4	15.56	2.2	24.44			9	1.4	41.18	2	58.82					3.4
溧水县徐母塘	0.9	10.47	4	46.51	3.7	43.02			8.6	1.6	18.6	4.6	53.49			2.4	27.91	8.6
常熟县胜利村										0.8	100							0.8

资料来源：中共江苏省委农村工作委员会编：《江苏省农村经济情况调查资料（内部印行）》（1953年2月20日），3006—短—364。

表7　土改后苏北12个地区14个典型村各阶级土地买卖情况

（单位：亩）

地名	买入 贫农 土地	占总买入%	中农 土地	占总买入%	其他 土地	占总买入%	合计 土地	卖出 贫农 土地	占总卖出%	中农 土地	占总卖出%	富农 土地	占总卖出%	地主 土地	占总卖出%	其他 土地	占总卖出%	合计 土地
沭阳县三黄村	14.66	100					14.66	4.8	100									4.8
沭阳县华邦乡吴庄村	3.5	6.25	52.5	93.75			56	72.4	86.5	11.3	13.5							83.7
盐城县青中乡西徐村			32.32	100			32.32	8.47	86.07	1.36	13.93							9.83
南通县亭东乡光荣村	3.1	100					3.1	3	100									3
射阳县张绸乡新六村	8	6.93	2.5	2.07	105	91	115.5	90	78.26	10	8.7			15	13.04			115
射阳县合东乡六合村	7.8	41.49	11	58.51			18.8	7	41.67	9.8	58.33							16.8
南通县海晏乡团结村			7.8	100			7.8	9.7	46.41	11.2	53.59							20.9
南通县海晏乡合作村	16.5	89.19	2	10.81			18.5	13.6	26.56	33.6	65.63					4	7.81	51.2
南通县海晏乡改新村	4	40	6	60			10			4	40	6	60					10
南通县永柳乡坚强村			5.92	100			5.92	0.37	16.67	1.85	83.33							2.22

资料来源：中共苏北区委员会农村工作委员会：《苏北12个地区14个典型村土改前后土地与阶级阶层关系变化调查资料》(1952年)，江苏省档案馆，3001—永—92。

另据江苏省16个县23个典型村调查，其中有10个县16个村发生土地买卖关系，出卖土地占总土地数的1.2%，买进土地占总土地数的1.1%①。安徽省10个典型调查乡中有6个乡没有土地买卖现象，其余4个乡土地买卖户数和土地数占总调查户数和土地数的比重均不到0.1%②。可见，土改结束后长江中下游各省土地所有权流转锐减，各典型调查县、乡和村多数没有发生土地买卖关系，即使有土地买卖的地区，其所占的比重也很小。

二 土地经营权的流转

再来看土改结束后的土地经营权流转情况。在前述各级政府的政策支持和农民发展个体经济积极性的双重推动下，作为重新配置劳力和土地等生产要素的一种主要的经营方式，土改后的土地租佃关系仍然继续存在下来。土改前后的租佃关系发生根本性变化，首先表现在租佃现象急剧减少。根据中南军政委员会的调查统计，1951年中南区只有87个乡发生租佃关系，从表8中可以看出，土改结束后长江中游3省发生租佃关系的农户和土地占总户数、总土地数的比重大大下降。其中以湖北省所占的比重最低，1951年发生租佃关系占总调查户数比重下降到24.3%，土地租佃率为7.9%。江西省土地租佃率在各省中所占比重最高，但下降得最多。从绝对值的变化来看，1951年湖北省20个乡1951年发生租佃关系的农户2956户，比1948年的7076户减少58.22%，湖南省15个乡1951年发生租佃关系的农户3406户，比1948年的7358

---

① 江苏省农村工作部：《江苏省农村经济概况》（1953年3月18日），江苏省档案馆，3062-永-3。

② 中共安徽省委农村工作部：《安徽省农村典型调查》，编者刊，1956年。

户减少 53.71%，江西省 14 个乡 1951 年发生租佃关系的农户 3381 户，比 1948 年的 6140 户减少 44.93%。土地租佃率下降得更多，鄂、湘、赣 3 省发生租佃关系的土地数分别比 1948 年减少了 89.33%、85.52% 和 85.32%。

表 8　　　　　土改前后长江中游 3 省租佃户数和土地统计表　　（单位:%）

年份	湖北省 20 个乡		湖南省 15 个乡		江西省 14 个乡	
	户数	土地	户数	土地	户数	土地
1948	61.18	76.95	69.41	88.63	75.75	91.96
1951	24.34	7.9	30.28	12.64	40.06	13.19

　　资料来源：中南军政委员会土地改革委员会：《中南区 100 个乡调查统计表》编者刊，1953 年。

　　江苏省土地租佃关系也大大减少，苏南 31 个调查县土改以前佃入土地一般占耕地的 50% 左右，土改后佃入土地仅占耕地总面积的 4.5%[①]。另据江苏省 12 个典型调查村统计，1950 年土地租佃率为 73.87%，1951 年降为 10.94%。其中出租土地数比 1950 年减少 76.53%，租入土地减少 85.18%[②]。苏北区大部分调查村租入、租出土地都急剧下降，其中沭阳县刘集乡路东村、南通县亭东乡光荣村、南通县海晏乡改新村等 3 个村甚至没有租入、租出现象。三黄村租入土地数比土改前减少 44.6%，租出土地减少 80.7%。吴庄村租入土地减少 97.4%，租出土地减少 94.4%。西徐村租进土地数减少 77.5%，租出土地数减少

----

　　①　江苏省农村工作部：《江苏省农村经济概况》（1953 年 3 月 18 日），江苏省档案馆，3062 - 永 - 3。

　　②　苏南区委员会农村工作委员会：《12 个典型村土改后农村经济变化情况调查》（1951 年 12 月 30 日），江苏省档案馆，3006 - 永 - 148。

85.7%。荡楼村租进土地减少 58%，租出减少 76.1%。第四村租进土地数减少 85.4%，租出减少 49.1%。第六村租进土地减少 95.8%，租出减少 95.9%。六合村租进土地减少 99.2%，租出减少 57.5%。团结村租进土地减少 74.1%，合作村租进土地减少 99.2%，租出减少 65.2%。从上述统计结果大体可以看出，土改结束后各地农村租佃关系仍普遍存在，但租佃率明显低于解放前[①]。

综上所述，土改后土地所有权和经营权的流转均大大低于土改前。相对于土地买卖而言，土地租佃关系在各省各地区都广泛、普遍地存在着。

第四节　土改结束后至集体化高潮前政府的相关政策演变

一　中央及各级政府提倡土地买卖、租佃等交易行为合法化，鼓励租额和工资由双方面议

新区土改政策虽然保存了富农、中农和其他劳动人民之间的土地买卖、租佃和雇佣关系，但由于某些地区土改中执行政策的偏颇，一些缺乏劳动力的鳏寡孤独和老弱疾病户不敢出租和雇工经营，以至于土地抛荒；一部分劳动力多或强的贫雇农和中农却无法租到土地和出雇劳动力，造成农村劳动力的剩余。因此，土改后积极开展农业互助合作运动的同时，提倡土地流转和雇工自由，促进土地和劳动力资源的优化配置，成为中共中央帮助农民恢复发展个体经济的一项重要政策。

---

① 中共苏北区委员会农村工作委员会：《1952 年苏北区农业生产典型调查综合资料》（1952 年），3001－永－92。

　　1949 年 9 月 29 日中国人民政治协商会议第一届全体会议通过的《共同纲要》第 27 条规定:"凡已实行土地改革的地区,必须保护农民已得土地的所有权。"《土地改革法》第 30 条明确规定:"土地改革完成后,由人民政府发给土地所有证,并承认一切土地所有者自由经营、买卖及出租其土地的权利。"1951 年 2 月 2 日,政务院《关于 1951 年农林生产的决定》的十项经济政策中明确提出,新解放区在土地改革完成后,立即确定地权,颁发土地证。在尚未进行土地改革而只实行减租的地区,切实保障谁种谁收和农民的佃耕权。这表明中央政府此时主要强调农民在土地买卖和租赁市场上的行为不受非经济强制因素的制约,而一些地方性的实施细则,甚至更加强调对农民的土地处置权不加限制[①]。

　　根据中央的政策精神,各大区中央局和军政委员会审时度势,先后颁发布告和指示,允许农村实行土地买卖和租佃自由、雇工自由、借贷自由和贸易自由。如 1950 年春,西北区农林部颁布"谁种谁收、自由雇工、自由借贷"等奖励生产、提倡发家致富的政策法令。1951 年春耕季节,华东区和中南区军政委员会分别颁布春耕生产十大政策,规定保护农民已分得的土地及财产不受侵犯,允许确无劳动力或一时无耕作技术的地主雇人耕种或换工,"个别孤寡分子应准予出租"。还特别指出:"不准地主租牛雇工耕田,无例外的不准地主出租土地,也是不对的。"[②]1951 年 9 月 13 日,中南军政委员会土地改革委员会对租额作了详细的说明:"土地改革后所留公田及小土地出租者或其他人出租之少量土地,其租额原则上不能超过 375‰,但可由双方自议

---

　　① 中国社会科学院、中央档案馆编:《1949—1952 年中华人民共和国经济档案资料选编·农业卷》,社会科学文献出版社 1991 年版,第 39 页。

　　② 中国社会科学院、中央档案馆编:《1949—1952 中华人民共和国经济档案资料选编·农村经济体制卷》,社会科学文献出版社 1992 年版,第 461、456—460 页。

规定。"① 各地方政府根据各大区的政策精神，相继颁发了相关政策。1951 年 10 月 25 日，中共中央山东分局指出土改后土地所有者"均有自由买卖土地的权利，任何人不得干涉"，"土地买卖由双方自行协商，……禁止利用各种方式干涉土地买卖自由的行为"，"保护一切土地所有者自由出租其土地的权利"，在业佃双方互利的基础上，租额由双方"自行议定"②。苏南区农村工作委员会规定：除地主外，贫雇农、中农、富农及其他劳动人民所有的土地可以自由买卖，土地买卖经过契税后，政府保障其土地所有权。凡从事农业生产的均有自由雇佣或出卖劳动的权利，雇主雇工均有解雇退约的自由③。

上述政策的实施一定程度上稳定了各阶层的生产情绪，使原先有顾虑的富农和富裕中农敢于买卖土地以及出租和雇工。中南区在实行"雇工自由"政策以前，有的地方有一半以上的雇工被解雇，造成大批雇工失业，自颁发实行"雇工自由"的政策后，"已部分开始复雇"。如湖南湘阴绍梓乡富农土改后一直不敢雇工，曾经要求献田。在获悉政府政策后，说："这一下我就安心生产了"，之后他就开始了雇工经营。零陵地区廉勇乡地主也相继回乡，表示"如照这样办，今年保证增产"，主动找区政府及农协表示愿依法减租并重新雇佣长工④。苏南南丰县扶海乡富农在充分了解了政府的发展农业生产十大政策后，解雇思想也

---

① 中南军政委员会土地改革委员会编印：《土地改革重要文献与经验汇编》下册，1953 年，第 656 页。

② 中共中央山东分局：《关于土地改革后农村土地租佃、买卖、雇佣关系办法的意见》（1951 年 10 月 25 日），山东省档案馆，A001 - 01 - 42。

③ 中共苏南区委员会农村工作委员会：《土地改革后土地买卖、雇佣办法》（1951 年 11 月 2 日），江苏省档案馆，3006 - 永 - 146。

④ 赵增延：《50 年代中国农村的富农经济》，《改革》1998 年第 1 期。

基本消失，目前雇工仍继续，未解雇①。各地区土地买卖、租佃和雇佣关系因而也得到了一定程度的发展。

二　对土地买卖、租佃和雇工经营行为从允许存在到批判交易自由、逐渐取消

随着农村经济的恢复和发展以及互助合作运动的蓬勃开展，党中央对农民个体经济的态度从强调保护其积极性逐渐转变为强调抑制农民"自发资本主义"倾向。党的指导思想和政策基础开始转向关注社会主义和资本主义的对立性，关注农民个体经济的不稳定性和两极分化，对土地买卖、出租及雇佣关系的政策逐渐发生变化。尤其是 1953 年下半年，随着总路线的正式提出和实行粮食统购统销政策，毛泽东开始对"四大自由"（租佃自由、雇工自由、借贷自由、贸易自由）进行严厉批判。认为确保私有财产，实行四大自由，都是有利于富农和富裕中农，其结果就是发展少数富农，走资本主义的路，因此"私有制要逐步变为不合法"。在相关政策的推动下，各地加快了集体化的进程，强迫农民土地和劳动力等生产资料入组入社，企图从根本上消除土地买卖和租佃关系存在的合法基础。

（一）对互助合作组织以及富农、党员买地、出租和雇工经营采取区别对待的方针

土改结束后，以小块土地私有为特征的小农经济在我国农村中逐渐占据主导地位，农民个体经济普遍上升，在农村中出现中农化趋势。由于老区解放和完成土改的时间较早，推进和发展互助合作运动的进度也较快，对待土地买卖、租佃和雇佣关系的政

① 中共苏南区委员农村工作委员会：《常熟县南丰区扶海乡的雇佣关系情况调查》（1951 年 9 月 23 日），江苏省档案馆，3006 – 短 – 362。

策变化在这些地区首先开始。政策的转变主要是从 1950 年初党内领导层之间围绕东北和山西老区如何对待农民个体经济的两次争论开始的。两次争论之后，毛泽东把发展互助合作运动作为阻止农村两极分化和资本主义自发趋势的主要手段，并采取了一系列措施来促进农业生产互助合作的发展，毛泽东倡议的 1951 年秋第一次全国性的互助合作会议就是在此形势下召开的，农业生产互助合作运动逐渐在全国范围内大规模展开①。

　　由于此时新区的土地改革正在进行或刚刚结束，虽然对因土地买卖和雇工等问题引起的两极分化有所关注，但中共中央仍然鼓励土地买卖、租佃和雇佣自由，提倡租额和工资面议。党的政策重点主要是在互助合作组织内部开始逐步限制土地买卖、租佃及雇佣关系的存在。1951 年 12 月，《关于农业生产互助合作的决议（草案）》中明确提出：在农业互助组和农业生产合作社内部，"不应允许雇佣劳动"的存在，不允许"组员或社员雇长工入组入社"，也不允许互助组和农业生产合作社"雇长工耕种土地"。1952 年 4 月 17 日华东局指出，允许农副业生产中雇工经营，但对互助组合作社内部的雇工经营加以限制②。1952 年 7 月 16 日西南局上报中央的文件中提出："小土地出租者无论有劳动力或无劳动力，只要不从事农业劳动，而仅以土地参加互助组，原则上不应允许其参加互助组。"中共中央批转对西南局的回复中，肯定上述西南局的意见，并把此决定转发于中南、华东、西北各局参考③。

　　① 国家农业委员会办公厅：《农业集体化重要文件汇编》，中共中央党校出版社 1981 年版，第 10—12 页；薄一波：《若干重大决策与事件的回顾（上卷）》，人民出版社 1997 年版，第 205、191—198 页。

　　② 中国社会科学院、中央档案馆：《1949—1952 中华人民共和国经济档案资料选编·农村经济体制卷》，社会科学文献出版社 1992 年版，第 603 页。

　　③ 国家农业委员会办公厅：《农业集体化重要文件汇编》，中共中央党校出版社 1981 年版，第 43、61—62 页。

继上述互助组内限制土地买卖、出租及雇佣关系后，1953年2月9日，中共中央批转华北局关于处理农村党员出租土地、房屋等问题的回复，"党员已退化为地主成分者，应立即开除党籍；党员凡有劳动力能自己耕种者，一律不准出租及转租土地；因病残或外出工作等情况，家庭确无劳动力，一时又不能参加互助组或生产合作社者，其土地可允许出租"；关于党员买地问题的批复是，"党员因土地不够耕作，购入少量土地自己耕种者，不应以富农思想论；但买地出租、雇工经营或买卖土地借以牟利者，必须严加批判与禁止"①。根据中共中央的这份批示，对党员买卖土地、出租及雇工经营行为有了不同于普通农民阶层的政策。

前述有关"四个自由"的政策，从1951年春正式颁布起，直到1953年3月中共中央向各地发出的关于春耕生产的指示中，还对企图过早取消"四个自由"的思想给予批评。指出在农村中取消雇佣自由、借贷自由和贸易自由，企图完全排除富农发展的可能性，对发展生产是不利的，而且是不可能的②。这个指示曾得到毛泽东的肯定，并且由中共中央印发给全党学习和贯彻。此后，对于"四个自由"的存在是否合法，如何限制土地买卖、租佃和雇佣的范围，中共中央农村工作部部长邓子恢于1953年4月23日在全国第一次农村工作会议的总结报告中谈道，"土地买卖和租佃的自由，土地法上规定了，今天还不能禁止。但这种自由的范围很小，实际上仅允许鳏寡孤独烈士军工属及没有劳动力从事耕种的人出租土地。……今天土地买卖是可以的，但是否让随便买卖呢？不是的。我们要尽可能帮助贫困农民克服困难，

---

① 中国社会科学院、中央档案馆编：《1953—1957年中华人民共和国经济档案资料选编·综合卷》，中国物价出版社2000年版，第19—21页。

② 周志强：《中国共产党与中国农业发展道路》，中共党史出版社2003年版，第212页。

要从各方面来帮助贫困农民，如贷款、互助合作等等，使他不卖地……这个自由很有限度，并应尽量缩小这个范围"。关于雇佣问题，他认为，"雇佣自由的口号可以提"，"今天是有没有人敢雇工的问题，而不是雇工的人很多"，同时指出雇佣自由"是有条件的"。上述言论既不允许无条件的土地自由买卖和租佃，雇佣自由的范围也加以限制，又没有提出租额、工资自由面议，这是继互助合作运动后对土地流转和雇佣关系的进一步限制。

（二）通过土地和劳动力入组入社来取消土地流转和雇工经营

1953年下半年，随着总路线的正式提出和实行粮食统购统销政策，党中央加快了集体化的进程，通过强制土地、劳动力等生产资料入组入社，来限制土地买卖、租佃和雇佣关系。从过渡时期总路线提出前后到合作化高潮前，中共中央和各级政府始终宣布土地买卖、租佃在法律上不禁止，即允许其存在，但却更加强调利用互助合作运动及办合作社加以限制。1953年10月，毛泽东关于互助合作问题的第一次谈话中指出，"现在农民卖地，这不好。法律不禁止，但我们要做工作，阻止农民卖地。办法就是合作社。互助组还不能阻止农民卖地，要合作社，要大合作社才行。大合作社也可以使得农民不必出租土地了，一、二百户的大合作社带几户鳏寡孤独，问题就解决了"[1]。毛泽东的上述观点成为1953年底召开的第三次互助合作会议的指导思想，该次会议使党中央由注重互助合作到强调大办合作社。会议后，又一次掀起了大办农业生产合作社的高潮。

此外，对于农村中一般农民买卖土地也开始限制。1953年

---

[1] 国家农业委员会办公厅：《农业集体化重要文件汇编》，中共中央党校出版社1981年版，第138—139、202、198页。

党内通讯社在有关是否允许土地自由买卖的答复中，认为土地自由买卖和雇佣自由、借贷自由一样，都要引起和扩大农村中的资本主义发展，引起两极分化。1953 年 12 月，西北局在给中央的有关是否允许土地自由买卖的报告中，指出土改后土地买卖的现象逐渐增多，应引起农村党组织和所有干部的注意，大力予以防止，不注意防止就是听任农村资本主义的滋长，是错误的。1954 年 8 月 27 日中共中央回复西北局来电中首次明确提出了限制农村土地买卖的具体办法："对于农村中土地买卖一事，固然现在法律上并不禁止，但我们应积极地进行各种工作以防止农民出卖、出典土地。这就是要努力去做好农业互助合作……""对于以出租土地进行剥削为目的而购买土地者，以及对于无正当职业、不事生产而出卖土地维持生活者，均应禁止。"①

　　随着集体化高潮的到来，国家仍在宪法层面上承认农民的土地所有权。1954 年 9 月 21 日第一届全国人民代表大会第一次会议通过的《中华人民共和国宪法》第八条规定："国家依照法律保护农民的土地所有权和其他生产资料所有权。"但同时对土地所有权的流转作了更具体的限制，1955 年 5 月 7 日国务院指出，对农村土地的买卖在法律上虽不禁止，但在实际工作中应努力做好农业互助合作、供销合作与信用合作工作防止农民不必要的出卖和出典土地。今后农村土地买卖、典当及其他移转，均应首先报请乡人民委员会审核，转报区公所或区人民委员会批准，并取具区工所或区人民委员会的介绍信，始得办理契税手续；上列各机关对于申请开具土地买卖、典当及其他转移介绍信的事项，必须查明其原因，分别处理。县人民委员会对于经过税契手续而发

---

　　①　中共江苏省委办公厅：《中共中央关于"西北局关于目前是否允许土地自由买卖问题的意见"的指示》，江苏省档案馆，3011 - 长 - 93。

生的土地所有权的变动，应加以登记，并于每年年终时加以汇总，上报省人民委员会转报国务院①。

上述尽管从中央到地方分别对土地买卖和租佃关系采取批判和限制的措施，但直到集体化高潮前，农民个体经济基础上的土地流转依然存在并有所发展，其原因是：（1）土地是农民赖以生存的主要生产资料，在社会保障体系不完善或根本不存在的情况下，土地的社会保障功能不可忽视。社会保障的一个主要作用就是农民在遭遇突发性事件时不至于使其生产生活陷入绝境。（2）从生产要素优化配置的角度来看，土地经营权的流转，是劳动力和土地优化重组的一种理性选择。多数出租者因缺乏劳力而出租，这些丧失或缺乏劳力的老弱孤寡和烈军工属户主要靠地租收入而维持生活。对这些出租户而言，出租土地是在劳力短缺时的一种权益选择，是介于土地抛荒和产权转让之间的一种理性选择。（3）从农民扩大经营实现利润最大化的角度看，部分农民租入土地必须考虑利润，承租者有相当一部分是劳动力强、农具齐全的中农，他们租入土地和出雇劳动力并不是生活贫困所致，而是为了增加收入、扩大再生产的需要。这是一种符合生产力发展要求的自然良性调整，总体上对农业生产是有益的。

第五节 土改结束后至集体化高潮前农村土地买卖、租佃关系的纵向变化

从下面的分析可以看出，土改结束后的一段时间内，由于各级政府从恢复发展个体经济的角度出发，允许土地买卖、租佃自

① 中华人民共和国国务院：《关于农村土地的转移及契税工作的通知》（1955年 5 月 7 日），浙江省档案馆，J123 – 18 – 40。

由，因此土地买卖和租佃关系迅速增加。1953 年下半年过渡时期总路线提出后，中国共产党的农村政策发生了很大的变化，随着对"四大自由"的批判，土地买卖关系迅速减少。但土地租佃关系作为一种重要的资源配置方式和农地经营方式，并没有随着过渡时期总路线的贯彻实施而迅速减少。直到集体化高潮前，长江中下游各省的土地租佃关系仍广泛存在。

一 土地所有权流转

根据中南区农村工作部的调查，长江中游湘鄂赣 3 省 10 个乡 1952—1953 年的土地买卖关系迅速增加。1953 年湘鄂赣 10 个典型调查乡土地买卖迅猛增加，3 省有 1.29% 的农户出卖土地，比 1952 年增加了 6.5 倍，出卖土地占总土地数的 0.22%，比 1952 年增加了 6.1 倍。买入土地户数和土地增加更多，有占总户数 1.61% 的农户买入土地，比 1952 年增加了 9 倍，买入土地占总耕地面积的 0.27%，比 1952 年增加了 8.7 倍（见表 9）。

长江中游各省的土地所有权流转状况各不相同。据湖北省农村工作部对浠水望城、孝感鲁冈、江陵将台、襄阳大李营、五峰楠木等 5 个可代表湖北省农村一般经济情况的典型乡调查统计，1952—1953 年 5 个乡土地买卖关系逐年迅速增加。1952 年土地买卖很少（只占总户数的 0.2%），1953 年占 1.29% 的农户出卖土地，比 1952 年增加了 550%，出卖土地 103.13 亩，增加了 506%。有 1.61% 的农户买入土地，比 1952 年增加了 800%，买入土地 126.83 亩，增加 773%[1]。

---

[1]　湖北省委农村工作部：《湖北省 5 个乡农村经济调查》（1954 年），湖北省档案馆，SZ18 - 1 - 145。

表9　　　　1952—1953年湘、鄂、赣10个乡土地买卖统计表　（单位：亩）

年份、阶层		卖出					买入				
		户数	占卖出总户数%	耕地	占卖出总耕地数%	户均	户数	占买入总户数%	耕地	占买入总耕地数%	户均
1952	地主及其他剥削阶级	2	20	3.46	20.33	1.73					
	富农	1	10	2.75	16.17	2.75					
	中农	4	40	8.84	51.94	2.21	6	66.66	11.98	82.51	2
	其中：富裕中农						3	33.34	7.74	53.31	2.58
	贫农	3	30	1.97	11.56	0.66	3	33.34	2.54	17.49	0.85
	合计	10	100	17.02	100	1.7	9	100	14.52	100	1.61
1953	地主及其他剥削阶级	5	7.69	9.73	9.44	1.95	1	1.23	2	1.57	2
	富农	1	1.54	5	4.85	5	1	1.23	1.05	0.84	1.05
	中农	26	40	50.16	48.63	1.93	49	60.49	83.11	65.52	1.7
	其中：富裕中农	6	9.23	20.68	19.99	3.45	17	20.99	30.59	24.11	1.8
	贫农	33	50.77	38.24	37.08	1.16	30	37.05	40.67	32.07	1.36
	合计	65	100	103.13	100	1.59	81	100	126.83	100	1.57

资料来源：中南局农村工作部：《中南区1953年农村经济调查统计资料》（1954年7月），SZ－J－517。

湖南省9个典型乡（详见附录表四）1952—1954年土地买卖关系先增后减。需要指出的是，1953年的有关土地买卖关系的典型调查中，缺少牧马溪乡的资料。但1953年土地买卖户数仍比1952年增加112.5%和100%，买卖土地数分别增加109.43%和21.09%。1954年土地买卖户数却比1953年分别减少41.18%和10%，买入土地数减少13.51%。尽管土地买卖关系总的发展趋势呈下降态势，但1954年发生土地买卖关系的户数仍然高于1952年。1954年卖地户数和出卖土地数分别比1952年增加了80%和41.4%，买地户数和土地数则分别增加了25%和81.1%。

根据附录表十一、表十二、表十三所反映的情况来看，江西省

9 个典型乡 1952—1954 年土地买卖关系先增后减。1954 年出卖土地户数比 1952 年增加 14.3%，卖出土地数增加 59.4%，买入土地户和土地数分别增加 91.7% 和 152.05%。1955 年土地买卖现象急剧减少，出卖户数和土地数分别比 1954 年下降了 66.67% 和 62.33%，买入户数和土地数分别下降了 43.48% 和 36.01%。但买入户数和土地数仍高于 1952 年，分别增加了 8.3% 和 61.3%。可见土地买卖关系有逐年减少的趋势。从各阶层来看，1954 年贫雇农买卖土地现象急剧下降，卖出土地户数和土地数分别减少了 46.7% 和 43.7%，而买入则分别减少了 70.6% 和 65.9%。中农尤其是新中农和富裕中农买卖土地现象激增，出卖土地户数和土地增加 233.3% 和 265.8%，而买入也分别增加 457.1% 和 500.7%。1955 年贫雇农仅有 1 户出卖土地，买入土地数却继续增多，中农出卖土地户数和土地数继续下降。三年内，没有出现地主、富农买地现象[①]。

安徽省 10 个典型乡土地所有权流出先增后减而流入呈逐年递增趋势，如附录表二十所示，土改结束时土地买卖关系很少，1952 年土地买卖急剧增加，其中卖出土地户数和土地数分别为土改结束时的 30.3 倍和 65.4 倍，而买入土地户数和土地数分别为土改结束时的 14 倍和 24.3 倍。1954 年和 1952 年相比，卖地户数和土地数减少，分别减少了 13.2% 和 18.6%，但买入土地户数和土地数仍增加了 62.5% 和 42.2%[②]。

另据国家统计局的调查分析，上述各省 1954 年土地买卖数量所占总土地数的比重很小，6 省总计买卖土地 29.8 亩和 22.8 亩，分别占总占有土地的 0.1%，其中以江苏省买入较多，占该省总占有土地

---

① 江西省委调查组：《关于全省（9 个典型乡）经济调查综合表》（1956 年），X006 - 2 - 13。

② 中共安徽省委农村工作部：《安徽省农村典型调查》，编者刊，1956 年。

数的 0.3% ，其余各省土地买卖数所占比重均不足 0.1% 。（见表 10）

表 10　　　　　1954 年长江中下游 6 省土地买卖关系统计表　（单位：亩,%）

省份	买入		卖出	
	土地	占自有土地比重	土地	占自有土地比重
江苏省	14.69	0.3	5.02	0.1
安徽省	5.98	0	14.45	0.1
浙江省	0.76	0	0.94	0
湖北省	2.77	0	2.13	0
湖南省	2.37	0	0.29	0
江西省	3.25	0		0
总计	29.82	0.1	22.83	0.1

资料来源：中华人民共和国国家统计局编：《1954 年全国农家收支调查资料》（1956 年 5 月），广东省档案馆，MA07 - 61·222。

可见，土改后至集体化高潮前随着中共中央相关政策的演变，土地买卖关系呈先增后减的趋势。

二　各地区土地租佃关系的消长变化

土改结束后至集体化高潮前，各地区的土地租佃关系呈现出与土地买卖关系相同的变化趋势，下面分地区来考察一下土地租佃关系的发展状况。1952—1953 年湘鄂赣 3 省土地租佃关系的数量和规模远远超过土地买卖关系，总的趋势是土地使用权需求户数减少而供给增加。1953 年发生租佃关系的户数为 1568 户，比1952 年增加 1.69% ，从租入方面来看，1952—1953 年租入户数绝对值和相对值都有所下降，其中租入户数占总户数的比重比 1952年下降 1.73 个百分点，租入土地数占总土地数的比重也下降了1.02 个百分点。出租户数和土地数却呈相反的上升趋势，出租户数和土地数分别增加了 19.13% 和 3.07% （分别见表 11、表 12）。

1952 年湖北、湖南、江西 10 个乡

表 11　　　　　　　土地租佃关系统计表　　　　（单位：亩）

阶层	出租					租入				
	户数	占出租总户数%	土地	占出租总亩数%	户均	户数	占租入总户数%	土地	占租入总亩数%	户均
地主及其他剥削阶级	147	27.84	618.56	33.34	4.21	11	1.09	24.24	0.87	2.2
富农	16	3.03	42.16	2.27	2.64	15	1.48	55.73	1.99	3.72
中农	166	31.43	622.82	33.57	3.75	570	56.21	1655.22	59.35	2.9
其中：一般中农	124	23.48	448.78	24.19	3.62	455	44.87	1309.66	46.96	2.88
其中：富裕中农	42	7.95	174.04	9.38	4.14	115	11.34	345.56	12.39	3
贫雇农	162	30.68	426.48	22.99	2.63	415	40.93	1050.8	37.68	2.53
其他劳动人民	37	7.02	145.39	7.83	3.93	3	0.29	2.92	0.11	0.97
合计	528	100	1855.41	100	3.51	1014	100	2788.91	100	2.75

1953 年湖北、湖南、江西 10 个乡

表 12　　　　　　　土地租佃关系统计表　　　　（单位：亩）

阶层	出租					租入				
	户数	占出租总户数%	土地	占出租总亩数%	户均	户数	占租入总户数%	土地	占租入总亩数%	户均
地主及其他剥削阶级	145	23.05	609.36	31.86	4.2	20	2.13	36.55	1.57	1.83
富农	18	2.86	72.17	3.78	4.01	17	1.81	57.58	2.47	3.39
中农	229	36.4	650.99	34.04	2.84	594	63.25	1555.81	66.67	2.62
其中：一般中农	171	27.18	435.13	22.75	2.54	463	49.3	1189.67	50.98	2.57
其中：富裕中农	58	9.22	215.86	11.29	3.72	131	13.95	369.14	15.69	2.82
贫雇农	194	30.85	430.58	22.5	2.22	304	32.38	679.87	29.14	2.24
其他劳动人民	43	6.84	149.59	7.82	3.48	4	0.43	3.49	0.15	0.87
合计	629	100	1912.39	100	3.04	939	100	2333.3	100	2.48

注：表 11、表 12 中，中农包括一般中农和富裕中农。

资料来源：中共中央中南局农村工作部：《中南区 1953 年农村经济调查统计资料》（1954 年 7 月），SZ－J－517。

另根据湖北省典型乡调查统计（详见附录表二、表三），1952—1954 年湖北农村租佃关系呈迅速增长态势。如表所示，1954 年 12 个乡出租户数和土地数分别比 1952 年增加了 17.57% 和 1.7%，租入户数和土地数分别比 1952 年增加了 35.55% 和 39.57[①]。两个调查年度内租入土地户数都高于出租户数，主要是因为土改结束后各典型乡都保留了公田和机动田，这部分土地在出租田中所占的比重很大，往往超过各阶级农户出租田。如湖北潜江上莫市乡外乡业主田和机动田出租田共有 57.45 亩，占该乡总出租土地数的 62.72%[②]。公安县中和乡此类出租田 569.05 亩，占总出租田 728.84 亩的 78.08%[③]。这部分公田和机动多数由乡政府统一出租给当地劳动力多而土地少的农民耕种，一定程度上减缓了租地户农民的生活困境。

1954 年湖北 12 个乡有 3 户新富农出租土地，占总出租户的 0.86%，出租土地 7.7 亩，占总出租土地数的 0.64%。户均租出 2.57 亩，户均租入 12.4 亩，户均净租入 9.8 亩。从出租户数和土地数量来看，新富农所占的比重很小，而且户均出租土地小于平均水平。说明该省新富农的产生与土地租佃关系并无直接联系。户均租入水平远远高于平均水平，说明该省新富农的上升与占有较多较强的劳动力有直接的关系[④]。

①　湖北省委农村工作部：《湖北省 12 个典型乡调查统计表》（1955 年），湖北省档案馆，SZ18 - 1 - 154。

②　潜江县委调研组：《潜江县第五区上莫市乡农村调查资料》（1952 年 12 月），湖北省档案馆，SZ18 - 1 - 7。

③　公安县委调研组：《公安县中和乡农村经济基本情况调查报告》（1952 年 12 月），湖北省档案馆，SZ18 - 1 - 6。

④　湖北省委农村工作部：《湖北省 12 个典型乡调查统计表》（1955 年），湖北省档案馆，SZ18 - 1 - 154；湖北省委农村工作部：《湖北省 12 个典型乡调查报告》（1956 年 4 月），湖北省档案馆，SZ - J - 526。

　　1952—1954 年湖南省 9 个典型调查乡土地租佃关系也呈先增后减的发展态势。1953 年出租和租入户数分别比 1952 年增加 17.3% 和 5.73%，出租和租入土地数分别增加 14.65% 和 6.15%。如附录表五、表六、表七显示，1954 年土地租佃关系继续增加，主要是因为 1953 年的统计中缺少了牧马溪乡。按各乡的租佃关系情况分析，如果加入该乡，则 1953 年发生租佃关系的户数和土地数比 1952 年增加得更多，相应的也超过 1954 年的土地租佃关系，说明受过渡时期总路线的影响，该省的土地租佃关系开始逐年减少。但 1954 年租入租出户数仍高于 1952 年，分别比 1952 年增加了 54.8% 和 22.8%。

　　湖南省 1952 年出现新富农阶层，但没有出现新富农户出租土地现象。该年度只有清溪乡 1 户新富农租入土地 0.51 亩，占该乡总租地户数和土地数的 1.1% 和 0.3%，户均租入低于平均水平。1953 年有 2 户新富农出租土地 6.67 亩，户均出租 3.34 亩，低于平均水平。2 户租入 11.9 亩，户均租入 5.95 亩，高于平均水平，户均净租入 2.61 亩。1954 年 1 户出租 1.8 亩，低于平均水平。1 户租入 5.7 亩，高于平均水平，户均净租入 3.9 亩。三个调查年度内新富农均是净租入土地户，并且户均租入土地高于平均水平，而户均出租土地户低于平均水平。可见，该省的新富农阶层的产生也与出租土地没有普遍的联系。

　　1952—1955 年江西省 9 个典型调查乡土地租佃关系的变化趋势是先增后减。如附录表十四、表十五、表十六所示，1952 年发生租佃关系的农户占总调查户数的 34.69%，其中出租户占 13.88%，出租地占总土地数的 3.54%，租入户占 20.81%，租入土地占 4.58%。1954 年发生租佃关系的农户不管是绝对值还是相对值都大大增加，出租户比 1952 年增加了 16.2%，租入户数增加 32.6%，出租、租入土地均增加 1.2 倍左右。1955 年租佃关系急剧下降，不管租入还是租出都低于 1954 年甚至是 1952 年的水平。1955 年租入户数和土地数分别比 1954 年减少 46.12% 和 28.62%，出租户数和土地数分别减少 33.05% 和 25.82%[①]。1954 年共有 2 户新富农出租土地 13.5 亩，分别占整个富农阶层出租户数和土地数的 11.1% 和 16.1%，占总出租户数和土地数的 0.3% 和 0.7%。从租入方面看，新富农没有租入土地现象。这说明该省的新富农阶层的上升与土地出租有关或致富后有较多的土地从事出租活动。

安徽省土改结束后的 1951—1954 年各地的租佃关系呈逐年递增趋势。如附录表二十一所示，土改结束时，安徽省 10 个典型调查乡出租户数和土地数分别占总户数和总土地数的 8.3% 和 2.5%，而租入户数和土地数分别占 14% 和 3.3%。1953 年不管是绝对数还是相对数都有所上升，其中出租户数和土地数分别增加了 20.3% 和 21.3%，其占总户数和总耕地数的比重也分别增加到 10% 和 3%。而租入户数和土地数分别增加了 15.7% 和 15.4%，所占比重增加为 16.1% 和 3.8%。1954 年出租户数和土地数所占比重有所下降，但出租户数增加 2.5%，租入户数和土地数也分别增加 20.7% 和 25.3%。

安徽省 1952 年共有 20 户新富农，其中 5 户出租土地 23.2 亩，户均出租 4.64 亩。3 户租入 48.4 亩，户均租入 16.13 亩，户均净租入 11.49 亩。经过过渡时期总路线的宣传贯彻和对"自发势力"的批判，新富农阶层有所减少。1954 年有新富农 13 户，其中有 2 户出租 10.5 亩，户均出租 5.25 亩。4 户租入 25.5 亩，户均租入 6.38 亩，户均净租入 1.13 亩。从该省新富农阶层

---

① 江西省委调查组：《关于全省（9 个典型乡）经济调查综合表》（1956 年），江西省档案馆，X006－2－13。

户均租入和租出土地均高于平均水平可以看出，新富农阶层一方面因出租土地致富或富裕后以较多的土地从事出租活动，另一方面因该阶层占有较多和较强的劳动力而租入土地以扩大经营规模。同时，该省1952—1954年新富农阶层出租土地逐年减少的情况，也可以反映出土地租佃关系受当时中共中央农村经济政策的影响。

　　另根据国家统计局的调查分析，1954年长江中下游6省出租和租入土地数占总耕地面积的9%。各省土地租佃率由高到低分别为江西省15%、浙江省13.8%、湖南省10.9%、江苏省8.6%、湖北省6%、安徽省5.6%。除富农阶层外，各阶层出租户数和土地数都远远小于租入方面。从各阶层租入租出土地占该阶层自有土地比重来看，6省贫雇农租入和租出土地分别占6%和3.1%，其中浙江省和江西省贫雇农租入土地比重都超过9%以上，而租出方面也高居首位，可见2省的贫雇农参与土地租佃的户数较多；各省中农租入、租出土地占该阶层土地总数的比重分别为6.6%和2.6%，租出比重略低于贫雇农阶层，这是因为中农平均占有的劳动力较多。富农阶层租入和租出土地占该阶层土地总数比重分别为2.1%和7.1%，可见富农出租土地数量较多。从表13可以看出，到1954年为止，各省仍有土地租佃关系发生。

　　土改结束后，长江中下游各省都出现了当时引起关注的新富农阶层。从当时调查情况来看，新富农所占的比重非常小，各省新富农户数都不到总调查户数的0.1%。除了新富农户数比重较小外，新富农在土地买卖中所占的比重也很小。如1954年湖北省12个典型调查乡的12户新富农中仅有1户新富农卖出土地0.4亩，分别占总卖出户数和土地数的5.9%和1.6%，新富农没有买地户。1955年江西省9个典型调查乡出现新富农4户，

表 13

1954 年长江中下游 6 省土地租佃关系统计表

（单位：亩）

省份	总计			贫雇农			中农			富农			地主		
	总耕地数	租入	租出	总耕地数	租入	租出	总耕地数	租入	租出	总耕地数	租入	租出	总耕地数	租入	租出
江苏省	5841.4	381.09	123.3	1193.39	60.64	22.25	4058.7	309.89	57.72	372.25	9.24	42.73	109.88	1.32	0.6
安徽省	13180.44	461.15	278.74	3613.99	177.32	65.74	7548.25	258.23	161.66	1199.79	11	34.3	499.43	14.6	13.24
浙江省	4594.38	449.59	185.98	1025.76	97.29	47.7	3324.39	319.31	104.79	96.61	11.25	26.62	92.76	21.74	4.87
湖北省	8691.3	314.47	204.82	1517.65	67.93	51.36	6413.38	228.2	130.34	279.23	5.95	15	334.72	12.23	7.62
湖南省	5983.43	425.7	228.16	1017.3	53.98	31.07	4369.34	343.41	136.54	395.41	14.07	49.28	179.62	14.24	11.27
江西省	6844.2	695.19	332.58	1530.27	139.02	87.08	4729.12	542.5	212.1	487.15	9.17	33.4			
总计	45135.15	2727.19	1353.58	9898.36	596.18	305.2	30443.18	2001.54	803.15	2830.44	60.68	201.33	1216.41	64.13	37.6

资料来源：中华人民共和国国家统计局编：《1954 年全国农家收支调查资料》（1956 年 5 月），广东省档案馆，MA07—61·222。

其中只有 1 户新富农卖地 2.13 亩，分别占总卖地户数和土地数的 12.5% 和 8.2%，户均卖地低于平均水平[①]。湖南省调查乡新富农没有出现土地买卖现象。安徽省胡圩乡 1952 年 1 户新富农卖出土地 1.2 亩，分别占该乡卖地总户数和总亩数的 2.8% 和 1%。1 户买入 0.5 亩，占该乡总买入土地数和土地亩数的 20% 和 6.2%。户均卖出和买入土地均低于平均水平，分别为总平均水平的 37.5% 和 31.3%，户均净卖出 0.7 亩。竹西乡 1954 年有 1 户新富农卖出土地 1 亩，占该乡总卖地户数和土地数的 2.8% 和 1.6%。各地新富农极少参与土地买卖，买地户占总买地户的比重极小，户均买入土地都低于当地的平均水平。可见新富农的产生与土地买卖关系的发展并无直接、普遍的联系。

综上，土改结束后，由于前述经济、政治等方面的原因，地权个人私有基础上的土地买卖和租佃关系继续存在下来，但与新中国成立前甚至土改前相比，土地买卖和租佃关系大大减少，有的地方甚至出现停滞的情况。相对于土地买卖而言，作为调剂劳动力和土地优化配置的一种主要方式，土地租佃关系在各省各地区都广泛、普遍地存在。1953 年下半年过渡时期总路线提出后，党中央对土地租佃采取批判和限制的措施，互助合作组织某种程度上促进了土地和劳动力等生产要素的合理流动，但并不能完全替代土地流转对生产要素的配置功能。从各地的农村经济情况调查来看，直到集体化高潮前，土地租佃关系并没有因此而减少，有的地方甚至有所增加。实际上，农村中的土地买卖和租佃关系的迅速减少甚至消亡是在实现农业集体化之后。因为互助组虽然在某些农业生产的环节中以一定程度的联合劳动取代完全分散的

---

① 江西省委调查组：《关于全省（9 个典型乡）经济调查综合表》（1956 年），江西省档案馆，X006-2-13。

个体劳动，但土地和其他生产资料、资金等生产要素都是个体所有、分散经营，只有部分劳动力和耕畜、农具统一调配，统一使用。但合作社阶段尤其是高级社阶段，集所有权与经营权于一身的集体经济取代了农民个体土地私有制和农民家庭经营的主体地位。集体经济对土地所有权和使用权的控制使土地的自由流转逐渐消亡。

第 三 章

长江中下游地区乡村地权
市场的特征分析

土改结束后，农民土地个体私有的地权制度得以建立，土地所有权和经营权可以在不同的劳动者之间自由流动和转让，地权市场得以不断扩大和深化。到集体化高潮之前的短短几年时间内，地权市场传承着传统农业经济社会诸多特征的同时，一些引人注目的趋势开始出现或加强。本章主要从地权流转的成因绩效、地权交易主体、交易规模和形式等方面来探讨 50 年代初期长江中下游地区乡村地权市场的多元化特征。

第一节　地权流转成因分析

土改结束后，随着以农民个体私有为主的土地产权制度的确立，发生土地买卖、租佃关系的原因有了根本性的变化。多数农民因为调剂性质而买卖或租佃土地：一部分农民因缺乏劳动力或遭遇天灾人祸而被迫出卖土地，一部分农民可能因为力农致富或经商致富而需要买进土地；部分农民因土地短缺而需要租进土地，而有的家庭可能会因家中缺少劳力而需要出租土地。农民间的这种地权转移和流动，成为农民经济生活中调剂资金与土地、土地与劳力资源的经常性活动。

一　土地所有权流转成因分析

封建地主土地制度下，贫苦农民为生活所迫不得不出售土地，地主、官僚和商人则致力于聚集土地，由此造成地权不断从分散到集中。农民卖地最普遍、最重要的原因是田主需要货币。而缺钱的原因则多种多样，无外乎天灾人祸、婚丧嫁娶、捐纳买官、为子弟读书应试、经商筹本、赋税沉重、高利贷盘剥等，致使负债卖田。而买地原因则包括：传统小农经济对土地的珍视，力农致富收入有剩余，市镇商人转移资金经营农业，放债和投机经商致富有多余资金等。

土改后，地主、富农的多余土地被征收和没收，而原先无地或少地的占人口绝大多数的普通劳动群众都按其人口各自分得了一份土地，土地买卖成因也发生了根本性的变化。前述土改均分导致的地权占有和使用的分散构成了 50 年代初期乡村地权流转的一般成因，下面主要对土地买卖关系发生的具体原因进行分析。

从买入土地的需求方来说，第一，购买土地首先源于小农对土地的深厚感情。在中国这样具有几千年农耕文明传统的国家，土地占有对中国小农家庭生产和生活具有重要意义。大部分有关中国个体小农如何倚重土地、重土轻迁的研究文献和相关传统乡村土地和地权市场的论述都表明，土地是农民的传家宝和命根子，农民决不会轻言放弃土地和土地经营。农民往往用占有土地来衡量其安全感，"地是活的家产，钱是会用光的，可地是用不完的"[①]。土改结束后，部分农民在经济上升或稍有积蓄后往往又习惯于以购买土地的方式

---

① 费孝通：《江村经济——中国农民的生活》，商务印书馆 2001 年版，第 162—163 页。

发展自己的经济。第二，个体小农之所以购买土地是一部分农民因劳动力强壮、善于经营致使收入增加，为扩大生产经营而买地。这部分农民主要为中农尤其是中农中的新中农，还有一部分为劳力强、负担轻的贫雇农。第三，属于调剂性质，这部分农民主要是因耕作上的困难如卖掉远田买入近田、妇女婚嫁带入、劳动力多土地少、从其他行业转业经营农业等。此外，还有部分买地户是因为被国家征收部分土地而不得不再购买土地，此种情况以安徽省较多，如合肥市郊区四河乡、淮南市郊区胡圩乡等。

　　从下面不同的买地原因所占比重来看，农民买地多属于普通劳动群众之间的调剂性质。湖北襄阳县谭庄乡因富裕收入增加而买地的户数占总买地户数的28.6%，因调剂土地而买地的占71.4%[1]。江西省信丰县胜利乡为增加收入而买地的占买地总户数的45.45%，买入土地占总买地数的35.21%；因劳力强而买地的户数占买地总数的9.1%，买地占买地总数的5.48%[2]。九江县石门乡因收入增加而买地的占总买入户数的45.5%，买入土地占总买入土地数的30.7%。因调剂性质而买地者占总买地户的50%，包括因田地远而卖远田买近田的中农和富裕中农10户，因结婚而带入土地者3户，因缺秧田而买地的1户，因赠养继承而增加土地者2户[3]。安徽肖县杨阁乡因收入多而买地者占36.8%，卖坏田买好田、卖远田买近田者占21.1%。当然也有部分农民通过放债盘剥、投机经商致富而购买土地，如江苏省东海县六区陶李乡黄邦于土改后通过收粮放债购入80

　　① 襄阳工作组：《襄阳县泥嘴区谭庄乡农村经济调查报告》（1954年9月），湖北省档案馆，SZ18-1-133。
　　② 江西省农村工作部：《江西省信丰县胜利乡经济调查报告》（1954年8月10日），江西省档案馆，X006-2-4。
　　③ 中共九江地委调查组：《九江县石门乡农村经济调查总结》（1954年7月31日），江西省档案馆，X006-2-6。

多亩地，群众称他"买地合作社".① 但总的来看，这部分买地户在土改后只占很小的一部分。而转移资金经营土地或农业的买田户多数为非农户，如常熟县白茆乡买田户大部分是市镇小商人②。

从土地所有权的供给方来看，主要基于以下几个原因：首先，因严重生产、生活困难而卖地，如天灾人祸、负债、从事其他行业破产等。田主家中只有老弱病残，丧失劳动力而无力经营，有时也成为卖地的原因。特别是只剩孤寡妇女的农户，既无力雇工或收租，更不能应付农业税负担，土地有时反而成为负担。当然，在卖地成因中，这一因素相对来说较为少见，一旦发生这种情形，大约总同时伴有田主对货币的需求。从土改后几年内银行和合作社的借贷项目看，政府对农民的贷款是逐年增加的，这对于解决农民生产生活困难、支持农民生产起了较大的作用。但由于部分农民底子差、债务多，经不起自然灾害与遭遇其他疾病丧亡的打击，在生产的恢复与发展上，仍然存在一定困难。因此，农民通过卖地来解决暂时的生产生活困难，则成为一种权宜之计。

其次属于调剂性质，如调换、田多劳动力少、婚嫁、职业变动等。土地距离田主住处较远导致自耕或收租多有不便，此时田主一般会出售土地再在近处买入相应面积的土地。在一些地区有女儿出嫁而娘家以田地陪嫁的习俗，若此陪嫁田距离婿家较远，往往会把此田卖掉。

此外，还有部分农户卖田以获得货币从事副业生产，或者是思想有顾虑（主要是富农和富裕中农），怕提高阶级成分、逃避农业税等而卖地。如安徽省阜阳县河东乡中农阎治中 5 口人，33

---

① 江苏省农村工作部：《农村经济调查综合资料》（1953 年），江苏省档案馆，3062－永－4。

② 省委农村工作部农村工作团：《常熟县唐市区白茆乡调查报告》（1953 年 6 月 5 日），江苏省档案馆，3062－长－14。

亩地，因怕负担，于 1953 年春卖地 3.76 亩。部分农户因懒惰致使经济水平下降，只有通过卖田维持生活，如宜兴县前红乡邵家村丁荣林因"劳动不积极，浪吃浪用"，卖田 0.3 亩。

　　下面再来分析一下不同的卖地原因所占比重，长江中游 3 省典型调查乡因为严重困难（如疾病、天灾、负债、丧失劳动力）而卖地者占卖地总户数的 56%，属于调剂性质（如调换、妇女出嫁、地多及职业变动等）者占 40%，"二流子"卖地占 4% 左右。湖北省 5 个调查乡因严重困难而卖地者占卖地总户数的 60.8%，属于调剂性质者占 26.1%，懒汉卖地者占 13%[①]。另根据 1953—1954 年湖北省孝感县赵湾乡、咸宁县马桥乡、襄阳县谭庄乡、随县庙湾乡、松滋县民主乡 5 个乡的调查统计，共有 61 户卖地，其中因生活困难而卖地的占卖地总户数的 9.84%，因疾病死亡而卖地的户数占 11.48%，因丧失劳力而卖地的占 9.84%，因负债而卖地者占 4.92%，因调换而卖地的占 44.26%，因田远不便耕作而卖地的占 11.48%，因婚嫁而卖地者占 4.92%，因职业变动而卖地者占 3.28%[②]。江西省信丰县胜利乡因天灾人祸、生活困难而卖地者占总卖地户数的 38.4%，因调剂性质而卖地者占 53.84%[③]。九江县石门乡因生活困难而卖地者占 33.3%，因调剂性质而卖地者占 66.7%[④]。

---

　　① 中南局农村工作部：《中南区五省 35 个乡 1953 年农村经济调查总结》（1954 年 7 月），湖北省档案馆，SZ－J－514；湖北省委农村工作部：《湖北农村调查（五个典型乡综合材料）》（1954 年），湖北省档案馆，SZ－1－185。

　　② 根据湖北省农村工作部：《孝感县赵湾乡调查统计分析表》（1954 年）、《咸宁县马桥乡调查统计分析表》（1954 年），SZ18－1－129，《松滋县民主乡调查统计分析表》（1954 年），SZ18－1－130，《襄阳县谭庄乡调查统计分析表》（1954 年）、《随县庙湾乡调查统计分析表》（1954 年），湖北省档案馆，SZ18－1－131 整理。

　　③ 江西省农村工作部：《江西省信丰县胜利乡经济调查报告》（1954 年 8 月 10 日），江西省档案馆，X006－2－4。

　　④ 中共九江地委调查组：《九江县石门乡农村经济调查总结》（1954 年 7 月 31 日），江西省档案馆，X006－2－6。

安徽省阜阳县河东乡因调剂性质而卖地的户数占 33.3%，肖县杨阁乡因遭遇天灾人祸、负债多而卖地的户数占总卖地户的 42.1%，因土地坐落外乡或离家远耕作不便、卖坏田买好田的户数占 36.8%。肥西县竹西乡因生活困难而卖地者占 23.4%，为减少公粮负担而卖田的占 8.5%，卖坏田买好田、卖远田买近田的 12.8%。潜山县骑龙乡因债务多、底子空或遭受疾病丧亡而卖田的占总卖田户的 85%，因调剂性质而卖田者占 15%[①]。江苏省武进县胜东乡第一村因田远耕作不便、从事其他职业、田多劳力少等卖地者占 32.4%，因懒惰不从事生产者占 29.4%[②]。常熟县白茆乡因调剂性质而卖地的占总卖地户数的 41.4%，因生活困难而卖地者占 24.1%，因怕公粮累进而卖地者占 3.4%[③]。

从上述卖地原因所占的比重可以看出，农民卖地多数是出于调剂性质和生产生活困难。前者多是对土地和劳动力等生产要素的重新优化配置，对发展农业生产是有利的。对于那些因缺乏生产资料或因遭遇天灾人祸而被迫出卖土地的农户，可以通过政府的辅助来克服困难。而对于那些不愿从事生产的地主、"二流子"或确无劳动力的鳏寡孤独户来说，他们不愿或无力从事生产，让其与土地分离或暂时分离，某种程度上有利于农村生产力的发展。当然，政府可以通过教育改造或社会救济来帮助他们克服困难。对于那些不善于从事农业生产而转业经营副业、商业的小商小贩和手工业者而言，与土地分离既可以发挥他们的特长，解决其生活困难，又可以活跃农村商品经济，也有利于农村经济的发展。

---

① 中共安徽省委农村工作部：《安徽省农村典型调查》，编者刊，1956 年。

② 中共江苏省委农村工作委员会编：《江苏省农村经济情况调查资料》（1953 年 2 月 20 日），3006 - 短 - 364，第 141 页。

③ 省委农村工作部农村工作团：《常熟县唐市区白茆乡调查报告》（1953 年 6 月 5 日），江苏省档案馆，3062 - 长 - 14。

以上所列土地买卖的成因只是大略情形，实际情况要复杂得多，土地买卖还有很多具体的原因。这些土地买卖成因，也从一个侧面说明了土地买卖有相当的自由。

二　土地经营权流转的原因

（一）出租土地的原因

土改结束后，发生租佃关系的原因也有了根本性的变化。从出租方面来看，农民出租土地主要是由于劳动力缺乏、田远耕作不便、从事其他职业等方面的原因，多属于调剂劳动力和土地的性质，以出租土地进行剥削为目的的只占极少数。具体而言，农民出租土地主要基于以下几个原因。

劳动力缺乏。这部分农户主要是丧失劳动能力或缺乏劳动力的老弱孤寡、残疾、烈军工属户。他们主要为了维持生活而出租部分或全部土地。据湖北省荆州专区 6 个乡统计，土改后因此原因而出租土地的农户占出租总户数的 74.59%，出租土地占总出租土地数的 79.72%[1]。襄阳、孝感、宜昌等地 14 个乡因此而出租的共 393 户，占出租总户数 571 户的 68.83%。襄阳地区此类出租户 126 户，占全乡总出租户的 81.82%，其中丧失劳力的老弱残废户 91 户，占总出租户的 59.09%。出租土地 400.79 亩，占总出租土地数的 43.24%。无劳力的烈军工属出租户 19 户，占总出租户的 12.34%，出租土地 68.04 亩，占总出租土地数的 9.28%；因田多劳力少而出租的 16 户，占总出租户数的 10.39%，出租土地 59.02 亩，占总出租土地数的 6.36%[2]。

---

① 沔阳县杨步乡调研组：《沔阳县杨步乡土地改革后农村经济基本情况调查》（1953 年），湖北省档案馆，SZ18 - 1 - 42。

② 湖北省农委：《襄阳、孝感、宜昌专区关于农村经济情况的调查报告》（1953 年），湖北省档案馆，SZ18 - 1 - 41。

根据江西省 5 个乡的调查，因鳏寡孤独缺乏劳动力而出租者占出租总户数的 39.89%，因土地多劳动力少而出租者占 34.63%[①]。吉安淇塘乡因丧失劳力而出租者占总出租户数的 72%[②]，信丰县胜利乡因孤寡丧失劳力而出租者占 15%，因地多劳力少而出租者占 50%[③]。安徽霍山县大化坪乡此类出租户占总出租户数的 45%，肖县杨阁乡此类出租户占总出租户数的 80%。

田地调剂。土改后，部分地区的土地分割严重，导致地块数量多、面积小，"梅花田"随处可见。农户耕地分布零星，地块之间的横跨度也比较大。这种田地零星分散的现象使得自耕或雇工耕种都处于不利的地位。农民要奔跑于许多互不毗连、分散遥远、面积狭小的田丘之间，浪费大量体力。此种情况下，出租远田或外乡田具有化零为整的功能，便于田地集中经营。湖北宜昌土门垣乡因此而出租的 19 户，占总出租户 59 户的 32.2%，出租土地 12.21 亩，占总出租土地亩数的 11.55%[④]。松滋县官渡乡此类出租户占总出租户的 38.9%，出租土地占总出租土地亩数的 6.5%[⑤]。江西吉安淇塘乡此类出租户占 21.34%，信丰县胜利乡此类出租户占 15%[⑥]。上述出

---

① 中南局农村工作部：《中南区五省 35 个乡 1953 年农村经济调查总结》(1954 年 7 月)，湖北省档案馆，SZ‐J‐514。

② 省委农工部：《吉安淇塘乡农村经济调查总结》(1954 年 8 月 5 日)，江西省档案馆，X006‐2‐3。

③ 江西省农村工作部：《江西省信丰县胜利乡经济调查报告》(1954 年 8 月 10 日)，江西省档案馆，X006‐2‐4。

④ 湖北省农委：《襄阳、孝感、宜昌专区关于农村经济情况的调查报告》(1953 年)，湖北省档案馆，SZ18‐1‐41。

⑤ 松滋县调研组：《松滋县官渡乡调查资料》(1952 年 12 月)，湖北省档案馆，SZ18‐1‐7。

⑥ 江西省委农工部：《吉安淇塘乡农村经济调查总结》(1954 年 8 月 5 日)，X006‐2‐3；江西省农村工作部：《江西省信丰县胜利乡经济调查报告》(1954 年 8 月 10 日)，江西省档案馆，X006‐2‐4。

租户往往出租远田佃入近田，如应城义和乡丁加斌有 3.15 亩地，因离家较远不便耕种而全部出租，同时在附近佃种 1.4 亩以弥补不足①。松滋县官渡乡出租远田佃近田调整生产的占总出租户 70 户的 7.8%，出租田占 12.6%②。安徽省霍山县大化坪乡此类出租户占出租总户数的 50% 以上，肖县杨阁乡因此而出租的占 16%。

从事其他职业。主要因从事农村副业和其他工商业，无力兼顾农业而出租。湖北孝感 5 个乡因此而出租的 41 户，占总出租户 275 户的 14.9%，宜昌 5 个乡因此而出租的 14 户，占总出租户 142 户的 9.86%，出租土地 28.45 亩，占总出租土地亩数的 7.86%③。洪山新阳、武胜 2 个乡因此而出租的 11 户，占总出租户 43 户的 25.58%④。应城义和乡小商人王银寿有田 4.25 亩，因本人从事商业而将田地全部出租，该乡类似出租户占全部出租户的 17.54%⑤。恩施高桥乡因此而出租的占总出租户数的 16.6%⑥。江西省 5 个乡因搞副业或从事其他职业而出租者占总出租户数的 15.23%⑦，吉安淇塘乡因从事其他职业而出租

　　① 应城县委调研组：《应城县义和乡农村经济调查》（1953 年），湖北省档案馆，SZ18 - 1 -45。

　　② 松滋县调研组：《松滋县官渡乡调查资料》（1952 年 12 月），湖北省档案馆，SZ18 - 1 - 7。

　　③ 湖北省农委：《襄阳、孝感、宜昌专区关于农村经济情况的调查报告》（1953 年），湖北省档案馆，SZ18 - 1 - 41。

　　④ 湖北省农委：《农村经济情况参考资料》（1952 年 11 月 12 日），湖北省档案馆，SZ18 - 1 - 3。

　　⑤ 应城县委调研组：《应城县义和乡农村经济调查》（1953 年），湖北省档案馆，SZ18 - 1 - 45。

　　⑥ 南漳县委调研组：《南漳县消溪乡农业生产典型调查》（1953 年 3 月），湖北省档案馆，SZ18 - 1 - 47。

　　⑦ 中南局农村工作部：《中南区五省 35 个乡 1953 年农村经济调查总结》（1954 年 7 月），湖北省档案馆，SZ - J -514。

者占 5.3%，信丰县胜利乡此类出租户占 20%①。

思想有顾虑。此类出租户以中农、富农居多。在农村经历减租减息、土改和土改复查等政治运动后，多数中富农出租户在思想上有很大顾虑，有的怕被称作剥削而不敢收租，有的因怕出租而变相献田，有的怕公粮累进而出租，但不要租额，只要代交公粮即可。50 年代初期的国家农业税政策按各个阶层实行不同的征税比例，有些富裕中农或富农户因缴纳的农业税较高而出租土地以逃避负担，这部分出租户所占比重不是很高。江陵县两合乡这种情况在中农中较为普遍，占中农总出租户的 28.03%。沔阳县杨步乡因此而出租的农户占总出租户的 4.52%，出租土地 16.13 亩，占总出租土地数的 5.49%②。襄阳 4 个典型乡因此而出租的 11 户，占总出租户的 7.14%③。

最后，因生活富裕不愿劳动或土地占有较多而出租。如湖南沅陵县肖家桥乡因剥削而出租的 2 户，占总出租户数的 8%。1953 年出租共 34 户，因剥削出租的户数占总出租户数的 14.7%。

再从各个典型调查乡地权流转原因纵向发展情况看，如表 14 所示，因土地多劳动力少以及无劳力或劳力不足等原因出租土地的仍占总出租土地户数的绝大多数，其次为因田地调剂或从事其他职业而出租。

①　江西省委农工部：《吉安淇塘乡农村经济调查总结》（1954 年 8 月 5 日），湖北省档案馆，X006 - 2 - 3。江西省农村工作部：《江西省信丰县胜利乡经济调查报告》（1954 年 8 月 10 日），江西省档案馆，X006 - 2 - 4。
②　沔阳县杨步乡调研组：《沔阳县杨步乡土地改革后农村经济基本情况调查》（1953 年），湖北省档案馆，SZ18 - 1 - 42。
③　湖北省农委：《襄阳、孝感、宜昌专区关于农村经济情况的调查报告》（1953），湖北省档案馆，SZ18 - 1 - 41。

表14　　湖南省7个典型调查乡出租土地原因比例表

（单位：%）

调查乡	土地多、缺乏生产资料			无劳力或劳力不足			田远耕作不便			从事其他职业			逃避负担		
	1952	1953	1954	1952	1953	1954	1952	1953	1954	1952	1953	1954	1952	1953	1954
安乡县竹林垸乡	14.3	10.3	10.8	28.6	51.3		33.3		8.1	16.7	12.8	21.6	7.1	12.8	
沅陵县牧马溪乡				53		60	47		40						
沅陵县蒙福乡	33.3	38.1	38.1	42.9	38.1	38.1	19	14.3	19	4.8	9.5	4.8			
湘潭县清溪乡	19.2	18.8	15.5	44.3	50	41.7	32.7	29.7	32.1				3.8	1.5	10.7
湘潭县长乐乡	3.4	13.8	18.4	51.7	36.9	44.7	19	16.9	14.5	25.9	32.3	22.4			
沅陵县肖家桥乡	8			32	58.8		52	17.6			8.8				
长沙县卷塘乡	7.9			78.9	70		5.3	4		7.9	22				

注：原始档案资料中，有些典型调查乡的具体出租土地原因未列出。

资料来源：根据湖南省委农村工作部：《竹林垸乡、牧马溪乡、蒙福乡、清溪乡、长乐乡、肖家桥乡、卷塘乡1952—1954年经济情况调查分析表》（1955年），湖南省档案馆，146—1—272，146—1—176，146—1—205，146—1—197，146—1—246，146—1—153等卷宗整理。

可以看出，土改后发生的租佃关系与解放前的封建租佃关系截然不同。从出租方面来看，土改后多数出租者因劳力缺乏而出租，这些丧失或缺乏劳力的老弱孤寡和烈军工属户主要靠地租收入维持生活。对这些出租户而言，出租土地是在劳力暂时短缺时的一种权宜之计，是介于土地抛荒和产权转让之间的一种理性选择。此外，在当时政府对广大农村的社会保障体系尚未健全的情况下，这种租佃形式属于社会救济性质。这种租佃形式一方面可照顾缺乏劳力的农户，给予他们一定的生活保障，一方面可减轻当地政府的社会负担，使地方政府有更多的资金、人力投入恢复和发展当地生产；部分因调剂性质而出租的土地，多数为外乡田或远田，少数为土改中分得的"梅花田"。由于土地比较零碎，难以进行集中经营，租出远田佃入近田是农民在生产中的自发性的制度创新，便于合理利用劳动力和实现农业生产的适度规模经营；另一部分因兼业或主要从事其他职业的出租者，因从事其他职业并不能为他们提供长期的足以谋生的收入，而土地可以为他们提供稳定的预期，提高了其抵御失业风险的能力，因此他们不愿彻底放弃其所得的土地，这是农村劳动力向非农领域转移的正常现象；因思想有顾虑而出租的以中农、富农居多，以剥削为目的而出租土地的农户在各调查户中所占的比重极小。

（二）租赁土地的用途

土改后农民承租土地并非是农民因贫困而丧失土地的表现。根据各乡情况分析，农民承租土地主要基于以下几个方面的原因。

首先，劳动力多、农具齐全，分得的田不够种。这种原因占承租户的绝大多数。这类佃户在土改中未得到满足（因土地数量有限）或抽出的田过多，希望扩大耕种面积。同时因"成分好"没有顾虑而敢于租入土地耕种。江西省信丰县因劳力有剩余而租入者35户，占租入总户数71.43%，租入土地50.16亩，占租入地总数的 78.45%。吉安淇塘乡属于劳力有剩余而租入的 85 户，占总租入户数的 65.38%①。安徽省肖县杨阁乡此类租地户占总租入数的 57.69%。

其次，田地和劳力都十分充裕，想多租入田扩大经营以增加收入。这部分农民因善于经营、勤于农作而希望多种田。如湖北省南漳县消溪乡类似承租户共 15 户，占总承租户的 33.33%。15 户承租户共有自耕地 212.75 亩，租入 66.9 亩，占租入总土地亩数的 43.04%。安徽省肖县杨阁乡因此而租入土地的 5 户，占总租入土地数的 19.23%。

第三，调剂远田和近田，这类租地属于调剂性质。

最后，因照顾亲戚老弱孤寡户而代耕，消溪乡类似承租户共 13 户，占总承租户的 28.89%，租入耕地 40.32 亩，占该乡总租入土地数的 25.94%。如表 15 所示，湖南省典型调查乡土改结束后几年内土地租入原因，更证实了上述分析结果。

表 15　　　　　湖南省典型调查乡租入土地原因比例表　　　（单位:%）

调查乡	土地少劳力多			便于耕作			增加收入			代耕		
	1952	1953	1954	1952	1953	1954	1952	1953	1954	1952	1953	1954
安乡县塞家渡乡	17.4			24.8			7.5					
安乡县竹林垸乡	100	100	93.8			6.2						
长沙县卷塘乡	89.4	88.6		1.5								
沅陵县牧马溪乡	73.3		82.8	20		17.2						
沅陵县蒙福乡	100	100	50									
湘潭县清溪乡	49.4	4.9	12.6	3.4	5.1	7.4	24.7	21.8	20	10.1	14.1	15.8
湘潭县长乐乡	82	79.8	76.5	18	20.2	23.5						
沅陵县肖家桥乡	100	100										

资料来源：同表 14。

---

① 江西省委农工部：《吉安淇塘乡农村经济调查总结》（1954 年 8 月 5 日），江西省档案馆，X006 – 2 – 3。

上述各地租入土地主要是因为土地多、劳力少，这部分农户多是人均占有土地低于当地平均水平，也有少部分人均占有土地相当或超过当地人均水平，但因劳动力强壮且善于经营，因而租入土地以扩大规模经营。租入土地不仅可以充分发挥承租户富余劳力的潜力，取得相应的收益，而且也是有效调解劳动力和土地资源重新配置的一种有效方式。而先租出远田、坏田再租入近田、好田等属于调剂性质的租地，更有利于发挥规模经营的优势，促进农村生产力的发展。

可见，土改后随着土地个体私有权的确立，在自耕为主的基础上，部分农户之间的土地使用权的流动，使没有能力经营农业的农户把土地出租给那些劳力强、农具全的农户，使真正有能力从事农业生产的经营个体有足够的土地进行农业经营，从而提高土地利用效率。大部分中农和贫雇农租入土地并不是由于生活贫困户所致，而是为了各自扩大再生产的需要。这种土地关系的局部调整是对土地改革中实行的按人口平均分配土地做法的一种纠偏，是符合农村生产力发展要求的自然良性调整。

三 地价、租额分析

1. 土改后农村土地租佃形式和租额

建国初期，经过减租减息、土改及土改复查等运动的开展和深入，解放前的押租、预租、典当租、劳役租等租佃形式已经不复存在。由于各地的自然生态环境和耕作习俗等的不同，各地的租佃形式和租额各不相同，甚至同一省内和同一乡内的租额也有所不同。下面分别以湖北和江苏省为例来进行分析。

土改后湖北省农村地租仍以实物租为主，具体租佃形式和租额如下：

活租，又叫分租。按实际收入分粮，公粮由双方负担。租额一般是三七分、四六分、对半分等，一般是对半分。秭归县水田坝乡属于这种租佃形式的土地有 78.75 亩，占总出租土地数的 50.81%①。

死租，也叫定租。一般按常年产量固定租额交租，租额一般是三七分（主三佃七），最高者是四六分（主四佃六），公粮由双方负担。宜昌土门垴乡此类出租户数占总出租户数的 10.17%，出租土地数占总出租土地的 23.68%。

无租，"只负担不交租"，此类租佃形式虽是临时现象，但在当时非常普遍。如宜昌天陵、土门垴、枫相 3 个乡此类出租户数占出租总户数的 84.93%，出租土地占出租总土地数的 77%。此外，部分农会机动田出租给农民耕种也是不收租，只完成公粮负担即可②。

包种，业主出牛工、种子、肥料，佃户出人工，业主收获庄稼，佃户耕种 1 亩田只得 3—4 斗米。孝感地区黄陂伏马乡共有 19 户以包种的形式出租土地，占该乡总出租户数的 44.18%。③

劳役租，以田雇工。这部分出租田主要是由于业主缺乏劳力或无力耕种，遂将一部分田出租但不要租，其余由佃户帮忙代耕④。

救济租，这部分出租户主要是无劳动力的老弱孤寡户，他们出租土地时一般不谈租额，只要求给予维持最低生活水平的谷租。这种租佃形式在土改后的农村广泛存在，并且在某种程度上具有社会救济的性质。这种形式一方面有利于生产的发展，一方面有助于解决当时农村占相当大比重的老弱孤寡户的生活困难。

---

① 秭归县委调研组：《秭归县水田坝乡土改后农村经济调查总结》（1953 年），湖北省档案馆，SZ18 – 1 – 48。

② 宜昌地委：《宜昌专区农村经济调查》（1953 年），湖北省档案馆，SZ18 – 1 – 41

③ 黄陂县委调研组：《黄陂县伏马乡农村基本情况调查》（1953 年 1 月），湖北省档案馆，SZ18 – 1 – 44。

④ 潜江县委调研组：《潜江市上莫市乡农村经济调查报告》（1952 年），湖北省档案馆，SZ18 – 1 – 7。

江苏省地租形式和租额主要有以下几种：

分种田，主要有以下两种形式：种子肥料由业佃双方共同负责，佃户出劳力、业主出土地，收获对分，公粮由业主负责；种子、肥料及劳动力由佃户负担，业主出土地，收获对分，公粮由业主负担。南汇县富饶村出租土地也多为分种田，主要分为以下几种形式：佃户专出劳动力，替业主包车水，收益主八佃二；种子、肥料由业主出，其余为佃户负责，收益业主六成佃户四成；业主出租、佃户包种，收益各半，三种分租田公粮完全由业主负担①。

双租，即佃户同时负担公粮和租金。租额按公粮额而定（业主粮额为准），如粮额每亩 17 斤，即完粮以外，还需交租 17斤。该种租额比过去（解放前）分种租额为轻，例如棉田一般产量为 90 斤，若是分种需交租 45 斤，若以"双租"来算，佃户共需负担 35 斤。比较起来，双租约可减轻 22% 左右。

预付租，土改后，这种现象很少发现。如洪泾乡贫农罗阿兴因缺乏劳动力出租土地 2 亩，每亩预付租金大米 1 石，租期为 1年。佃户之所以出重价租进，主要原因是该土地预备种植薄荷（种植薄荷收益高于粮食作物）②。

只缴公粮不交租，苏南 12 个典型村有 80% 的租佃关系是由佃入户负担全部公粮，不交租米。丹徒县姚墅村土改后各阶层租田均不收租，一律代交公粮③。镇江、句容县 4 个典型调查村

---

① 中共南汇县委员会：《南汇县富饶村调查汇报》（1951 年 11 月 15 日），江苏省档案馆，3006 - 短 - 324。

② 苏南区委员会农村工作委员会：《土改后建立的新租佃关系的情况调查》（1951 年 11 月 2 日），江苏省档案馆，3006 - 永 - 146。

③ 苏南农村工作团：《丹徒县上党区里墅乡姚墅村情况调查》（1951 年 12 月），江苏省档案馆，3006 - 短 - 331。

中，大多未曾讲明租额多少，佃入户只要代缴公粮即可①。

2. 影响地价、地租的因素分析

土改后影响土地价格的因素很多，如地理条件、土壤丰度、年成丰歉、排水难易、粮价高低、距离城市远近、赋税轻重、治安好坏、双方社会地位、土地对卖田者的迫切与否等，这些因素都是在特定条件下发生作用的。但还有的因素是经常发生作用的，或者说发生作用的地域更广、时间更长一些。学术界关于传统农村地价决定因素至今仍无定论，如方行认为供求关系决定地价，吴承明认为土地价格基本决定于土地的好坏（丰度），供求有影响，但不起决定作用。龙登高引入"序数效用"来解释土地买卖及其价格变动，他指出，就个体小农家庭而言，土地在其效用序列中的位置都是非常高的，只有在青黄不接之时，其位置才会被边际效用更高的口粮等替代，只有在走投无路的情况下才会出卖地权或某一层面的地权。因此，土地价格在不同年景、不同季节呈大幅度波动，与农户再生产状况息息相关。萧国亮认为地价是由土地的肥沃程度决定的，粮价决定地价则是其特殊的表现形式。陈争平认为影响土地价格的因素既有农产品价格、土地的自然丰度等，也有劳动力供应的多寡。高聪明认为土地买卖是一种经济行为，因而决定地价的主要还是经济的因素，也就是投资和收益的比率②。

土改后，由于各地的自然人文生态环境不同，决定各地地价的因素也各不相同。各大区、各省甚至同一县内的不同乡之间的地价不同即是一个不争的事实。如 1954 年湖北省大陈乡地价一般为 45元，太子乡一般地价 22.96 元。安徽省各调查乡中，山岔乡地价最

① 中共苏南区委员会：《镇江专区句容、高淳县 4 个典型村的调查情况报告》（1951 年 12 月），江苏省档案馆，3006 - 短 -330。

② 叶茂：《中国历史上的要素市场与土地买卖——"中国历史上的商品经济"系列研讨会第四次会议纪要》，《中国经济史研究》2001 年第 1 期。

低，仅为 10 元。大化坪乡地价最高，为 70 元；江苏省无锡县三蠡乡第三村土地买卖价格在 5—10 石米之间，无统一价格①。此外，由于土地改革使得各阶层尤其是普通劳动群众都分得了一份土地，并享有对土地的占有权和使用权，对土地的购买需求远远低于解放前，这造成土改后地价比解放前低。镇江、句容县 4 个典型调查村土地价格较解放前低三分之一到二分之一。如丁庄村某雇农因夫妻生病、生活无着落，以籼米 9 斗的价格卖掉地基 0.4 亩，比解放前便宜三分之一。王家村贫农王曾均以 620 斤稻子买入中农王向东 0.35 亩地，若在解放前买入该地需要 1500 斤稻子，现便宜二分之一。王家村中农王正隆的 0.8 亩田售价 560 斤稻，若于解放前可值 1200 斤稻子②。江阴县夏港乡解放前高产水旱田值 20 石米，普通的 12 或 13 石米，土改后大约每亩约 7—10 石米③。从土改结束后几年内地价变化情况来看，地价也是逐年降低的。

　　地租是一个重要的经济学范畴。在经济学的发展历史中，它的外延有一个逐步扩大的过程，早期经济学界定地租是专指土地租金，到了近代，它泛指各种生产要素的租金。在现代经济学中，它进一步被用来表示由于政府行政干预形成的垄断所带来的超额利润。本文的地租概念主要指的是土地产权私有情况下的土地租金。土改后，农民土地所有权的存在为地租的产生和存在提供了前提条件。各个地方的地租额高低差异很大：长江中游 3 省租额一般为 35%—45%，最高 60%，也有出租户不收地租只要

　　①　苏南农协会调研科：《无锡三蠡乡第三村典型调查材料》（1952 年 11 月 25 日），江苏省档案馆，3006 - 短 -289。

　　②　中共苏南区委员会：《镇江专区句容、高淳县 4 个典型村的调查情况报告》（1951 年 12 月），江苏省档案馆，3006 - 短 -330。

　　③　苏南区委员会农村工作委员会五队调研组：《江阴县夏港乡关于土地改革前后农村阶级经济情况变化的调查总结》（1951 年 10 月 18 日），江苏省档案馆，3006 - 短 -333。

求租地户代缴公粮①。一个省内各个地区之间的地租额也存在着较大的差异，湖北省杨步乡每亩租额分别为无租、1 石、1.44 石、1.65 石、1.7 石、2 石、2.5 石、4 石、5 石等②，宜昌土门垣乡租额最高占总产量的 20%，最低仅 6.9%③。湖南安乡县塞家渡乡 1952 年租额最高 4.5 元、一般 3.5 元、最低 2.3 元，该县竹林垸乡最高租额 13 元、一般 10 元。沅陵县蒙福乡 1953 年最高租额 11 元、一般 7.8 元、最低 5.2 元，肖家桥乡最高租额 12 元、一般 10 元、最低 7.5 元④。安徽省阜阳县河东乡最高租额 32.6 元、最低 13.04 元，肖县杨阁乡最高 14 元、普通 11.2 元、最低 7.5 元，歙县山岔乡最高租额 8 元、一般 6.5 元、最低 4.8 元，霍山县大化坪乡最高租额 20 元、一般 14 元、最低 10 元。各地的地租额也呈逐年下降趋势：湖北省太子乡 1952 年租额为 10.32 元，1954 年降为 6.94 元。江西省 9 个典型调查乡 1952 年租额为 10.2 元、1955 年降为 7.95 元。安徽合肥市四河乡 1951 年租额为 7 元，1954 年降为 3.5 元。湖南湘潭县长乐乡 1952 年租额为 12.5 元、1953 年降为 11.2 元、1954 年为 10 元。

地租相对量的衡量标准是地租率。土改前后相比，长江中下游各省的地租率远远降低，如湖北省太子乡 1952—1954 年地租

---

① 中南局农村工作部：《中南区五省 35 个乡 1953 年农村经济调查总结》（1954 年 7 月），湖北省档案馆，SZ‑J‑514。

② 沔阳县委调研组：《沔阳县杨步乡农村经济基本情况调查》（1953 年），湖北省档案馆，SZ18‑1‑42。

③ 宜昌地委：《宜昌土门垣乡农村经济调查》（1953 年），湖北省档案馆，SZ18‑1‑41。

④ 湖南省委农村工作部：《关于安乡县塞家渡乡 1952 年至 1954 年经济情况调查分析表》（1955 年），146‑1‑204；《关于安乡县竹林垸乡 1952 年至 1954 年经济情况调查分析表》（1955 年），146‑1‑205；《关于沅陵县肖家桥乡 1952 年至 1954 年经济情况调查分析表》（1955 年），146‑1‑246；《关于沅陵县蒙福乡 1952 年至 1954 年经济情况调查分析表》（1955 年），146‑1‑272。

率（每亩租额占地价的比重）分别为 16.8% 和 22.4% ，傅湾乡 1952 和 1954 年地租率分别为 27.5% 和 29.6% 。安徽省肖县杨阁乡 1952 年地租率为 23.3% 、四河乡为 5.8% 、大化坪乡为 16.7% ，江西省 9 个典型乡 1952 年地租率为 26.84% 。

　　上面分析了各地租佃形式和租额、地租率，下面来考察一下土改结束后影响租额大小的各种因素。土地作为一种特殊的生产要素，具有有限性、稀缺性、土地质量的差异性以及土地报酬（收益）递减的可能性。一般情况下，地租租额往往受下列因素的影响和制约，其中土地供求状况是反映地租率大小的主要因素。

　　土地供求。在市场经济条件下，土地作为商品进入市场，必然要受供求规律的影响和调节。土地作为一种特殊的商品，在供求关系上有其一定的特殊性。其供给分为自然供给和经济供给，土地的自然供给完全无弹性，而经济供给缺乏弹性。土改以后，农民获得的土地所有权是建立在政治运动的基础上的，而不是通过市场交易获得的，因此劳动力和土地的资源配置并不是经济意义上的帕累托最优。从上述土改后各地农村租佃关系发生的原因以及租佃双方的人数对比来看，劳力多、生产工具多的农户对土地的需求还是很大的。在土地经济供给具有刚性的情况下，农村的租额有上升的趋势。

　　地权占有状况。土改结束后，地权占有和使用的性质发生重大的变化，普通劳动群众都享有对土地的所有权和使用权。但由于各地人均占有和使用土地的情况有所差异，导致地租租额也各不相同。在人均占有土地较少的地区，剩余劳力没有出路，对土地的租入需求较大，因而租额较高。如秭归县水田坝乡人均占有土地 1.96 亩，副业不发达，剩余劳动力没有出路，要求租入者甚多，"只要承租人一开口，租入户都抢着种"，租额随着农户争租土地而提高。另一种是占有田地较多，出租田无人耕种，导致租额较低。如宜昌土门垣乡人均耕地 3.36 亩，加上该乡靠近城镇和集市，从事副业生产或其他职业比从事农业生产收益大，承租土地从事土地经营的农户较少，造成该乡的租额较低①。

　　自然生态环境。地租额与租佃田地的自然生态条件和由此决定的亩产量有密切联系。长江中下游地区农田有旱地与水田之分，水田又有地势高低之区别。一般而言，水田因地势高低差别而分为"高田"、"低田"与"荡田"。高田一般土质优良，且能排出积水，"低田"、"荡田"则难以排出积水。"高田"与"低田"、"荡田"的自然条件差异，导致了在种植制度上的差异。"高田"可种植晚稻，而"低田"、"荡田"只宜种植早稻。"高田"晚稻的品种为生长期较长的粳米，而"低田"、"荡田"早稻的品种为生长期较短的稻米。此外，田地的地势高低差异又导致复种指数的不同。"高田"一年可以"二作"，"低田"、"荡田"地势低湿，田地积水难以排尽，故一年只能"一作"，"高田"的单位面积产量必然高于"低田"或"荡田"的单位面积产量。因此，如果佃户租佃田地为"高田"，地租额高，佃户租佃田地为"低田"、"荡田"，地租额则低。

　　土地经营的机会成本。建国初期，随着过渡时期总路线的提出和统购统销政策的实施，农村自由市场受到来自两个方面的挤压，这主要表现在：一是农副产品短缺引发国家对农副产品实施统购统销，使农村自由市场商品急剧减少；一是社会主义改造的快速推进，使以个体和私营为主体的自由市场日渐式微。农村自由市场的范围逐年缩小，农民从事其他工副业生产的兼业机会减少，导致兼业收入下降。从而农民从事农业生产的机会成本很小，这导致地租有上升的趋势。

　　旧有的租佃习惯。土改后的土地租佃关系往往带有"路径

---

　　①　宜昌地委：《宜昌土门垭乡农村经济调查》（1953 年），湖北省档案馆，SZ18 - 1 - 41。

依赖"的特点，租佃形式和租额在某些地区仍然沿用旧习。如"对半分"、"四六分"是湖北农村解放前普遍流行的租佃形式，土改后存在的租额也以"对半"、"四六"分两种居多。江西省南昌县小蓝乡租额也多数沿袭旧习，根据土地质量好坏、车水灌溉难易、距村远近而决定租额大小。武进县大坝乡第一行政村租额和土改前相仿，每亩6—8斗米。因此，土改后的地租租额某些程度上受旧有租佃习惯的影响。

各地的经济发展水平。在商品经济相对发达的地区，农民从事副业或其他行业的机会较多，对租入土地的需求较低，租额较低；在商品经济比较落后的地区，农村剩余劳动力缺乏出路，租额较高。根据安徽省农村工作部对10个乡的典型调查，副业经济发达、人均收入高的地区，土地流转规模较高、租额较低，如歙县山岔乡人均收入1776元，地租最高仅8元、一般6.5元、最低4.8元。而在经济发展比较落后的地区，如霍山县大化坪乡人均收入991元，租额最高20、一般14元、最低10元。

政府强制性的制度约束。土改结束后的一段时间内，虽然政府明文规定租额由租佃双方自由面议，但各地方政府在政策执行过程中，对当地的租额都作了相应的规制，如东北地区规定租额不超过正常产量的20%，广东省要求按土改时的三七五交租。苏州地委要求订立租约最好通过乡村农会，租额一般可为总产量的20%，最高也不得超过25%[①]。湖北农村各地县委提倡租额为常年固定产量的30%—40%，如果租额为固定产量的30%，则公粮由业佃双方负担，租额若为常年产量的40%，则佃户不纳公粮负担。

可以看出，市场经济条件下农村的地租租额主要受土地供求

---

① 中共苏州地委、农委：《关于土地改革后农村土地租佃关系的情况及意见》（1951年10月5日），江苏省档案馆，3006－永－149。

关系、自然生态条件、土地产量、土地的机会成本、旧有地权交易习俗、农村的经济发展水平、政府的制度约束等因素的影响。从当时对长江中下游地区的地租额和地租率调查结果来看，土改后农村土地租佃关系主要以低租或无租形式为主，即使存在租额，也多数由租佃双方自由议定，并随着土地供求状况及围绕当时政府规定的租额标准而上下波动。土地租额既然由双方自由议定，在时间和空间上便存在着较大的差别，但总会有一个一般的租额水平，这是符合市场经济规律的。

第二节　地权交易主体的普遍化及中农化

一　土改前后地权交易主体

土改以前，长江中下游地区的乡村地权交易主要发生在地主、富农和普通劳动者之间。普通劳动者因各种困难不得不出卖、典当所占有的土地，土地逐渐集中于地主、富农手中。出租户主要为占有大部分土地的地主、富农，贫雇农、中农等普通劳动阶层因无地或少地而租入土地耕种。土改后的地权交易主体，就社会经济单元而言，主要为占人口绝大多数的贫雇农和中农，他们的经济特征与田地交易行为，构成了 50 年代初期地权交易的主导方面。土改后，个体小农各自分进了一份土地并获得了一部分生产资料，小农家庭对小块土地的占有能力与独立经营的能力增强，普通劳动者占有土地的数量显著提高，他们在土地买卖和租佃关系中的比例一开始便占主导地位，并呈逐年上升趋势，成为地权交易的主体。

土改结束后，苏北区 14 个典型调查村买入土地户主要为中农和贫农，其中中农买地户所占比重最高，如坚强村、团结村、西徐村等 3 个村买地户全为中农。少数村贫农买入土地所占比重较高，如合作村贫农买入土地占总买入土地数的 89.2%。当然，贫农和中农卖出土地也占总卖出土地的绝大多数。地主、富农买地户较少甚至没有，有少数出卖土地，如新六村地主卖地占总卖出土地的 13%，改新村富农卖地所占比重高达 60%[①]。

　　苏南区各个典型村买入土地的户数也多为贫雇农和中农，且贫雇农买地所占比重高于中农阶层，如宜兴县良庄村买地户全为贫农，武进县第四村贫农买地户占总买地户的 89.4%；卖地户也多为贫农和中农，但中农卖地比重显然高于贫农[②]。另据江苏省 10 个县 16 个村调查统计，土改结束后土地买卖关系绝大部分发生在贫雇农和中农之间，中农和贫雇农买地户占总买地户的 96%，卖地户所占比重略小，为 90.5%[③]。而表 16 中江苏省 7 个典型调查县（区）买田的以原贫雇农居多，其次为中农。

表 16　　　　　土改后江苏省各县买地户阶级分布统计情况

地　区	买田总户数	富农		中农		原贫雇农		商人		其他	
		户数	占买入总户数%	户数	占买入总户数%	户数	占买入总户数%	户数	占买入总户数%	户数	占买入总户数%
吴江县 10 个区	2729	10	0.37	1059	38.81	1581	57.93			79	2.89
江都县黄珏区杨寿乡	52	2	3.85	37	71.15			13	25		
青浦县白鹤区	93	2	2.15	50	53.76	37	39.79	4	4.3		
南通县	1877			1060	56.47	784	41.77	33	1.76		
泗阳县庄圩区高庄乡刘塘村	29	8	27.59	13	44.83	8	27.58				
金台县	6803	55	0.81	1878	27.61	4528	66.55			342	5.03

---

　　①　中共苏北区委员会农村工作委员会：《苏北 12 个地区 14 个典型村土改前后土地与阶级阶层关系变化调查资料》（1952 年），江苏省档案馆，3001 - 永 - 92。

　　②　中共江苏省委农村工作委员会编：《江苏省农村经济情况调查资料》（1953 年 2 月 20 日），3006 - 短 - 364。

　　③　江苏省农村工作部：《江苏省农村经济概况》（1953 年 3 月 18 日），江苏省档案馆，3062 - 永 - 3。

续表

地　　区	买田总户数	富农		中农		原贫雇农		商人		其他	
		户数	占买入总户数%	户数	占买入总户数%	户数	占买入总户数%	户数	占买入总户数%	户数	占买入总户数%
滨海三坝区三坝乡沿河村	14	2	14.29	5	35.71	7	50				

资料来源：江苏省农村工作部：《农村经济调查综合资料》，江苏省档案馆，3062 – 永 – 4。

安徽省 10 个典型调查乡（详见附录表二十）土改结束后土地买卖关系也主要发生在贫雇农和中农之间，买地户全为贫雇农和中农，贫雇农买地户和买入土地数分别为总买入的 75% 和 81.5%，高居首位。中农买地户和买地数占总数的 25% 和 18.5%；贫雇农没有卖地户，中农卖地户和土地数分别占总卖出的 66.7% 和 23.1%。

土改结束后的土地租佃关系也主要发生在普通劳动群众之间。据中南局土改委员会的调查，1951 年中南区出租户数和出租土地数以贫雇农所占的比重最大，富农和地主出租户和土地数所占比重远远低于解放前的水平，湖南省富农出租土地所占比例仅为 1.2%，湖北省地主出租土地所占比例为 3.4%。如果将中农、贫雇农以及其他劳动人民合起来计算，湖北、湖南和江西 3 省普通群众在租佃关系中所占比重更大，出租户数所占比重均超过 65% 以上，租入户数所占比重更是超过 95% 以上（见表 17）。普通群众出租土地户数和出租土地数所占比重低于租入中的比重，主要是因为各省出租的土地中有一部分为公田、机动田或外乡业主田。如湖北省此类出租田占总出租土地数的 19.6%，湖南省占 53.9%，江西省占 10.2%。出租户中其他剥削阶层也占有一定的比例，主要是缺乏劳动力或从事其他职业的小土地出租者和小土地经营者。可见，土改结束后长江中游 3 省的土地租佃关系主要发生在普通劳动群众之间。

表17　　　　　1951年中南区及湘、鄂、赣3省各阶级租佃关系比例表　　　　（单位:%）

阶层	湖北20个乡				湖南15个乡				江西14个乡				中南区87个乡			
	出租		租入		出租		租入		出租		租入		出租		租入	
	户数	土地	户数	土地	户数	土地	户数	土地	户数	土地	户数	土地	户数	土地	户数	土地
贫雇农	36.38	24.09	66.8	67.92	24.37	7.91	46.07	40.81	36.68	26.15	59.64	57.58	28.75	16.22	57.14	54.08
中农	33.33	29.13	29.54	27.8	27.39	10.64	44.19	50.48	16.74	12.95	33.95	35.32	23.16	15.05	35.99	39.06
其他劳动人民	6.48	3.56	0.67	0.55	17.01	6.57	6.59	5.25	18.96	14.95	3.36	3.08	17.81	10.62	4.01	3.38
三者总计	76.19	56.78	97.01	96.27	68.77	25.12	96.85	96.54	72.38	54.05	96.95	95.98	69.72	41.89	97.14	96.52

资料来源：中南军政委员会土地改革委员会：《中南区100个乡调查统计表》编者刊，1953年版。

　　如表 18 所示，土改前后苏南 9 个典型调查村地主、富农出租土地现象急剧减少，相应的，中农、贫雇农等普通劳动群众出租土地所占的比重显著上升，在土地经营权流转中居主体地位。如周家村出租的 41.4 亩土地中，中农出租土地数占 87.7%，其次为贫农占 9.5%，雇农占 2.7%。南安村中农和贫农出租土地占总出租土地的 81.2%，第四村中农、贫农出租土地占 61.8%，良庄村中农、贫雇农出租土地占 78.5%①。另据苏南 20 个乡和 19 个村的调查材料统计，出租土地的以贫农、中农为多，小土地出租者次之，富农的出租土地所占比重较少，承租者绝大部分是贫农和中农。406 个土地出租户中，贫农出租户占 43.1%，中农次之，占 32.02%，小土地出租者和其他阶层占 13.3%，富农占 6.9%，地主占 4.68%。在承租土地户 467 户中，贫农 284 户，占 60.82%，其次为中农，占 31.26%，雇农占 3.21%，富农占 1.49%，地主占 0.42%，其他阶层占 2.8%②。

　　苏北区土地使用权流转的主体也发生变化，如表 19 所示，14 个典型调查村土改前土地出租户多为地主、富农，而中农和贫雇农占租入户的绝大多数。土改后普通劳动者租出土地所占的比重增加，相应的，富农、地主等出租土地减少。如吴庄村土改后中农和贫农出租土地 18.5 亩，占总出租土地的 85.3%，其中贫农出租土地占 70.5%。第四村中农出租土地最多，占总出租土地的 64.4%，其次为贫农，占 27.9%。大部分调查村土改后很少有地主出租土地，即使出租，所占的比重也很小，如第四村地主出租土地占总出租土地的 4.2%。

<hr>

　　①　中共江苏省委农村工作委员会编：《江苏省农村经济情况调查资料（内部印行）》（1953 年 2 月 20 日），3006 - 短 - 364。

　　②　江苏省农村工作部：《江苏省农村经济概况》（1953 年 3 月 18 日），江苏省档案馆，3062 - 永 - 3。

表18　土改前后江苏省9个乡各阶层租佃关系统计表

（单位：亩）

调查村		雇农租出	雇农租进	贫农租出	贫农租进	中农租出	中农租进	富农租出	富农租进	地主租出	地主租进	小土地出租租出	小土地出租租进
宜兴县前红乡良庄村	土改前	17.7		280.8	8.7	309.4	40.7			25.4	24.6		9.1
	土改后	9.4	2.1	49.97	13.5	36.9	46.5				10.8		6.3
武进县胜东乡第四村	土改前			130.5	2.02	27.6	23.8			3.4	95.1		19.3
	土改后			36.7	1.7	9.7	18.2		9.8				2.5
青浦县盈中乡南安村	土改前			174.9	4.6	339.3	26.8	32.5	53.7	6.5	39.2		
	土改后			18.3	21	31.8	29.1	8	11.6				
句容县延福乡第三村	土改前	14.5		272		270.1	0.8	14.7		3.5	133.5		
	土改后	11		16.4	7.2	34.1	4.2						
江宁县麒麟乡第三村	土改前			364.2		93.6	24.5		16.1		212.3		25.3
	土改后			33.5		22.7	11.3		32.3				3.2
溧水县乌山乡徐母塘	土改前	14.7		40.1		121.6	2.4				168		12.8
	土改后	2.9		5.4	6.5	19.8					0.6		8.9
太仓县新建乡大同村	土改前	1.8		189.6	10.7	134.9	15.7	11.63	17.95	8.7	753.1		
	土改后			16.6	1.6	3.03	7.1		18.4				
常熟县扶海乡胜利村	土改前			53.7		9.1	9.5				21.5		
	土改后			1.5		3.8	3.4						
奉贤县砂碛乡周家村	土改前	5.2		155	12.8	362	85.3	22.2	25.8	5.9	23.4		
	土改后		1.1	3.9	3.95	15.13	36.3						

资料来源：江苏省农村工作部：《江苏省农村经济概况》（1953年3月18日），江苏省省档案馆，3062—永—3。

表19 土改前后苏北12个地区14个典型村各阶层租佃关系统计表

（单位：亩）

调查村		雇农		贫农		中农		富农		地主		小土地出租	
		租进	租出	租进	租出	租进	租出	租进	租出	租进	租出	租进	租出
沐阳县朱庄乡三黄村	土改前	24		86.4	8.61	32.4	19		358.7				
	土改后			16.6	25	62.4	7.2						34.7
沐阳县华邦乡吴庄村	土改前	100		403.7	10.5	211	14	66.7	55.1		309		
	土改后			9	15.3	11.7	3.2		3.2				
沐阳县刘集乡路东村	土改前			1600		200			200		2110		
	土改后												
盐城县青中乡西徐村	土改前			158.8	2.93	390.8	12		28.8		394.6		
	土改后			7.92	6.8	115.5	30.4				7.23		
南通县亭东乡光荣村	土改前	7.7		173.4		84.8	4		22		24		
	土改后												
高邮县林阳乡荡楼村	土改前			537.3	34.4	110.5	81.5	4	284		277.7		
	土改后					66.5	8.4	207.5	81.2		33.8		
江都县华阳乡第四村	土改前			1558.2	23.8	490	23.9		23.2		187.6		37.2
	土改后			22.3	86.8	275.9	200.4				13.2		7.2
泰县许宋乡许桥村	土改前			225.5		31.6	10		174.5		471		
	土改后					3							

续表

调查村		雇农租进	雇农租出	贫农租进	贫农租出	中农租进	中农租出	富农租进	富农租出	地主租进	地主租出	小土地出租租进	小土地出租租出
射阳县张纲乡新六村	土改前			806.3		1773.2		707.6		428	100		
	土改后			45.9	102.3		39.5		8		5		
射阳县合东乡六合村	土改前			974.9		1885.7		1126		340	60		
	土改后			15	9	18	25		20				
南通县海晏乡团结村	土改前			56.2		62.5	14						
	土改后			9.5	12.2	21.2	11.1						
南通县海晏乡合作村	土改前			425.2		1366.7		162	72.5				
	土改后	7.49		9.8	17	5.4	4.2						
南通县海晏乡改新村	土改前			305.6		1311.8		362.5	35.1				
	土改后												
南通县永柳乡坚强村	土改前			13.4		87.9			19.4		74		
	土改后												

资料来源：中共苏北区委员会农村工作委员会：《1952年苏北区农业生产典型调查综合资料》（1952年），3001—永—92。

二　地权交易主体的动态变化

上面分析了土改前后各地区的地权交易主体变化情况，下面再来探讨一下土改后几年内各省地权交易主体的纵向发展趋势。从各地的农村经济调查结果来看，土地流转现象主要发生在普通劳动群众之间的总体状况没有发生改变，不同的是，中农逐渐成为土地买卖和租佃关系的主导力量。

根据中南区农村工作部的调查统计，1952—1953 年长江中游 3 省 10 个典型调查乡的土地买卖关系主要发生在普通劳动群众之间。1952 年买地户全为中农和贫农，1953 年两个阶层买入土地户数占总买地户数的比重有所下降，但仍超过 97% 以上。从卖地方面来看，1952—1953 年两个阶层卖地户数和卖地数所占比重均超过 60% 以上，并且有上升趋势。分阶层而言，两年来中农在土地买卖关系中一直处于主导地位。1952 年地主、富农没有买地户，1953 年出现地主、富农买地现象，但所占比重甚小。

各省土地所有权流转主体的变化趋势也有所不同，如附录表一所示，1954 年湖北省 12 个典型调查乡仅有 8 个乡发生土地买卖关系。按各阶级的经济水平分类：经济水平较低的贫农、新老下中农买卖土地户数和土地数所占的比重最高，均超过 55% 以上。其次为经济条件较好的中农中的富裕户，其卖出土地户数和土地数分别占总出卖的 23.5% 和 24.3%，买地户数和买入土地数所占的比重更高，分别为 34.4% 和 35.9%。如果按阶层分类，中农不管是买入还是卖出土地所占的比重都最高，其次为贫农，地主和富农在土地买卖中所占的比重微乎其微。

根据附录表四所反映的情况来看，1952—1954 年两个调查年度内，湖南省 9 个典型乡普通劳动群众（包括贫雇农和中农阶层）买入土地户数分别占总买入户数的 100%、80%，买入土地数占总买入土地数的 100%、94.2%。普通劳动阶层出卖土地户数占总卖地户数的 100%、77.7%，出卖土地数分别占总卖地数的 100% 和 79.1%。分阶层而言，中农在土地买卖关系中处于主导地位。1952 年卖地户全为中农，其中老中农卖出土地户数和土地数分别占总卖地户数和总卖地数的 80% 和 70.3%，其次为新中农。1954 年老中农卖地所占比重有所下降，但仍高居首位。新中农卖地户数所占比重虽然高于贫雇农，但出卖土地所占比重却低于贫雇农。买入土地方面，1952 年买地户也全为中农，1954 年老中农和新中农买地所占比重有所下降，分别占总数的 80% 和 94.2%，新中农买地所占比重开始增加，但仍低于老中农。

从江西省 9 个乡土地买卖关系的阶层结构来看（详见附录表十一、表十二、表十三），1952 年、1954 年、1955 年贫雇农、中农和其他劳动人民三个阶层处于主导地位，三个调查年度内买入土地户数全为普通劳动阶层。从出卖土地方面来看，1952 年、1954 年和 1955 年普通劳动阶层卖地户数分别占总卖地户数的 90.48%、83.33% 和 75%，出卖土地数占总出卖土地数的 86.68%、73.34% 和 80.06%。分阶层而言，1952 年贫雇农买卖土地所占的比重最高，买卖户数和土地数均超过 60% 以上，其次为中农，二者卖出户数和土地数所占比例分别为 85.7% 和 83.7%，买入所占比例为 100%。1954 年中农在土地所有权流转中比重激增，取代贫雇农而高居首位。1955 年贫雇农出卖土地所占比重继续下降，但买入土地所占的比重却有所上升。中农中的新中农买卖土地所占的比重继续呈上升趋势，老中农买地户全为富裕中农。

如附录表二十所示，安徽省典型调查乡土地买卖关系中普通劳动群众也处于主导地位。1952 年老中农买地户数和买入土地数分别占总买地户数和总买入土地数的 35.7% 和 38.6%，新中农分别占 32.1% 和 24.5%，贫雇农分别占 21.4% 和 19.8%，1954 年老中农买地户数和买入土地数所占比重继续增加并仍高居首位，分别为 42.9% 和 51.7%，新中农比重增加为 38.5% 和 30.1%，而贫雇农所占比重则继续减少，分别降为 17.6% 和 17%。总计，1952 年上述两阶层买地户数和土地数分别占总买入数的 89.2% 和 82.9%，1954 年分别增长为 99% 和 98.9%，几乎所有的买地户都为普通劳动群众。卖地方面，1952 年上述各阶层卖地户数和出卖土地数分别占总出卖户数和土地数的 82.5% 和 74.9%，1954 年分别增长为 91.1% 和 84.3%。1952 年贫雇农卖地户数和土地数所占比重最高，其次为老中农和新中农，1954 年老中农卖地户所占比重虽仍低于贫雇农，但卖地数所占比重已居于首位。

从土地租佃关系的阶层结构来看，湘鄂赣 3 省中农、贫农和其他劳动人民在租佃关系中处于主导地位。1952、1953 年普通劳动阶层出租户数占总出租户数的比重分别为 69.13% 和 74.09%，占总出租土地数的比重分别为 64.39% 和 64.36%。租入户数占总租入户数的比重分别为 97.43% 和 96.06%，租入土地数占总租入土地数的比重分别为 97.14% 和 95.96%。1953 年发生租佃关系的主要是中农，中农租入户数和租入土地数分别占总租入户数、土地数的 63.25% 和 66.67%，中农租出户数和土地数分别占总租出户数和土地数的 36.4% 和 34.04%[①]。

---

① 中南局农村工作部：《中南区 1953 年农村经济调查统计资料》（1954 年 7 月），SZ－J－517。

就各省而言，如附录表二、表三所示，1952—1954 年湖北农村租佃关系的阶级分布情况发生变化。1952 年中农和贫雇农以及其他劳动人民出租户占总出租户的 85.81%，租出土地数占总租出土地数的 82.99%，承租土地户占总承租户的 94.51%，承租土地数占总承租土地数的 95.89%。1954 年租佃关系仍主要发生在中农、贫雇农和其他劳动人民中间。不同的是，与 1952 年贫雇农在租佃关系中占主导地位相比，此时参与土地租佃的主要是中农。1954 年中农出租户共 178 户，占总出租户的 51.15%，出租土地 573.99 亩，占总出租土地数的 47.39%。而 1952 年中农出租户数和出租土地数分别占总出租户数和土地数的 35.47% 和 42.32%。1954 年中农租入户 326 户，占总租入户的 69.51%，租入土地 881.8 亩，占总租入土地数的 70.33%。1952 年中农租入户数和租入土地数仅占总租入户数和土地数的 27.17% 和 32.01%。这主要是因为经过土改后几年的发展，阶级结构发生重大变化，中农化已成为农村的主要趋势。1954 年 12 个典型调查乡 55.73% 的原贫雇农上升为中农，中农户数由占总户数的 30.22% 上升为 64.01%。

从各阶层租佃户数和土地数占该阶层总数的比重来看，富农、地主和其他剥削阶级三个社会阶层出租户数和土地数相对值远远高于其他阶层，尤其是以其他剥削阶级更为显著。这是因为，这一阶层一般是家中没有多余或足够的劳动力从事农业生产，从而将土地出租。相应的，其租入土地户数和土地数相对值也远远低于其他阶层。富农和地主阶层尽管具有较高的土地租佃率，但由于在整个总出租绝对值中所占的比重甚小，所以并不能左右整个土地租佃关系的方向和性质。

湖南省 9 个典型调查乡（详见附录表五、表六、表七）1952—1954 年土地使用权流转也主要发生在——贫雇农和中农——普通劳动群众之间。1952 年，贫雇农和中农阶层出租户数和土地数占总出租户数和土地数的比重分别为 68.3% 和56.9%，1953 年增长为 71.9% 和 68.4%，1954 年为 72.5% 和61.2%。而租入户数和土地数所占比重 1952 年分别为 94.7% 和 89.9%，1953 年为 92.9% 和 94%，1954 年为 93.9% 和91.9%。从出租情况来看，1952 年贫雇农出租户数占总出租户数的比重最高，其次为老中农，但老中农出租土地所占比重却最高。1953 年贫雇农出租户数和土地数占总数的比重有所下降，新中农所占比重迅速上升，老中农出租户数占总出租户数的比重开始下降，但出租土地所占比重却升至 36%。1954 年新中农出租户数所占比重升为 26.3%，高于贫雇农和老中农。从租入情况来看，1952 年老中农租入户数和土地数占总租入户数和土地数的比重位居首位，分别为 37.9% 和 42.6%，其次为贫雇农和新中农。1953 年新中农租入户数所占比重超过老中农，但老中农租入土地数的比重却仍然最高，且呈上升趋势，贫雇农租入所占比重继续下降。1954 年新中农租入户数和土地数所占比重增至 42.9% 和 36.5%，老中农租入土地户数比重继续下降，但租入土地所占比重仍最高。1953 年老中农和新中农户数已占总调查户数的 59.71%，相应的，中农在土地使用权流转中逐年占据主导地位。

根据附录表十四、表十五、表十六所示，1952—1955 年江西省 9 个典型调查乡土地租佃关系主要发生在普通劳动群众之间。1952 年贫雇农不管租入还是租出方面所占的比重均高居各阶级之首。贫雇农、中农和其他劳动人民出租户数和土地占总出租户数和土地数的 77.2% 和 65.1%，租入户数和土地数分别占总租入户数和土地的 98.2% 和 98.6%。1954 年贫雇农在租佃关系中所占的比重下降，而中农却呈上升趋势并超过贫雇农，

中农出租户数和土地数占总出租户数和土地数的比重为 34.8%
和 29.4%，租入方面增加更多，分别占 77.6% 和 79.4%。这
主要是因为新中农的增加，新中农租入户数和土地数所占的比
重均超过 50% 以上，这部分新中农主要是由劳动力多且强的贫
雇农上升而来。其他劳动人民阶层出租土地所占比重上升，而
租入方面却有所下降，这主要是因为该阶层没有足够的劳动力
从事农业生产。1954 年，普通劳动阶层在租佃关系中所占的比
重有所下降，出租户数和土地数所占的比重分别降为 67.5% 和
56.7%，租入户数和土地数所占比重分别降为 96.5% 和
96.3%，1955 年贫雇农和中农等普通劳动者在租佃关系中所占
的比重更小。这主要是由于地主出租户的增加，这部分地主主
要是按土改时划分的成分，大部分在 1954 年已经转化为普通劳
动群众，因此租佃关系仍主要发生在劳动者之间。与该省中农
化的趋势相同，中农在租佃关系中逐年占据主导地位。

　　从土地租佃关系的阶层结构来看（根据表 20 和附录表二十一
所反映的情况），安徽省 10 个典型乡 1952—1954 年的土地租佃关
系仍主要发生在普通劳动群众之间。1952 年中农和贫雇农出租户
数和土地数占总出租户数和土地数比重分别为 75.5% 和 62.9%，
1954 年分别 76.2% 和 58.4%。两个阶层 1952 年租入户数占总租入
户数的比重为 95% 和 84.4%，1954 年分别为 94.5% 和 94.7%。分
阶层而言，1952 年各阶层出租土地户数和土地数所占比重以老中
农最高，其次为贫雇农和新中农。1954 年老中农和贫雇农出租所
占比重有所下降，新中农所占比重显著上升，但仍低于前者。租
入方面，1952 年贫雇农租地户数占总租入户数的比重最高，但却
低于老中农租入土地所占比重。1954 年贫雇农租地户数和土地数
所占比重都有所下降，老中农和新中农阶层却有所上升，可见中
农尤其是新中农阶层因为占有较多的劳动力而租入较多的土地。

表20　　安徽省10个调查乡土改结束－1954年土地买卖、典当关系统计表

（单位：亩）

年份、阶层		土地买卖								土地典当							
		卖出				买入				典出				典入			
		户数	占卖出户数总%	土地	占卖出土地总数%	户数	占买入户数总%	土地	占买入土地总数%	户数	占典出户数总%	土地	占典出土地总数%	户数	占典户数总%	土地	占典入土地总数%
土改结束时	贫雇农	2	66.7	0.9	23.1	3	75	4.4	81.5	21	43.8	49	20.6	24	54.5	97.4	49.1
	中农	37	40.7	88.7	34.8	1	25	1	18.5	21	43.8	166.6	70.1	17	38.6	92	46.4
1952年	贫雇农	16	17.6	41.9	16.4	12	21.4	26	19.8	21	36.2	51.7	20.1	20	31.7	83.4	32.6
	新中农	22	24.2	60.4	23.7	18	32.1	32.2	24.5	10	17.2	21.7	8.5	14	22.2	48.8	19.1
	老中农	32	40.5	55.5	26.7	20	35.7	50.7	38.6	22	37.9	173.4	67.6	27	42.9	121.4	47.5
1954年	贫雇农	15	19	33.7	16.2	16	17.6	31.7	17	24	44.4	62.3	27.8	12	18.2	24.6	11.3
	新中农					35	38.5	56.3	30.1	7	13	14.2	6.3	17	25.8	59.3	27.2
	老中农	25	31.6	85.9	41.4	39	42.9	96.6	51.7	18	33.3	137.1	61.1	34	51.5	129.5	59.4

资料来源：中共安徽省委农村工作部办公室：《安徽省农村典型调查》，编者刊，1955年。

　　江苏省1954年土地租佃关系也主要发生在普通劳动群众之间。中农和贫农出租户数和土地数分别占总出租户数和土地数的80%和70.7%，租入户数和土地数分别占90.8%和92.1%[①]。另据国家统计局的统计资料分析，1954年长江中下游6省贫雇农和中农两个阶层出租、租入土地所占比重分别为81.8%和95.3%，其中中农租入和出租土地户数所占比重均超过59%以上。有的省如湖南、江苏省中农租地户占总租入户数的比重高达80%以上，可见中农因占有比较多的劳动力而租入土地扩大经营规模。出租方面，富农和地主所占比重极小，各省地主出租土地最高比重为4.9%，富农出租土地所占比重以江苏省最高，其次为湖南省（见表21）。

安徽省10个调查乡土改结束—1954年

表21　　　　　　　　土地租佃关系统计表　　　　（单位：市亩）

年份、阶层		出租				租入					
		户数	占出租总户数%	土地	占出租总土地数%	户均	户数	占租入总户数%	土地	占租入总土地数%	户均
土改结束时	贫雇农	110	47.6	404.9	41.7	3.7	228	58.6	649.2	50.3	2.8
	中农	76	32.9	289	29.7	3.8	145	37.3	586.6	45.5	4
1952年	贫雇农	89	32	291.3	24.7	3.3	182	40.4	393.8	26.5	2.2
	老中农	91	32.7	368.2	31.2	4	154	34.2	587.4	39.5	3.8
	新中农	30	10.8	82.1	7	2.7	92	20.4	273.5	18.4	3
1954年	贫雇农	67	23.5	207.1	19.1	3.1	119	21.9	336.4	18	2.8
	老中农	88	30.9	245.9	22.7	2.8	202	37.2	858.1	46	4.2
	新中农	62	21.8	180.3	16.6	2.9	192	35.4	572.5	30.7	3

　　资料来源：中共安徽省委农村工作部办公室：《安徽省农村典型调查》，编者刊，1955年。

---

　　① 江苏省统计局：《江苏省1954年农民家计调查分析资料》（1956年1月14日），江苏省档案馆，3133-永-59。

可见，土改结束后至集体化高潮之前，农村土地买卖和租佃关系主要发生在普通劳动群众之间。随着土改后农村经济的恢复和发展，中农逐渐成为乡村地权流转中的主导力量，这主要与长江中下游各省的中农化趋势有关。到 1954 年，湖北、湖南等 6 省的中农占总户数的比重均为 60% 左右，这导致中农尤其是新中农在租入户数和土地数方面，所占的比重都较大。

第三节　地权交易的频繁和零细化

卜凯教授早在 20 世纪 20—30 年代对中国 22 个省份的农村典型调查中，就已发现中国农业生产中最重要的特点之一就是农田的零星分割。他通过统计得出结论，每一农场平均有 5.6 个田段，每个田段即是一片农田，周围为他人农田所包围。这些田段不但互相不毗连，而且距离甚远，每一田段平均又分为 2 个田块，由经界分开①。土改结束后，这种土地零细化的现象仍然存在。造成这种现象的原因，除了前述土改均分和长江中下游地区特殊的自然生态环境所造成的户均使用农田分散外，田块的大小及其地理位置上的零星散布，则更多的是在地权交易过程中形成的。

前述中农和贫雇农等普通劳动群众纷纷卷入土地买卖和租佃，说明地权市场的广泛而普遍的存在，同时也造成地权交易的零细化。此外，土改均分造成农民占有和使用耕地面积的分散，也导致地权转移和流动的零碎进行。由于每笔交易额数都很小，在土地买卖和租佃总量较低的情况下，导致地权流转频率较高。

---

①　赵冈：《历史上的土地制度与地权分配》，中国农业出版社 2003 年版，第 63 页。

50 年代初期的地权交易普遍呈现小额数、高频率、细零化的特征，而且交易大部分是在村内或邻村之间进行的。

一 土地买卖的规模

土改结束后，土地买卖的细零化特征首先表现在农户之间的买卖土地多数为几分地甚至几厘地。如湖北监利县吴桥乡 2 户中农共卖田 1 亩 9 分 5 厘，3 户贫农共卖田 2 亩 1 分 7 厘[①]，光化县白莲寺乡有 2 户共卖地 1.36 亩[②]。江苏无锡三蠡乡第三村土改后全村 4 户中农共买进土地 6 分 5 厘，3 户贫农共买进土地 5 分 6 厘，1 户小土地出租者买进土地 1 分 8 厘[③]。江阴县夏港乡土改后发生土地买卖关系 11 次，其中小土地出租者卖掉 1 亩田，富农卖掉 7 分田，2 户中农共卖掉 1.5 亩，6 户贫农共卖掉 1.5 亩[④]。

除上述各典型户买卖土地零细化外，各地区土地买卖规模呈逐年缩小趋势。长江中游 3 省 10 个乡 1952 年各阶层户均卖地 1.7 亩，1953 年户均卖地 1.59 亩，减少了 6.5%，1952—1953 年户均买入土地由 1.61 亩降到 1.57 亩。

当然，由于各地的生态环境和社会经济等方面的差异性，土地流转规模的发展趋势也有所不同。江西省 9 个典型调查乡土地

---

① 监利县委调研组：《监利县余埠区吴桥乡农村典型调查材料》（1952 年 12 月 31 日），湖北省档案馆，SZ18 - 1 - 7。

② 光化县委调研组：《光化县白莲寺乡土改后农村经济调查报告》（1953 年 1 月），湖北省档案馆，SZ18 - 1 - 47。

③ 苏南农协会调研科：《无锡三蠡乡第三村典型调查材料》（1952 年 11 月 25 日），江苏省档案馆，3006 - 短 - 289。

④ 苏南区委员会农村工作委员会五队调研组：《江阴县夏港乡关于土地改革前后农村阶级经济情况变化的调查总结》（1951 年 10 月 18 日），江苏省档案馆，3006 - 短 - 333。

所有权流转规模呈逐年上升趋势，1952 年户均卖地 1.44 亩、买地 1.2 亩，1954 年户均买卖土地分别增加到 2.01 亩和 1.58 亩。湖南省典型调查乡 1952—1954 年户均卖地减少 0.6 亩，户均买地增加 0.6 亩。安徽省典型调查乡土改结束时，户均卖地 1.3 亩，1952 年增长为 2.8 亩，1954 年开始下降为 2.6 亩，户均买地在调查年度内也呈此变化趋势。

从户均净买入土地的角度来看，土地买卖的规模也较小。1952—1953 年湘鄂赣 10 个乡各阶层平均户均买入土地数低于卖出数，1952 年只有中农中的富裕中农净买入土地 2.6 亩，贫农净买入 0.2 亩。1953 年贫农净买入 0.2 亩，地主及其他剥削阶级净买入 0.1 亩。湖北省 12 个典型调查乡 1954 年各阶层户均买地高于户均卖地 0.01 亩，其中贫农净买地 0.8 亩、新下中农净买地 0.2 亩、新上中农净买地 1.3 亩、老上中农净买地 0.3 亩。江西省 9 个典型调查乡 1952—1955 年户均卖地都高于户均买地亩数。1952 年，只有富裕中农户均净买地 0.5 亩。1954 年新富裕中农户均净买地 1.5 亩、老富裕中农户均净买地 1.8 亩。1955 年贫雇农户均净买地 0.2 亩、老富裕中农户均净买地 3.1 亩。湖南省典型调查乡 1952—1954 年户均卖地均高于户均买入土地数，1952 年没有净买入土地户，1954 年只有中农有净买入土地户。安徽省典型调查乡除土改结束时各阶层户均净买入土地 0.1 亩，1952—1954 年户均卖出土地都高于买入土地。由于受国家政策的限制和当时农村中舆论的影响，上述各典型调查乡地主和富农多数为净卖地户。从户均净买地的阶层分布可以看出，通过土地所有权的转让即土地买卖关系的存在，并没有出现土地向地主、富农集中的现象。

二　土地经营权流转规模

长江中游 3 省的土地经营权流转规模呈逐年递减趋势，1952

年户均出租 3.51 亩，1953 年减为 3.04 亩，减少了 13.4%；1952 年户均租入 2.75 亩，1953 年减为 2.48 亩，减少了 9.8%。由于各地的生态环境和社会经济等方面的差异性，各省土地所有权流转规模的发展趋势也有所不同。湖北省 12 个典型调查乡 1952—1954 年户均出租土地减少了 13.4%，户均租入土地增加 2.7%。湖南省 9 个典型调查乡土地使用权流转规模呈递减趋势，1952—1954 年户均出租和租入土地分别减少了 23.7% 和 24.3%。安徽省 10 个典型调查乡的土地租佃规模总体上也是下降的，土改结束至 1954 年户均出租土地减少了 9.5%，户均租入土地仅增加了 2.9%。各年度内，贫雇农户均出租土地高于户均租入数，新中农户均租入高于户均租出土地。江西省 9 个典型调查乡土地使用权流转规模却呈逐年上升趋势，1954 年户均出租水平高于 1952 年，增加了 5.7%。1955 年土地流转规模增加更快，其中户均出租土地比 1954 年增加了 10.7%，租入增加了 32.5%[①]。

可见，土改结束后的几年时间内，普通劳动群众纷纷卷入土地买卖和租佃关系中，他们作为地权市场交易主体的行为特征，造成了地权交易的零细化。

第四节　土地流转形式的多元化特征

一　土地典当

典当作为一种以实物为抵押的借贷方式，在中国历史悠久。土地典当是以土地为抵押以贷取货币，抵押期满后土地可以赎回。从这点来说，应该属于抵押借贷的一种。把土地典当视为一种地

---

① 江西省委调查组：《关于全省（9 个典型乡）经济调查综合表》（1956 年），江西省档案馆，X006 - 2 - 13。

权转移方式，是不少学者的共识，但以往的论述一般停留在典地通常是卖地的先声，土地典出后多半无力赎回，最终只能卖掉。

土改结束后，各地的土地典当关系也继续存在下来，但在总户数和总土地数中所占比重甚小。以湖南、安徽为例（详见附录表四、表二十），湖南省典型调查乡1952年发生典当关系的户数和土地数分别占总户数和土地数的0.3%和0.03%，1954年典出、典入土地数分别增加了78.1%和41.3%，但所占比重仍然很小，分别为总土地数的0.1%和0.04%。安徽省10个典型调查乡典当关系所占的比重也较小，土改结束时，出典户数和土地数仅占总户数和土地数的1.7%和0.6%，典入户数和土地数分别占1.6%和0.5%。1952年不管是典出典入绝对数还是相对比重都有所增加，典出户数和土地数分别增加了20.8%和8%，典入户数和土地数分别增加43.2%和29.1%。1954年土地典当关系虽然比土改结束时有所发展，但开始呈下降趋势，典出户数、土地数和典入土地数均低于1952年。

土地典当关系主要发生在普通劳动群众之间。湖南省典型调查乡1952年贫雇农和中农典出户数和土地数分别占总典出的90%和97.7%，典入户数和土地数分别占总典入的88.9%和82.5%。1954年两个阶层典出所占比重分别下降为66.6%和76.8%，典入所占比重分别降为72.8%和68.3%。安徽省10个典型调查乡普通劳动阶层在土地典当关系中的比重呈先增后减的趋势，土改结束时贫雇农和中农典出户数和土地数所占比重为87.6%和90.7%，典入分别占93.7%和95.5%。1952年上述两个阶层典出所占比重为91.3%和96.2%，典入所占比重为96.8%和99.2%。1954年两个阶层典出所占比重为90.7%和95.2%，典入所占比重为95.5%和97.9%。

同前述土地买卖、租佃关系类似，土改后的土地典当关系也主要为调剂劳动力和土地性质。从典出土地方来看，主要基于以下原因：第一，因遭遇自然灾害、婚丧嫁娶、负债多、好吃懒做等导致生活生产困难者而典地。湖北随县庙湾乡因赌博负债、修房盖屋而出典者占44.44%，襄阳区3个乡此类出典者占60%。安徽省阜阳县河东乡因此而典地的占总出典户数的66.7%，肖县杨阁乡此类出典者占81.8%。第二，属于田多劳动力少等调剂性质。湖北随县庙湾乡此类出典户占55.56%[①]，襄阳区3个乡因此而出典者占40%[②]，安徽河东乡因此而出典的占33.3%，肖县杨阁乡占18.2%。从典入方而言，主要原因是：第一，调剂性质，这类典地户主要是为更换土地，坏田换好田、远田换近田或者是劳力强壮善于经营的农户。湖北襄阳县谭庄乡典地者全为力农致富的中农，安徽阜阳县河东乡此类典地户占该乡总典地户的80%，肖县杨阁乡此类典地户占15.4%。第二，有耕畜、农具的土改前的佃农。土地典当关系作为一种调剂农民劳动力和土地、银钱与土地资源的重要方式，在土地改革后仍然继续存在下来。土改后的土地典当关系发生了根本性质的变化。典当土地数在总土地数中占很小的比重，典当关系主要发生在普通劳动群众之间。50年代初期的土地典当关系既是农民之间调整生产要素配置的重要途径，也是补充建国初期国家和民间信贷不足的一种有效方式。

二　其他形式的地权流转

除上述土地买卖、租佃和典当关系外，土地押进押出、交换

---

① 湖北省农村经济调查组：《随县庙湾乡农村经济调查总结》（1954年10月），湖北省档案馆，SZ18－1－133。

② 襄阳地委：《襄阳专区4个乡借贷、租佃与典当买卖关系的调查》（1953年3月10日），湖北省档案馆，SZ18－1－41。

和包种等其他地权交易形式在各地也时有发生，但在交易规模和数量上远远低于上述其他交易形式。下面分而述之。

具有临时借贷性质的土地押进、押出。土地抵押与土地典当不同，这是一种真正的借贷关系。不过，土地抵押有时会最终形成地权转移，有时则以地权买卖的形式表现出来。江苏吴县韩家村中农王正祥因遭遇婚丧嫁娶和天灾人祸，将自己 3.3 亩田押给本村中农陈大祥，押得稻谷 900 斤。另一户中农方钱发遭遇水灾，将自己 2.4 亩田以三担米押给本村中农田子三①。以上押田关系都是属于临时性的借贷性质，在契约上没有规定年限，只要付清押金，随时可以赎回。

土地交换。土改后部分农户根据其占有土地分散、零碎的情况而交换土地，目的在于调剂远近便于耕作。江苏省土改后此种情况较多，如南汇县石西村发生多起土地交换，其中该村与村外交换的 4 起，本村与本村交换的 3 起，中农与贫农交换的 2 起、贫农与贫农交换的 3 起、贫农与富农交换的 1 起。交换的时间大都在本村土地分配后，个别也有在发土地证前交换的。共交换土地 12 块、44.36 亩，其中大部分是分进的土地，自耕土地只占 5.67 亩。交换的均为面积大体相等的整块土地，交换土地最多的 5.43 亩，最少的也有 2 亩。其中土地数量有相差一二分的，但在双方自愿互利的情形下均不计较。交换后的耕地与农户各自有耕地一般近 2 里左右，最多的可近 4 里，这样更便于互换双方耕作。交换的大都是耕作土地，个别也有用耕地交换宅基地的，交换时双方均通过乡政府同意②。如丹徒县里墅村交换的 2 户，

① 苏南区委员会农村工作委员会：《吴县陆墓区徐庄乡、胡巷乡土地买卖与租佃关系调查》（1951 年 9 月 23 日），江苏省档案馆，3006 - 永 - 149。

② 中共南汇县委员会：《南汇县泥城区北窑乡石西村情况调查报告》《1952 年 8 月 28 日》，江苏省档案馆，3006 - 短 - 324。

根据肥瘦和面积分别换进耕地 0.75 亩和 0.6 亩，没有贴钱。姚墅村交换的 2 户，分别换进换出 0.9 和 0.6 亩[①]。句容县丁庄村土改后也曾发生土地互换的情况，均是通过村干部进行的[②]。

包种。这种地权交易性质类似于土地租佃，此种形式主要是农民思想上对出租土地有顾虑，包给别人种不但收入可以保证，而且不用担心被说收租米剥削。如江苏省松江县吴家桥村有 3 户因从事其他职业或外出、种田技术又不熟练等原因，而包种出去[③]。

上述地权交易形式是农民根据各地区的生态环境、耕作习俗、经济发展水平等而自发的制度创新，某种程度上解决了土改后土地占有和使用分散的局面。同时，作为重新调整土地和劳动力配置的有效方式，是对土地买卖和租佃关系的有益补充。

综上所述，与封建性土地买卖、租佃关系相比，土改后农民地权个人私有基础上的地权流转，性质发生了根本性变化。从地权流转的原因和绩效来看，当时大部分地权流转尤其是土地使用权的流转有社会保障和失业保险的功能，同时兼具合理有效配置土地和劳动力资源的经济功能；小农家庭纷纷卷入土地买卖、典当和租佃关系中，个体农民尤其是贫雇农、中农等占人口绝大多数的普通劳动者开始成为地权市场的交易主体；由于农民土改后占有和使用土地面积的分散和零碎，每笔交易额数都很小，在土地买卖和租佃总量较低的情况下，导致地权流转频率较高。地权

---

① 苏南农村工作团：《丹徒县上党区里墅乡情况调查报告》（1951 年 12 月），江苏省档案馆，3006 - 短 -331。

② 中共苏南区委员会农村工作委员会：《句容县三区春城乡丁庄村调查工作总结》（1951 年 10 月 25 日），江苏省档案馆，3006 - 短 - 363。

③ 中共苏南区委员会农村工作委员会：《松江县长泖乡吴家桥村土改后经济情况》，江苏省档案馆，3006 - 短 -353。

交易普遍呈现的小额数、高频率、细零化的特征，地权占有和使用的分散性及各地生态环境、耕作习俗的差异性，造成地权交易形式的多元化。种种特征表明，建国初期的地权市场日趋细密化和复杂化，其作为调整劳动力和土地资源的配置功能日趋强化，相应的，其转移家庭和社会财富从普通劳动者向地主、富农集中的阶级分化功能逐渐式微。

第 四 章

长江中下游地区的乡村劳动力市场

  前述建国初期的土地改革彻底废除了封建地主土地所有制，打破了非经营性土地占有的垄断，为土改后土地等生产要素的合理流动创造了一个良好的环境。而按人口平均分配土地的土改政策实现了"耕者有其田"，使得新民主主义商品经济下的土地、劳动力等生产要素更加有效地结合。但土改结束后的农村土地作为一种特殊的生产要素，仍然具有有限性和稀缺性，所以仍需要通过土地的合理流动来实现土地资源的有效配置。土改结束后，针对当时农村生产力水平的低下和农民个体经济的普遍贫困，国家一方面通过一系列救济救灾、社会优抚、农贷政策和对农业的技术支持，来改善贫困农户的生活水平和提高其经营能力。同时，通过允许土地等生产要素的流动来实现资源的优化配置。这些措施在一定程度上促进了农村经济的恢复和发展。但当时出于防止所谓的农村"两极分化"的政治需要，对土地买卖和租佃等地权交易行为加以种种规制，从而阻碍了土地等生产要素的自由流动。面对土改后地权分配、占有分散和土地买卖、租佃关系不发达的情况，农民相应地通过雇佣关系来实现劳动力和土地的有效结合，从而使得农村雇佣关系仍然在各地普遍存在。本章主要探讨 50 年代初期地权私有基础上的乡村劳动力市场，通过分析农村劳动力市场的需求和供给因素，来考察当时农村雇佣关系的实际发展情况。

一般而言，无论是传统经济还是现代经济，劳动力市场都是最重要的生产要素市场。广义地讲，商品流通形成市场，只要出现劳动力的买卖，就存在劳动力市场。狭义地说，市场专指交易场所，即劳动力的交易场所和交易方式①。根据经济学界的一般看法，劳动力市场的形成应具备三个条件：

一是劳动力供求双方是否具有自主性，即劳动力的供给方对自己的劳动力是否有自主权和出卖转让的权利，劳动力的需求方在召雇方面是否有自主权；

二是劳动关系必须是契约关系，即雇佣双方是在自由基础上建立的合同关系；

三是工资应当成为劳动力流动的主要调节信号和雇主的主要竞争手段。

从建国初期的农村劳动力供求情况来看，当时的确存在着一个广大的乡村劳动力市场。首先，劳动力市场的形成和发育，必须是劳动力成为商品，并且可以无阻碍地作为买卖的对象出现在市场上。这就是说，劳动力所有者必须具有人身自由，在法律上是自由人，可以自主地支配和处置自己的劳动力，把自己的劳动力当作商品出卖；同时，他们为了更好的雇佣条件，既可以在雇主之间、行业之间自由流动，也可以在地区之间自由流动。50年代初期，经过减租减息和土改运动，广大农民真正实现了"耕者有其田"，并获得了完全的人身自由，农民在出卖劳动力、自由雇佣等方面的权利得到充分保障。1951年2月2日，政务

---

①　史建云：《浅述近代华北平原的农业劳动力市场》，《中国经济史研究》1998年第4期。

院《关于 1951 年农林生产的决定》明确提出，农民互相临时雇佣短工，可予提倡①。根据中央的政策精神，各大区先后颁发布告和指示，允许农村实行雇工自由。1951 年春，华东区和中南区提出允许劳动雇佣自由②。各地方政府根据各大区的政策精神，相继颁发了相关政策。苏南区委员会规定，凡从事农业生产的均有自由雇佣或出卖劳动之权利，雇工有参加一切政治社会活动之自由与权利，雇主不得干涉和限制；雇工、雇主均有解雇退约之自由。雇佣劳动者包括自由流动在内的人自由的发展，为劳动力市场的形成和发育提供了重要的前提条件。

其次，在建立劳动契约关系方面，建国初期也有较大进步。如中南区和华东区于 1950 年、1951 年颁发的发展农业生产十大政策分别指出：雇佣双方必须在平等、自愿协商的原则基础上，根据劳资两利、发展生产建立劳动雇佣关系。至于是否签订合同，可由双方自由商定。此外，从中央到地方各级政府对于雇佣关系的实际情况和劳动条件也表示出了很大的关心。种种迹象表明，雇主和雇工之间已不是单纯的雇主和雇工的简单协商关系，而是有了制度性的约束关系。

最后，在工资待遇方面，各大区政府积极鼓励倡导雇佣工资由劳动力供求双方自由协商，由市场决定劳动力工资的多寡。1950 年春，中南区指出，"工资多少，由双方面议，政府农会不加限制"。华东区 1951 年春也指出工资待遇"应根据两利原则和政府法令协议"。苏南区制定了详细的雇佣工资条例，如宣布

---

① 中国社会科学院 中央档案馆编：《1949—1952 年中华人民共和国经济档案资料选编·农业卷》，社会科学文献出版社 1991 年版，第 39 页。

② 中国社会科学院、中央档案馆编：《1949—1952 中华人民共和国经济档案资料选编·农村经济体制卷》，社会科学文献出版社 1992 年版，第 461 页，第 456—460 页。

"工资应根据雇工之劳动强度与技能，并参照以往习惯，由双方协商合理的实物或货币工价，支付日期由双方议定"①。尽管国家采取了行政和法律手段来约束雇佣条件，但雇工工资的涨落大体上是受劳动力供求关系决定的。可以肯定地讲，50年代初期农村中的雇佣关系是一种自由契约关系。

总之，本章主要从土改后农村雇佣关系的原因和用途、阶层分布情况、各种雇工形式的消长趋势等方面来论证劳动力市场和地权市场的有效整合。

第一节　农村劳动力市场的需求因素

一　土地均分造成的生产要素的非均衡配置

前述土地改革通过强大的政府力量，采用经济上按人口平均分配土地以及按阶级和贫困程度无偿分配地主、富农的生产资料和财产给农民的办法，迅速实现了高度平均的"耕者有其田"。在土地资源紧张的情况下，使大部分农民获得了生存权和发展权。但土地改革的绝对"均贫富"也导致了土地、劳动力等生产要素占有的高度分散。从实现生产要素优化配置的角度来看，这种分配方法没有考虑到每个家庭劳动力与土地量的搭配问题，必然导致部分老弱孤寡户等因缺乏劳力或劳力不足、缺乏生产工具以及不熟悉生产技术等造成生产上的困难而雇工；而一部分农民家中虽然人口多，相对于分得的田地来说，劳动力也是缺乏的。湖北公安县中和乡因无劳力和田多劳动力少而雇工的有8

---

① 中共苏南区委员会农村工作委员会：《土地改革后农村劳动雇佣关系暂行办法》（1951年11月2日），江苏省档案馆，3006－永－146。中国社会科学院、中央档案馆编：《1949—1952中华人民共和国经济档案资料选编·农村经济体制卷》，社会科学文献出版社1992年版，第454、456页。

户，占总雇工户的 61.5%①。如表 22 所示，湖南典型调查乡 1952
年因老弱孤寡无劳动力而雇工的农户 411 户，占总雇工 1059 户的
38.8%，其中卷塘乡因此雇工的高达 98.1%，最低的如肖家桥乡，
此类雇工户也占 20.5%。因土地多劳力少而雇工的占总雇工户数
的 21.2%。1953 年、1954 年因老弱孤寡和土地多劳力少而雇工的
户数所占比重虽然有所下降，但仍然高达 50% 左右。其他各省因
劳力少或弱而雇工的也占总雇工数的多数，如安徽阜阳县河东乡
1952—1954 年因此而雇工的 44 户，占总雇工户数的 91.7%②。江
西省信丰县顺利乡因此而雇工者占总雇入户数的 84.2%③。

二　长江中下游地区特殊的自然生态条件

农业生产不像工业可以连续不断地进行均衡生产，农业的生
产周期与劳动时间之间存在巨大差别。农作物的播种、施肥、灌
溉、中耕和收获等不同环节都需要在一定的时间内集中完成，而
且劳动强度极大，因而或多或少地造成了对雇佣劳动的季节性需
求。曹幸穗认为在江南单季水稻 + 冬作物的一年两熟地区，当劳
力均耕面积超过 8 亩时，如果农户仍要维持当地的正常生产水
平，则自家劳动力不够使用，需在农忙季节雇佣较多日工④。马
若孟在考察华北农民经济时也得出结论，按各地的耕作习惯来
看，占有土地较少的农户在播种和收获的农忙季节管理他们的农
场没有困难，但对于那些占有较多土地的农民来说，"需要的劳

---

①　公安县委调研组：《公安县第一区中和乡农村经济基本情况调查报告》（1952
年 12 月），湖北省档案馆，SZ18 - 1 - 6。

②　中共安徽省委农村工作部办公室：《安徽省农村典型调查》，1955 年，第 6 页。

③　江西省农村工作部：《江西省信丰县胜利乡经济调查报告》（1954 年 8 月 10
日），江西省档案馆，X006 - 2 - 4。

④　曹幸穗：《旧中国苏南农家经济研究》，中央编译出版社 1996 年版，第 109
页。

动力比家庭能够供给的多"①。位于太湖东南岸的开弦弓村可代表长江下游的一般农业生产程序。该村的主要农作物为水稻、小麦和油菜。水稻的种植从 6 月份开始，播种、育秧苗、翻地、耙地、平地、灌溉等环节称为第一个农忙季节。按一个整劳力耕种 7 亩地，完成上述耕种环节大约需要 35 天，相当于稻秧在秧田地生长所需的时间。第一个农忙季节需要在较短的时间内完成，因此形成对劳动力需求的第一个高峰。7—9 月为农闲期，农活开始减少，主要工作为除草、灌溉、施肥等，这期间短工减少。10 月，随着水稻收割、冬小麦播种，秋耕秋种开始，短工又开始增多，进入农忙的第二个高峰期。11 月，秋种秋收结束，进入一年中最长的农闲时期，雇工市场也基本上结束②。这种强烈的劳动力季节性集中，造成对短工的巨大需求。

由于农业生产所固有的季节性和单个农户在劳力供给、调配方面的局限性，不仅经营较多土地的富农和富裕中农需要雇佣短工作为长工的补充；土地占有和使用规模适中的许多农户即使完全按家庭劳力确定经营规模，也往往需要若干数量的雇工；甚至一些只有很少土地、家庭经济相当贫困的小农，在农忙季节也需要短工补充家庭劳力的不足。长江中游 3 省农忙时因劳动力不足为"抢火色"而雇工者占总雇工户数的 85.21%。表 22 中，1953 年湖南省典型乡因此而雇工者占总雇工户数的比重平均在 20% 以上，最高的竹林垸乡达 62.1%。

三　经济作物等商业性农业的发展

由于各种农作物的栽培技术和用工量以及作物轮作制度不

---

① 马若孟：《中国农民经济》，江苏人民出版社 1999 年版，第 99 页。
② 费孝通：《江村经济——中国农民的生活》，商务印书馆 2001 年版，第 144—147 页。

表22

湖南省典型调查乡各雇工原因所占比重情况

（单位:%）

调查乡	1952				1953				1954			
	老弱孤寡	土地多劳力少	抢火色	从事其他职业	老弱孤寡	土地多劳力少	抢火色	从事其他职业	老弱孤寡	土地多劳力少	抢火色	从事其他职业
廖家渡乡	41.1	31.9										6.6
竹林坑乡	24.8	11.3	55.6	8.3	2	9.8	62.1	26.1	27	12.3	54.1	
肖家桥乡	20.5	27.4		31.6	10.2	33.6		9.5	28.7	31.9	0	38.3
牧马溪乡	31	36.8		31								
蒙福乡	33.3	30	26.7		38.2	30.9	29.1		32.8	27.9	37.7	
老塘乡	98.1			1.9	92.9	5.9		1.2				
清溪乡	23.6	16.1	26.1	22.4	24.3	12.4	24.3	26.6	27.2	10.9	29.9	23.1
长乐乡	27.2	27.7		23.8				23.8	30	25.5	0	25

资料来源:同表14。

同，农家劳动力在商业性农业发达的经济作物区比其他耕作区使用得更密集，因而造成了村庄内部对劳动力的更多需求，这也是经济作物区雇佣关系发达和短工盛行的主要原因。在经济作物区，农田工作比仅仅种植粮食作物区需要更多的劳动力。长江中下游地区的主要经济作物为棉花、油菜和茶叶等，其用工数都超过一般的粮食作物。在江苏省，每亩水稻用工 9—32 个，棉花用工 16—26 个，油菜用工 7—14 个，小麦用工 4—9.2 个。就耕作方法而言，水稻因增加育苗、移植、灌溉等人工而较小麦多。从耕作技术来看，棉花虽同样为直播，但因需要整枝、摘头、定苗、捉花等环节，故使用人工较水稻多①。以安徽省为例，阜阳县河东乡和肖县杨阁乡同为平原区，但前者为主产豆、麦的粮食作物区，而后者为主产棉花的经济作物区。前者 1952 年雇工户数占总户数的 8.9%，而后者占 18.8%。歙县山岔乡作为茶叶经济作物区，雇佣劳动所占比例更大，1952 年雇工户数高达 62.9%，在实行过渡时期总路线后的 1954 年，也有 67.9% 的农户雇工。

此外，随着长江中下游地区的棉花、油菜、烟草等经济作物种植面积的逐年增大，对农村劳动力的需求也逐年增加。湖北省 1949 年经济作物种植面积占总播种面积的 13.5%，1952 年增为 14.3%，1957 年为 14.4%，几年内增加了 38.7%。其中棉花种植面积占经济作物总播种面积的 55% 以上，种植面积增加了 35.3%②。湖南省 1949—1957 年棉花种植面积增长了 34.5%③。

除上述原因外，还有部分农户因从事其他行业而雇工。这部分农户主要是因劳动力转移而雇工，他们有的是原先从事其他职

---

① 中共江苏省委农村工作委员会编：《江苏省农村经济情况调查资料（内部印行）》（1953 年 2 月 20 日），江苏省档案馆，3006 - 短 - 364，第 72 页。

② 周兆锐主编：《湖北省经济地理》，新华出版社 1988 年版，第 67、88 页。

③ 同上书，第 105 页。

业，有些是土改后转移经商或从事副业生产。长江中游 3 省属于自发资本主义势力（所谓自发资本主义势力指过去从事农业现在完全脱离农业而转营商业或者兼顾商业而依靠雇工进行农业生产）者，占雇工总数的 14.8%，在总户数中所占比重仅为 4.3%，而且这种"自发资本主义势力"性质的中农雇工户占 52.52%，富农占 18.18%，贫农占 12.1%，其他占 17.2%[①]。公安县中和乡因从事其他职业耽误生产而请工的占 38.5%[②]，襄阳县谭庄乡因此雇工者占 10.53%，雇工工数占 65.46%。湖南省典型乡因此而雇工者呈逐年上升趋势，其中牧马溪乡此类雇工户占总雇工户数的比重高达 38.3%。

农业雇佣劳动受农业生产所固有的季节性特点和农户劳力数量、经营规模的制约。由于农业生产季节性较强，单位农户劳力数量有限，特别是在使用、调配方面的弹性很小，即使农户经营规模在家庭成员耕作能力之内，在农忙季节也往往人手短缺，需要若干数量的雇佣劳动力。同时，随着某些地区商业性农业的发展，增加了对雇佣劳动力的更大需求，邻里间的互助换工劳动也有不少变成了雇佣劳动，这些都大大提高了雇工农户的数量和比重。

第二节　农村劳动力市场的一般供给

一　土改后劳动力的实际供给状况

上面分析了影响劳动力市场的需求因素，下面再来实证考

---

① 中南局农村工作部：《中南区五省 35 个乡 1953 年农村经济调查总结》（1954 年 7 月），湖北省档案馆，SZ－J－514。

② 公安县委调研组：《公安县第一区中和乡农村经济基本情况调查报告》（1952 年 12 月），湖北省档案馆，SZ18－1－6。

察土改后长江中下游地区的农村劳动力的实际供给状况。从劳动力的供给状况来看，土改导致的直接后果是广大农村劳动力不管是劳动强度还是人数上都大大增加。主要表现在：土改后原先无地或少地的贫雇农和中农都分得了一份土地，生产积极性普遍提高，因而劳动强度增加；部分不事生产的地主、游民、"二流子"经过政府改造也大部分参加农业劳动；原先从事其他副业和商业的小商贩、小手工业者等都分到土地并转入农业生产；解放前因缺乏生产、生活资料被迫离乡的移民大多返乡，分得生产资料后从事农业生产；国家还动员部分城镇失业人员和贫民下乡务农。土改后农村社会环境的稳定、医疗业科学知识的推广普及，减少了农民在解放前所遭遇的各种灾难中的损失，减少了死亡率，这导致农村人口的增加。而国家建设用地征地造成的人地关系紧张，也单一增加了农村剩余劳动力的压力。

如表23所示，土改前后，长江中游各省典型调查乡农村劳动力呈递增趋势，各省以江西省劳动力增加最多。同一省内劳动力增加幅度也各不相同，如湖北省光化县白莲寺乡劳动力增加了31.4%，最低的为延年乡，劳动力增加了0.7%。土改结束后到集体化高潮前的几年时间内，各省的劳动力也呈逐年递增趋势。湘鄂赣3省1952—1953年劳动力增加0.3%[①]，1954年湖南省9个典型乡农村劳动力比1952年增加3%，安徽省土改结束后至1954年10个调查乡劳动力增加5%。除劳动力人数增加外，实际参加劳动的劳动力也有所增加，1951年江苏省12个典型调查村实际参加劳动的人数比1950年增加3.07%，其中全劳力增加

---

① 中南局农村工作部：《中南区1953年农村经济调查统计资料》（1954年7月），湖北省档案馆，SZ18－J－517。

表23　土改前后湖北、安徽各典型调查乡乡劳动力增减情况

（单位：人）

时间	湖北20个乡	湖南15个乡	江西14个乡	无为县藕塘乡	阳新县林门乡	当阳县关陵乡	光化县白莲寺乡	南漳县消溪乡	云梦县龙洋乡	潜江市上莫市乡	钟祥县延年乡
土改前	29279	25558	19236	249.5	925	1285	725	921	700	1135	1627
土改后	29990	26371	20560	294.5	936	1305	953	1201	856	1240	1638
增加%	2.4	3.2	6.9	18	1.2	1.6	31.4	30.4	22.3	9.3	0.7

资料来源：中南军政委员会土地改革委员会：《中南区100个乡调查统计表》，编著刊,1953年。

了 4.13%[①]。江宁县麒麟乡土改前实际参加劳动的劳动力占劳动力总数的 93.6%，土改后该比例高达 97.8%[②]。湖北省当阳县关陵乡解放前实际参加劳动占总劳动力的 93.7%，解放后实际参加劳动的占总劳力数的 96.1%[③]。

此外，妇女也开始作为主要劳动力参加农田耕作。土地改革前，由于受传统观念习俗的影响，乡村妇女只是从事家务劳作或作为农业生产的辅助性劳动力，很少作为主要劳动力参加田地耕作。早在解放战争时期的土地改革中，中共中央就十分重视尊重妇女的权益问题，尤其是土地所有权问题。针对农村中长期存在的男尊女卑、重男轻女等封建思想，中共中央一再明确指出："关于妇女土地所有权问题，必须首先在法律上与实际上承认男女农民有同等权利，并保障其所有权"；"任何人、任何地区不能对此有所修改或动摇其执行。"[④] 新中国成立后，新区进行的土地改革中继续尊重妇女对土地的占有权。为了落实妇女的土地所有权，各地还对各种特殊情况，如寡妇改嫁、离婚妇女或未婚妇女与兄弟分家等问题作出具体规定，以保障妇女的合法权益。中南军政委员会在有关土改政策的补充条款中明确指出，"在分配土地后，应尊重妇女的土地所有权，未婚女子、离婚妇女及寡妇再嫁时，其所得土地，由本人自行

---

① 苏南区委员会农村工作委员会：《12 个典型村土改后农村经济变化情况调查》（1951 年 12 月 30 日），江苏省档案馆，3006 - 永 - 148。

② 江苏省农村工作团：《江宁县麒麟乡农村经济情况调查报告》（1953 年 2 月 20 日），江苏省档案馆，3062 - 短 - 17。

③ 当阳县委调研组：《当阳县关陵乡土改后农村经济情况调查》（1953 年），湖北省档案馆，SZ18 - 1 - 48。

④ 《当代中国》丛书编辑委员会：《中国的土地改革》，当代中国出版社 1996 年版，第 236—237 页。

处理，他人不得干涉"[①]。国家对妇女土地占有权的承认，大大提高了妇女参加农田耕作的积极性和劳作效率。江苏南汇县石西村土改后全村有 127 个妇女作为整劳力参加了农田耕作，其中有 3 个妇女学会了扶犁，70 多个妇女参加了小麦和稻子的选种。该村妇女主任反映，"现在妇女不像过去避灶沿，现在样样斗做，自格地皮，做起来样样高兴，男人要好，女人也要好"[②]。湖北省墩子塘乡墩子塘湾土改前妇女劳动力 28 人，土改前仅有 9 人参加农业劳动，土改后全部从事农业生产，有些妇女在车水、挑水、栽秧、收割等方面，"均不次于一般男劳力"[③]。当阳县关陵乡土改后各阶层增加的劳动力中有 60% 以上的是妇女[④]。宜都县枫相村解放前参加农业生产的妇女劳动力占全村劳动力总数的 41.4%，土改后占 54.2%，妇女劳动力增加了 34.9%[⑤]。

地主、富农阶层实际参加劳动的劳动力人数也大大增加。湖北汉阳县梅福乡土改后富农劳动力增加 50%，地主劳动力增加 178.6%[⑥]。江苏省 12 个典型村土改后地主实际参加劳动的人数增加最多，全劳力增加了 307.14%、半劳力增加了

---

① 中国社会科学院、中央档案馆：《1949—1952 中华人民共和国经济档案资料选编·农村经济体制卷》，社会科学文献出版社 1992 年版，第 213 页。

② 中共南汇县委员会：《南汇县泥城区北窑乡石西村情况调查报告》（1952 年 8 月 28 日），江苏省档案馆，3006 - 短 - 324。

③ 县委调研组：《孝感专区墩子塘乡墩子塘湾关于农村经济情况调查》（1953 年），SZ18 - 1 - 45。

④ 当阳县委调研组：《当阳县关陵乡土改后农村经济情况调查》（1953 年），湖北省档案馆，SZ18 - 1 - 48。

⑤ 宜都县委调研组：《宜都县枫相乡农村经济情况的调查》（1953 年 3 月），湖北省档案馆，SZ18 - 1 - 48。

⑥ 汉阳县委调研组：《汉阳县第九区梅福乡农村经济基本情况总结》（1953 年），湖北省档案馆，SZ18 - 1 - 45。

15. 79%①。

二　劳动力与耕地优化配置指标的测算

下面根据各个典型调查乡的耕地和劳动力配置情况，可以估算出在当时的生产力水平下，长江中下游地区农村剩余劳动力的大体数量。此指标的测算方法为：首先，根据各典型调查乡的每劳动力的实际耕作习惯、耕作面积以及总耕地面积计算出理论劳力需要量。其次，用该乡的实际劳动力数减去理论劳动需要量，即为理论劳力剩余量。最后，理论劳力剩余量占实际劳力数量的百分比即为各调查乡的劳动力剩余率。

新中国成立前，在江南单季水稻＋冬作物的一年两熟地区，每个劳动力适宜耕种水田 8 亩，即使在插秧、秋收、冬种等农活大忙季节也不需要雇工。而在棉稻兼作区，每个劳力可耕种 6 亩土地而不需要雇工②。据另一份调查统计，20 世纪 30 年代的长江流域及江南稻作区每个劳动力的适度耕地数量在 6—12 亩之间③。50 年代初，长江中下游地区的广大农村在农业经营技术和土地利用条件上没有发生很大的变化，因此每个劳力的可耕地规模仍然变化不大。

---

① 苏南区委员会农村工作委员会：《12 个典型村土改后农村经济变化情况调查》（1951 年 12 月 30 日），江苏省档案馆，3006－永－148。

② 曹幸穗：《旧中国苏南农家经济研究》，中央编译出版社 1996 年版，第 109 页。

③ 彭南生：《中间经济：传统与现代之间的中国近代手工业（1840—1936）》，高等教育出版社 2002 年版。

表24　　　　　　　各典型调查乡农业剩余劳动力统计情况　　（单位：个，亩）

地名	劳力	总耕地	每劳力可耕面积	理论劳力需要量	理论劳力剩余量	剩余劳力占全劳力%
湖北秭归县水田坝乡	989	3110.3	6	518.4	470.6	47.6
当阳县关陵乡	1302	8302.2	14	593	709	54.5
咸宁县周严乡	693	5396.3	8	674.5	18.5	2.7
潜江县上莫市乡	1240	5294.8	5.5	962.7	277.3	22.4
沔阳县杨步乡	1047	6019.4	8.9	676.3	370.7	35.4
江苏江阴县夏港乡	1537	4114	6	685.7	851.3	55.4

注：劳动力包括男女全劳力和半劳力。

资料来源：根据秭归县委调研组：《秭归县水田坝乡土改后农村经济调查总结》（1953年），湖北省档案馆，SZ18-1-48；当阳县委调研组：《当阳县关陵乡土改后农村经济情况调查》（1953年），湖北省档案馆，SZ18-1-48；咸宁县委调研组：《咸宁县第一区周严乡农村经济调查》（1953年），湖北省档案馆，SZ18-1-45；潜江县委调研组：《潜江县第五区上莫市乡农村调查资料》（1952年12月），湖北省档案馆，SZ18-1-7；苏南区委员会农村工作委员会五队调研组：《江阴县夏港乡关于土地改革前后农村阶级经济情况变化的调查总结》（1951年10月18日），江苏省档案馆，3006-短-333等整理。

通过计算，可以看出各地区存在着农村劳动力过剩的情况。如表24所示，各典型乡平均劳动力剩余率为39.6%，平均劳动

$$剩余率 = \frac{理论劳力剩余量总和}{实际劳力总和} \times 100\%$$

。周严乡劳动力剩余率之

所以较低，主要是因为该乡实际参加劳动的劳动力人数远远低于应参加劳动人数。表中每劳力可耕面积主要是根据当地的男全劳力的——耕作能力最强的——可耕作亩数计算，相应地计算出的剩余劳动力率也就较低。如果加入女劳力和半劳力的耕作能力的话，则表中的劳动力剩余率更高。如关陵乡的耕作习惯是男正劳力平均耕作14亩、半劳力耕作8.6亩，则男正劳力即可负担耕地7993.4亩。剩下的由半劳力即可"全部担任有余"，女劳力"则可全部投入副业生产和协助精耕细作"。上莫市乡1个男全

劳力可耕作 5.5 亩地、1 个女全劳力可耕种 4.5 亩、1 个半劳力可耕种 2.5 亩，共可耕种 5333 亩。若从男女劳动力和全半劳动力的配合上来看，则"劳动效果更强，剩余的劳动力更多"。此外，上述剩余劳动率的计算是排除耕畜耕作在外。土改后，各地区的耕畜数量大大增加，而耕畜的生产能力远远高于人力，这也从一定程度上增加了农村劳动力的剩余率。如水田坝乡共有耕牛98.8 头，若以该乡平均每头牛耕种 14 亩地计算，可耕种水田1384.2 亩。而全乡只有水田 1047.9 亩，仅耕牛即可耕完全部水田。周严乡共有 185.1 头耕牛，若以该乡每头耕牛平均负担 25亩地计，可耕种 4627.5 亩。上莫市乡每头耕牛可耕种 35 亩，共147 头，可耕 5145 亩。

如果农民正常发挥其耕作水平，在实际耕种面积不变的情况下，必须有 39.6% 的剩余劳动力从土地上转移出去。如果劳动力和耕畜资源能有效整合，则可转移的剩余劳动力更多，而且并不会降低农业生产的原有产出水平。

三　影响乡村劳动力过剩供给的因素分析

首先，农业劳动力的季节性闲置。农业生产的季节性需求同时造成了农民的季节性失业，即劳动力的季节性闲置。不仅是无地少地的小农，大部分农户都存在这种情况。而且，除了少数相当富裕的农户外，大部分农民需要尽力利用闲暇时间寻求额外收入，出雇劳动力就是解决问题的一种重要方式。当然，农闲时期对农业雇佣劳动的需求会降低，但这时通常是农村手工业和其他农村副业的生产旺季，雇佣劳动还是有一定的市场的。最后，在农忙季节也可能出现劳动力闲置的情形，如劳动力多而土地少的农户、有较强畜力的农户，都有可能在农忙季节未结束时已经做完自己农田的工作，此时正是短工工资较高的时候，带耕畜和大农具出雇工资更高，所以这两类农民都有可能出卖劳动力。此外，自然生态条件的差异和作物种类的不同，使得一部分农民处于农忙时，另一部分农民可能正处于农闲。广东曲江县共和乡农户在农忙季节雇入的劳动力中，湖南农民占很大比重，"因为他们农忙季节与此地不同"①。不仅各省之间，即使在同一地区甚至同一村庄内，都可能出现这种情形。不同的土质、土地的肥沃程度、地下水位的高低、土地的不同位置、田地所处的不同环境等因素，对于同一种作物的播种期、生长期和成熟期都会产生影响，使其在时间上不完全一致。至于不同作物对劳动力的需求在季节上不一致更是不言而喻。种植不同的农作物，使农忙时期交错开来，以便尽可能均衡使用劳动力，这是农民经常采用的减少农业劳动力季节性闲置的一个方法。但是，并不是所有农户都可以通过作物种类多样化来消化闲置劳动力的，选择农作物种类受多种因素限制。所以，即使在农忙季节仍会有相当数量可供出卖的劳动力。

其次，人口迅速增长以及重工业发展战略对土地的压力也是农村劳动力过剩的一个重要因素。建国初期，人口自然增长速度大大加快，远远超过了旧中国。1949—1958 年，人口增加了21.8%，年平均增长 2.2%②。尽管国家实行"包下来"等扩大就业的政策，劳动力供给总量仍然过剩。尽管土改后各阶层农民都已分得一份土地，农村中的失业无业人数大幅度降低，但由于土地自然供给缺乏弹性，农村劳动力过剩仍然是一个难以解决的问题。据 1952 年底统计，全国共有农业剩余劳动力（全劳力和半劳力）4039 万人，占农业劳动力总数的 16.8%。不仅华北、华东、中南、西南地区的农业剩余劳动力较多，地多人少的东

---

① 中共中央华南分局农村工作部：《广东省农村经济调查》，1954 年，II，第 211 页。
② 许涤新：《当代中国的人口》，中国社会科学出版社 1988 年版，第 6 页。

北、西北地区剩余劳动力也不少，如东北剩余劳动力为 123 万，占本区农业劳动者总数的 7.2%。而上述农业剩余劳动力的数量，随着农业的恢复（主要指人力替代物的增加，如牲畜、农具等）和人口的增长，还将继续增加[①]。

建国初期，由于旧中国遗留下来的大量失业人口和新中国成立以后政治经济改组导致的新失业，使得城市失业问题非常严重。再加上由于推行快速优先发展重工业战略，一方面导致城市工业趋于资金和技术密集型，不利于劳动力的吸纳。另一方面，因高积累导致低工资和低消费，阻碍了城市第三产业的发展，减少了扩大就业的机会。这都导致城市对劳动力的需求增长缓慢，特别是作为农村城市化基础的"镇"对劳动力的需求，基本处于停滞甚至萎缩状态。快速优先发展重工业战略，不仅不能通过发展劳动密集型工业来提高城市吸纳富裕劳动力的能力，而且提高了对劳动力素质的要求，这无疑将进一步加剧而不是缓解城乡劳动力过剩，从而不得不采取政治性的强制手段，来保证资金流向重工业而使人口留在农业。一五时期，"虽然非农业总就业量增加很快，但是，所有的证据都表明，它的增长速度远远低于城市就业年龄人口的增长速度。国民党政府遗留下来的一个重大难题——城市失业问题，在'一五'时期实际上愈来愈严重了"[②]。不仅城市对农村劳动力的转移和就业无力解决，相反，1950 年夏开始，政府还着手组织城市部分失业、无业人员回乡生产，实行城乡之间劳动力的逆向流动。1950—1954 年，政府动员回到

---

① 武力：《论建国初期的劳动力市场及国家的调控措施》，《中国经济史研究》1994 年第 4 期。

② 费正清：《剑桥中华人民共和国史（1949—1965）》，上海人民出版社 1990 年版，第 194 页。

农村的失业工人有 14.6 万人①。此后，国家又逐渐通过生产资料的所有制改造、城市粮食定人定量供应、严格户籍管理制度等办法，加强了农村人口向城市流动的控制。上述国家政策的相继出台，无疑更加加重了农村劳动力过剩的困境。

　　农村剩余劳动力问题一般通过雇佣关系来解决，出雇者多数为贫农和一般中农，他们占有劳动力多而且强。如表 25 所示，湖南省典型调查乡 1952 年因劳力有剩余而出雇的占总出雇户数的 66.3%，1953 年增为 81.2%，1954 年虽有所下降，但仍占总出雇户的多数。当然，也有小部分农户因生活上还有困难，通过出卖劳动力获得收入来弥补生活。江西信丰县胜利乡因此而出雇者占出雇户数的 22.2%，出雇工数占 8.2%②。

表 25　　　　　　　湖南省典型调查乡出雇原因比例表　　　　（单位:%）

调查乡	1952		1953		1954	
	劳力剩余	生活困难	劳力剩余	生活困难	劳力剩余	生活困难
塞家渡乡	34.9	65.1				
竹林垸乡	72.9	27.1	80.3		90.9	6.8
肖家桥乡	85.7	14.3	83.3	15.5		
牧马溪乡	39.7	28.6			29.6	37
蒙福乡	100		100		100	
卷塘乡	93.2	6.8	92.6	7.4		
清溪乡	66	18.6	60.7	20.6	64	16.7
长乐乡					100	

　　注：除表 22、表 25 中所列的出雇、雇入原因外，原始档案资料中其他具体的出雇、雇入原因未列出。

　　资料来源：同表 14。

---

　　①　武力：《1949—1978 年中国劳动力供求与城市化关系研究》，《中国经济史研究》1998 年第 3 期。

　　②　江西省农村工作部：《江西省信丰县胜利乡经济调查报告》（1954 年 8 月 10 日），江西省档案馆，X006 - 2 - 4。

从上面的分析可以清晰地看出，造成农村雇佣劳动力需求的某些因素同样作用于对劳动力市场的供给。由于土改按人口平均分配土地，忽视了农业生产中土地和劳动力等生产要素的有效配置和整合，从而导致了个体小农家庭土地和劳动力占有的高度分散，造成部分老弱孤寡和土地较多的农户劳力不足，而部分劳力强和多的农户却劳力过剩，此因素对供求双方起了反方向的作用，由此形成的供给和需求可以互相调节。其次，由于农业生产的季节性特点，决定了对劳动力的周期性需求，从而导致了市场的周期性波动：劳动力在农忙季节供不应求，农闲季节则劳动力过剩和闲置。不过，由于各区域之间的自然生态环境、农作物耕作技术和耕作方法、农具、耕畜使用等方面的差异性，往往形成农忙季节内的忙闲交错，或者是不同区域劳动力的季节性流动，使同一区域和不同区域之间的劳动力供求存在一定的相辅相成关系。此外，50 年代的重工业优先发展战略从宏观上阻塞了城市吸附广大农村剩余劳动力的途径。

第三节　乡村雇佣关系的实证分析

一　土改前后的雇佣关系比较

上述长江中下游地区农业雇佣劳动需求和供给的双重作用，使得土改结束后雇佣关系仍然在各地普遍存在。不同的是，雇工户数和雇工数都大大下降。据表 26 所示，土改前后长江中游 3 省雇工户数和雇入长工数大大下降，雇工户数以湖北省减少最多，达 94.54%。长工数以湖南、湖北减少的最多，平均减少96% 以上。从各省雇工户数占总户数的比重来看，1948 年中南区雇工户占总户数的 7.38%，湖北省 20 个乡雇工户占总户数的6.49%，湖南省 15 个乡雇工户占总户数的 5.7%，江西省 14 个乡雇工户占总户数的 8.78%。1951 年中南区只有 53 个乡有雇佣关系，其中雇工户 427 户，占总户数的 0.7%，湖北省 13 个乡 41 户雇入，占总户数的 0.3%。湖南省 6 个乡 39 户雇入，占总户数的 0.3%，江西省 11 个乡 193 户雇入，占总户数的 2.3%。因此，长江中游 3 省不管是雇工绝对数还是相对数都大幅度降低。3 省各阶层雇工户数所占比重也有了很大的变化：1948 年雇工户数主要为地主阶层，1951 年地主雇工户数和雇入工数所占比重急剧下降。如湖北省地主雇入工数所占比重由 50.74% 降到 1.54%，湖南省由 52.52% 降到 9.09%，江西省由 41.13% 降到 8.32%。相应地，中农在各阶层雇工户数和雇入工数中所占比重最高，湖北省中农雇工户数和工数分别占总雇工户数和工数的 46.34% 和 50.77%，湖南省分别占 38.46% 和 30.91%，江西省占 30.05% 和 29.74%。如果加上贫雇农和其他劳动人民，普通劳动者雇工户数和工数所占比重更高。湖北省分别为 68.29% 和 67.69%，湖北省分别占 46.15% 和 38.18%，江西省占 64.77% 和 63.21%。

安徽省土改结束时雇佣关系也少于土改前，但出雇和雇工户数占总户数的比重稍微高于长江中游 3 省，10 个典型调查乡土改结束时出雇户数占总户数的 13.1%，雇工户数占总户数的 24.9%。贫雇农在雇佣关系中所占的比重最高，其出雇户数、工数（短工）分别占总出雇户数和工数的 73.9% 和 70.1%，雇入户数和短工数分别占总雇工数的 43.6% 和 44.9%。

江苏省土改后的雇佣关系也大大减少。据江苏省 12 个典型调查村统计，1951 年雇入长工、月季工和牧童的户数比 1950 年减少 57.63%，雇入工数减少 64.18%。出雇户数比 1950 年减少 56.12%，出雇工数减少 56.02%。如表 27 所示，各阶层雇入长工、月季工和牧童户数以地主、富农减少得最多，地主雇工户数

表26　土改前后长江中下游各省雇佣关系统计表

	湖北省			湖南省			江西省			中南区		
	1948年 20个乡	1951年 13个乡	1951比1948年减%	1948年 15个乡	1951年 6个乡	1951比1948年减%	1948年 14个乡	1951年 11个乡	1951比1948年减%	1948年 100个乡	1951年 53个乡	1951比1948年减%
户数	751	41	94.54	607	39	93.57	712	193	72.89	4166	427	89.75
长工数	859.99	32.5	96.22	724.5	27.5	96.2	725.73	138.14	80.87	5207.64	306.26	94.12

资料来源:中南军政委员会土地改革委员会:《中南区100个乡调查统计表》,编者刊,1953年。

减少 88.68% ，富农则减少 50% 。出雇户数以贫雇农减少最多，
其中贫农出雇户数减少 43.28% ，雇农出雇户减少 81.97% 。
1951 年地主雇工户数和雇入工数仅为总雇工户数和工数的
6.75% 和 5.58% ，富农雇工户数和雇工数量所占比重分别减少
到 13.5% 和 13.3% 。中农和贫农雇工户数却呈增长趋势，1951
年中农和贫雇农雇工户数占总雇工户数的 72.99% ，雇工数量占
总数的 73.59% 。

可见，土改结束后各阶层雇佣关系大大减少，有的地区甚至
处于停滞状态。这主要受土改划分阶级成分、土改执行政策的偏
差以及土改后农民私人财产权缺乏有效保护等因素的影响。从雇
主方面来讲，地主不允许雇工，富农和富裕中农因怕"降为地
主"和顾虑"戴剥削帽子"而纷纷解雇或减少雇工。而贫雇农
和中农在土改后都分得了一份土地耕作而减少出雇。雇佣关系的
供求双方尤其是雇主减少，是土改结束后雇佣关系急剧减少的主
要原因。

二　土改结束后至合作化高潮前的雇佣关系纵向发展

土改结束后，针对农村雇佣关系停滞的现象，中共中央和各
级政府从恢复、发展农村个体经济和促进农村劳动力合理流动的
角度出发，允许雇佣自由，工资由雇佣双方自由面议，一定程度
上促进了农村雇佣关系的发展。1953 年下半年，随着过渡时期
总路线的提出和粮食统购统销政策的实施，各级政府对雇佣关系
逐渐采取限制和批判的政策。同时由于集体化进程的加速，互助
组和合作社部分替代了雇佣关系对劳动力合理流动的配置作用，
这不可避免地对雇佣关系的发展产生了影响。但由于在法律上不
禁止雇佣关系的存在，因此直到集体化高潮前，有些地区的雇佣
关系因促进农村劳动力的合理流动而继续存在并有所发展。下面

表27

土改前后江苏省12个村雇佣关系统计表

年份	阶层	雇入								雇出							
		长工		月季工		收童		日工		长工		月季工		收童		日工	
		户数	工数	户数	工数	户数	工数	户数	工数	户数	工数	户数	工数	户数	工数	户数	工数
1950	地主	33	46.5	9	8.5	11	10	22	553			4	6	1	1	75	1108
	富农	15	15.5	6	7	5	5	28	760			16	24	10	10	182	3789
	中农	16	14	7	9	10	8	107	1802	4	4	11	11	2	2	20	433
	贫农	2	1.5	2	4			77	1044	41	35.75						
	雇农			1	2	1	0.5	1	20	48	47.5			2	2	14	190
	其他阶层							14	201								
	总计	66	77.5	25	30.5	27	23.5	249	4380	93	87.25	31	41	15	15	291	5520
1951	地主	4	2.3	2	1.5			20	298							2	18
	富农	4	3.7	6	6	3	2.6	39	708			7	4	11	11	75	985
	中农	9	7.5	8	9	6	6	125	2195	2	2	26	33.5	6	6	148	2256
	贫农	1	0.5	5	7			125	1712	6	3.5	8	9.5			59	737
	雇农							2	40	3	2	1	0.5	1	1		
	其他阶层	1	0.5	0	0	1	0.5	24	404	0	0						
	总计	19	14.5	21	23.5	10	9.1	335	5357	11	7.5	42	47.5	8	8	284	3996

资料来源：苏南区委员会农村工作委员会：《12个典型村土改后农村经济变化情况调查》（1951年12月30日），江苏省档案馆，3006－永－148。

来考察一下土改结束后至集体化高潮前各地区的雇佣关系纵向发展状况。

据中南局农村工作部的调查统计，1952—1953 年长江中游 3 省雇佣关系发展有以下特点：首先，雇佣劳动供求双方呈增长趋势。1953 年发生雇佣关系的农户 1666 户，比 1952 年增加了 4.26%，其中雇工户占总户数的 19.88%，比 1952 年的 19.23% 增加了 0.65 个百分点。出雇户数比 1952 年增加了 3.7%，出雇户数占总户数的比重增加了 0.32 个百分点。在雇佣户数增加的同时，1953 年净雇入户数 332 户，比 1952 年的净雇入户数增加 6.4%。1953 年的净雇入工数也大大增加，其中净雇入日工数增加最多。可见，雇佣劳动需求大于供给，这主要是因为调查的雇佣关系多属于农忙季节"抢火色"而造成的劳动力不足。

其次，雇佣关系主要发生在普通劳动群众之间。1952 年中农雇入长工数和日工数分别占总雇入工数的 67.44% 和 77.19%。其次为贫农，该阶层雇工户数占总雇工户数的 38.22%，雇入长工数占总工数的 13.95%。从出雇方面看，贫农出雇户数占 52.57%，出雇月工和日工数分别占 77.89% 和 55.91%，中农出雇户数和工数仅次于贫农。1953 年，中农在雇佣关系中所占的比重最高，中农雇工户数占总雇工户数的 54.65%，雇入长工、月工和日工数占总雇工数的比重均超过 45% 以上。中农出雇户数占总出雇户数的比重上升到 44.23%，出雇日工数占总出雇工数的比重为 48%。

表28　　　　1952年湖北、湖南、江西10个乡雇佣关系统计表

阶层	出雇					雇入				
	户数	占总出雇户数%	长工数	月工数	日工数	户数	占总雇入户数%	长工数	月工数	日工数
地主及其他剥削阶层	34	5.29	1.5	1	710	56	5.86		7	1301.5
富农	15	2.33			120	41	4.29	2.5	10	640
富裕中农	31	4.82			449.5	110	11.52	8	28	1996
一般中农	222	34.53	2.5	22	3094	353	37.49	6.5	23	4575
中农小计（富裕中农和一般中农总和）	253	39.35	2.5	22	3543.5	468	49.01	14.5	51	6571
贫农	338	52.57	6	81	5634	365	38.22	3	14	
其他劳动人民	3	0.46			70	25	2.62	1.5		

表29　　　　1953年湖北、湖南、江西10个乡雇佣关系统计表

阶层	出雇					雇入				
	户数	占总出雇户数%	长工数	月工数	日工数	户数	占总雇入户数%	长工数	月工数	日工数
地主及其他剥削阶层	49	7.34	2	8	995	60	6.02	2.17	16	967
富农	15	2.25			294	46	4.6	2	15	847
富裕中农	51	7.65			874.5	149	14.91	8	25	2887
一般中农	244	36.58	2	31.5	3988.5	397	39.74	5.33	27	4954
中农小计（富裕中农和一般中农总和）	295	44.23	2	31.5	4863	546	54.65	13.33	52	7841
贫农	305	45.73	7	104.5	3916	314	31.43	3	23	3875
其他劳动人民	3	0.45			64	33	3.3	1.5	7	278.5

注：表28、表29阶层一栏中，中农包括富裕中农和一般中农。

资料来源：中共中央中南局农村工作部：《中南区1953年农村经济调查统计资料》（1954年7月），湖北省档案馆，SZ18-J-517。

根据对湖北省 12 个典型调查乡 3754 户的调查，1952—1954 年的雇佣关系有以下发展趋势（详见附录表二、表三）：

第一，雇佣需求增加而供给减少。1954 年雇工户数 800 户，比 1952 年的 637 户增加了 25.6%，雇工户数占全乡总户数的比重为 21.3%，比 1952 年的 17.4% 增加了 3.9 个百分点。而出雇户数减少了 13.51%，出雇户数占全乡户数的比重为 10.58%，比 1952 年的 12.55% 减少了 1.97 个百分点。雇佣日工数也呈此变化趋势，1954 年雇入工数比 1952 年增加了 11.02%，出雇工数减少 34.59%。1952—1954 年雇入户数和工数都大于出雇户数以及工数，并且净雇入户数和工数呈递增趋势。可见，雇佣需求超过供给并逐年增加。

第二，从阶层结构来看，雇佣关系主要发生在贫雇农、中农和其他劳动人民普通劳动阶层之间。1952—1954 年普通劳动阶层雇工户数占总雇工户数的比重分别为 86.31% 和 87.88%，出雇户数占总出雇户数的比重分别为 91.73% 和 88.92%。上述普通劳动阶层雇工数占总雇工数的比重分别为 85.47% 和 84.79%，出雇工数分别占总出雇工数的比重为 90.82% 和 88.56%。中农在雇佣关系中处于主导地位。1954 年，中农在雇佣关系中已处于主导地位，从雇入方面看，中农雇工户数占总雇工户数的 70%，比 1952 年的 45.5% 增加了 24.5 个百分点。雇入工数占总雇入工数的 71.06%，比 1952 年增加了 22.33 个百分点。从出雇方面看，中农出雇户数中总出雇户数的 55.7%，比 1952 年的 19.8% 增加了 35.9 个百分点。出雇工数占总出雇工数的 53.55%，比 1952 年增加了 14.3 个百分点。由此可见，到 1954 年，中农阶层已成为雇佣关系中户数最多的阶层。

第三，从湖北省 12 个乡的调查情况来看，1954 年出现的 12 户新富农阶层中，1 户雇入长工 1 个，占雇入长工户数和工数的

5.9%和7.9%，10户雇入短工816个，占总雇入户数和工数的1.3%和4.1%。说明该阶层新富农的上升与雇工有关，或致富后有闲余资金从事雇工活动。有1户出雇短工210个，分别占总出雇户数和工数的0.3%和2.6%，户均出雇工数远远高于总户均出雇数[①]。

根据对湖南省8个典型乡的调查，如表30和附录表八、表九、表十所示，1952年、1953年、1954三年中农村雇佣关系呈如下发展趋势：

第一，雇佣需求和供给户数呈上升趋势。1954年雇工户数分别比1952年和1953年增加了17.86%和4.49%，出雇户数虽然比1953年稍微下降，但仍比1952年增加了20.85%。雇工和出雇户数占总户数的比重先增后减，而且雇工户数高于出雇户数并有扩大趋势。这表明农业内部的劳动力流动逐年扩大并且对雇工的需求大于供给。

第二，雇佣工数先升后降。从总的出雇工数来看，1953年比1952年增加16.1%，而1954年却比1953年减少22.47%。雇入工数1953年比1952年增加6.18%，而1954年却比1953年减少11.59%。三个调查年度内户均出雇和户均雇入工数却呈持续下降趋势，可见雇佣规模逐年缩小。

第三，从调查情况来看，1952年、1953年、1954年三年中，普通劳动阶层雇工户数占总雇工户数的比重分别为80.33%、83.2%和83.31%，雇入工数分别占总雇入工数的73.38%、76.8%和76.81%；出雇户数占总出雇户数的比重为94.06%、94.7%和94.58%，出雇工数占总出雇工数的比重分别为91.73%、94%和95.04%。可

---

① 湖北省委农村工作部：《湖北省十二个典型乡调查统计表》（1955年），湖北省档案馆，SZ18-1-154。

见，到集体化高潮前，雇佣关系仍主要发生在普通劳动群众之间。其中雇入、出雇户数和工数构成中，中农占主导地位，1954年中农雇入户数、工数分别占总雇入户数、工数的59.81%和57.44%，出雇户数和工数分别占61.08%和59.92%。雇入方面，中农中以老中农所占比重最高，1954年老中农雇入户数占中农雇工户数的53.04%，雇入工数占54.7%。出雇方面，则以新中农所占比重为高，新中农出雇户数和工数分别占中农出雇户数和工数的66.19%和57.74%。出现此现象的原因有两个方面：一是新中农多数由贫雇农阶层上升而来，这部分农民经济条件上升的主要原因是占有劳动力较多，因而对解决剩余劳动力问题有较大的需求。另一方面，老中农在雇工方面相对来说顾虑较少、敢于雇工。

此外，湖南省1952年就已出现的5户新富农全部雇工，如湖南省肖家桥乡1952年2户新富农雇入短工411天，分别占该乡雇入户数和工数的1.7%和12.7%，户均雇工205.5个，高于平均水平27.8个。清溪乡1952年3户雇入375个，分别该乡占总雇户数和工数的1.9%和7.3%，户均雇工187.5个，高于平均雇工水平（31.7个）。1953年有6户新富农雇工，占新富农总户数的75%。户均雇工128.83个，比该年度各阶层总户均雇工高4.17倍。1954年3户新富农全部雇工，户均雇工增加到145个，比该年度的总平均水平高5.56倍。从新富农雇工户数所占的比重和户均雇工数逐年增长的趋势来看，说明新富农阶层的上升与雇工有着相关联系，或者说富裕起来的农民有多余资金雇工以扩大再生产。

江西省9个典型乡1952年、1954年、1955年三个调查年度内的雇佣关系变化特点如表31和附录表十七、表十八、表十九所示。

表30

1952—1954年湖南省8个乡雇佣关系变化情况

年份	出雇										雇人				
	户数	占本阶层%	长工		短工			户数	占本阶层%		长工		短工		
			户数	工数	户数	工数	户均				户数	工数	户数	工数	户均
1952	657	20.55	10	9.5	647	19520	30.17	1047	32.75		5	154.6	1042	34231	32.85
1953	797	24.3	10	10	787	22663	28.8	1181	36.1		3	3.5	1178	36348	30.9
1954	794	23.18	5	5	789	17570	22.27	1234	36.03		2	2	1232	32137	26.09

资料来源:同表14。

表31

1952—1955年江西省9个乡雇佣关系变化情况

年份	出雇户数		出雇工数		户均出雇		雇人户数		雇人工数		户均雇人	
	总计	三阶层	总计	三阶层	总平均	三阶层	总计	三阶层	总计	三阶层	总平均	三阶层
1952	17.92	95.4	11127	96.84	18	18.2	30.32	90.12	17505	89.81	16.67	16.6
1954	13.15	94.17	7592	96.88	16.29	16.72	27.2	87.01	15032	82.98	15.72	14.96
1955	6.45	91.95	2574	95.26	11.14	11.57	17.68	82.38	9414	80.4	14.83	14.44

注:三阶层指贫雇农、中农(包括富裕中农)以及其他劳动人民三个阶层。出雇和雇人工数指的是日工。
资料来源:江西省委调查组:《关于全省(9个典型乡)经济调查综合表》(1956年),江西省档案馆,X006－2－13。

　　第一，雇佣供求双方呈下降趋势。1955 年雇工户数占总户数的比重为 17.68%，分别比 1952 年和 1953 年下降了 12.64 个百分点和 9.52 个百分点，出雇户数占总户数的比重也分别下降了 11.47 个百分点和 6.7 个百分点。雇入和出雇户数绝对值也呈下降趋势。9 个典型乡三个调查年度内的雇佣需求仍高于供给方。

　　第二，雇佣工数也呈下降趋势。从总的雇工数来看，1954 年、1955 年分别比 1952 年下降了 14.13% 和 46.22%，而出雇总工数分别比 1952 年下降了 31.77% 和 76.87%。户均雇入工数和出雇工数也呈逐年递减趋势，反映了该省雇佣规模的下降趋势。

　　第三，雇佣关系仍然主要发生在劳动群众之间。从雇佣关系的阶层构成来看，1952—1955 年的雇佣关系主要发生在贫雇农、中农和其他劳动人民三个阶层中。1952 年、1954 年、1955 年三年中普通劳动阶层雇工户数占总雇工户数的比重分别为 90.12%、87.01% 和 82.38%，雇入工数分别占 89.81%、82.98% 和 80.4%。从出雇方面看，普通劳动阶层出雇户数和工数占总出雇户数和工数的比重均超过 90%。

　　和中农化趋势一致，中农在雇佣关系中的比重也呈逐年递增趋势。1952—1955 年中农雇工户数占总雇工户数的比重分别为 31.01%、66.4% 和 62.75%，雇入工数占总雇工工数的比重为 35.04%、65.99% 和 65.56%；从出雇方面看，1952—1955 年中农出雇户数占总出雇户数的比重分别为 19.63%、61.46% 和 71.19%，出雇工数占总出雇工数的比重分别为 17.16%、55.91% 和 70.32%。由此可见，从 1954 年开始到 1955 年，中农已在雇佣关系中日益处于主导地位。尤其是中农中的新中农，1954、1955 年新中农雇工户数分别占中农雇工户数的 55.24% 和 57.39%，新中农雇工数占中农阶层雇工工数的 50.84% 和 52.15%；出雇方面新中农在中农阶层中占的比重更高，1954—

1955 年新中农出雇户数占中农阶层出雇户数的比重为 67.8% 和 74.4%，出雇工数占中农阶层出雇工数的 69.02% 和 67.18%。

　　江西省 9 个调查乡在 1954 年也出现新富农，4 户新富农全部雇工，其中 1 户雇入长工 1 个，占总雇入户数和长工数的 2.7% 和 3.8%，3 户雇入短工 91 个，占总雇入短工户数和工数的 0.3% 和 0.6%。户均雇入短工 30.3 个，高于平均雇工（15.7 个）。1955 年 4 户新富农中，雇工户数大大减少，仅有 1 户雇入长工 0.5 个，分别占总雇长工户数和工数的 8.3% 和 4.7%。1 户雇入短工 11 个，分别占总雇短工户数和工数的 0.2% 和 0.1%，户均雇工低于平均雇工（14.8 个）。这一方面反映了新富农雇工呈逐年减少的变化情况，另一方面也说明了当时雇佣关系深受过渡时期总路线宣传和贯彻的影响。

　　根据对安徽省 10 个典型调查乡土改结束至 1954 年三个调查年度的统计分析（详见附录表二十二），安徽省农村雇佣关系有以下变化趋势：

　　第一，雇佣供求户数先增后减。1952 年 10 个乡的雇工户数和出雇户数分别比 1951 年增加了 13.31% 和 5.77%，而 1954 年却比 1952 年分别减少了 7.28% 和 5.45%。雇佣户数占总户数的比重也呈先增后减趋势，与长江中游 3 省一样，安徽省的雇佣需求户数也是高于供给户数。与雇佣供求户数的变化趋势相同，雇佣工数也是先升后降。1952 年雇佣工数比 1951 年增加了 18.69%，1954 年却比 1952 年减少了 6.38%。从户均雇入和雇出工数来看，1952 年比 1951 年略有增加，到 1954 年又开始降低，雇佣规模总体趋势也呈下降趋势。

　　另据安徽省统计局调查，1955 年和 1954 年相比，雇佣关系更加分散，雇佣规模进一步缩小。1954 年贫农雇工户占贫农总户数的比重为 25.13%，中农雇工户数占中农总户数的比重为

32.95%，富农雇工户数占富农总户数的比重为 60.97%，地主雇工数占地主总户数的比重为 31.7%。1955 年各阶层雇工户占各阶层总户数的比重除中农上升外，其余均有所下降，如初级社社员雇工户数 1.06%、贫农 10.69%、下中农 17.58%、上中农 18.45%、富农 46.67%、过去的地主 27.03%；1954 年各阶层出雇户数占各阶层总户数的比重为：贫农 21.83%、中农 15.47%、富农 14.63%、地主 21.95%，1955 年各阶层出雇户数占各阶层总户数的比重也呈下降趋势，如初级社社员出雇户数占初级社社员总户数的比重 3.72%，其余阶层分别为贫农 21.38%、下中农 12.42%、上中农 5.95%、过去的地主 8.11%①。

　　第二，安徽省典型调查乡的雇佣关系仍然以普通劳动人民为主体。1951 年、1952 年和 1954 年 3 个调查年度内，中农和贫雇农雇工户数分别占总雇工户数的 87.7%、85.3% 和 85%，雇入工数分别占总雇入工数的 87.88%、83.7% 和 84.11%。从出雇方面看，三个调查年度内普通劳动阶层出雇户数分别占总出雇户数的 98.6%、95.1% 和 93.9%，出雇工数占总出雇工数的 89.8%、89.84% 和 91.61%。

　　从各阶层增减变化趋势来看，贫雇农出雇户数和雇工户数占总出雇和雇工户数的比重在三个时期内呈显著下降趋势，中农出雇和雇工户数绝对值和占总户数的比重却呈相反的递增趋势，其中老中农出雇户数递增，而雇入户数递减，可见老中农占有相对充裕的劳动力。从 1952 年开始出现的新中农出雇和雇工现象都比较活跃，两年内出雇和雇工户数分别增加了 35.9% 和 66%。到 1954 年中农在该省的雇佣关系中已处于绝对主导地位，中农

---

　　①　安徽省统计局：《1955 年农家收支调查分析报告》（1956 年 1 月），安徽省档案馆，J63－1－609。

雇工户数和工数分别占总雇工户数和工数的 72.1% 和 78.59%，该阶层出雇户数和工数分别占总出雇户数和工数的 56% 和 42.26%。对中农阶层雇佣现象逐年递增趋势起主导作用的是新中农阶层的出现，该阶层一方面因占有较多的劳动力，而出雇较多的剩余劳动力，另一方面因占有使用土地较多而雇佣大量的季节性劳动力和短工。

1951 年，从安徽省 10 个典型调查乡新富农阶层的雇工情况来看，只有 1 户雇人短工 80 天。1952 年共有 20 户新富农，其中有 4 户雇入短工，占新富农总户数的 20%。同前述各省的新富农户数变化趋势一样，安徽省经过过渡时期总路线的影响，新富农阶层有所减少。

1954 年安徽省有 6 个典型调查乡出现 13 户新富农，其中 5 户雇工，占新富农总户数的 50%，户均雇工 158 个，比平均水平高 4.27 倍。与江西和湖南省相比，该乡户均雇工较高，主要是歙县山岔乡新富农户均雇工较高，说明该乡新富农阶层的兴起与雇工有关。胡圩乡出现较高比例的新富农雇佣长工现象，如 1952 年该乡共有新富农 12 户，其中有 11 户雇入长工，户均雇入 0.92 人。1954 年该乡的 4 户新富农全部雇入长工，户均雇工 0.88 人。主要是该乡种植园艺作物较多，对劳动力的需求量较大①。同时，由于新富农阶层相对来说经济条件较富裕，有足够的资金投向雇工。如无为县中农冯元礼因占有劳动力强且多而上升为新富农，该户除了农忙季节雇工外，发展副业生产也需要雇工。1953 年捞塘泥、犁田等雇短工 19 个，栽秧等雇进 9 个，棉

---

① 中共安徽省委农村工作部办公室：《安徽省农村典型调查》，编者刊，1955 年，第 100—101、122—123、148—151、170—171、218—219 页。

花店需要雇工 4—5 个①。

　　根据江苏省省统计局的统计分析，如表 32 所示，江苏省1954 年全部调查户中有 71% 的农户雇工，完全出雇而无雇入的59 户，占调查户的 11.8%，出雇户数占总调查户数的 49%。可见，该省在雇佣关系中仍然是对雇佣劳动力的需求大于供给。贫农雇工户所占的比重最高，占总雇工户数的 54.6%，其次为中农，占 37.5%。富农雇工户占本阶层总户数的比重和人均雇入工数虽最大，但占总雇工户的比重仅为 5.4%。表中各阶级户数是按照土改结束时的成分，如果按照 1954 年调查时的成分，则中农雇工户数所占的比重最大，因为中农户数增加了 78.2%。贫农和中农出雇户数和工数所占的工数仍然较高。在此需要指出的是，统计局调查的雇佣关系，除农业生产上的雇工外，还有一部分是副业、牧工以及农户生活需要上的雇工，如木匠、瓦匠、裁缝等。

　　浙江省统计局对雇佣关系的调查分别以土改结束时和 1954年两个时期的阶级成分为准。两个时期的雇佣关系总量尽管相同，但对不同时期阶级成分的划分，可以看出各阶层雇佣关系的变化发展特点。浙江省 1954 年雇佣关系也比较普遍，雇工户数占总调查户数 640 户的 49.53%，出雇户数占总调查户数的59.37%。与前述各省不同，该省的雇工户数和工数均低于出雇户数、工数。这主要是该调查结果中，出雇方面除农业生产方面的出雇外，还包括替人做成衣、做鞋、泥水、木匠等其他方面的出雇在内。而雇入方面仅指农副业生产所雇佣的长工、短工，至于生活上的雇工则不包括在内，因而在雇佣劳动力供求方面出现

----

　　①　安徽省农工部：《无为县冯礼元中农上升为新富农情况调查》（1953 年），安徽省档案馆，J9-1-19。

与上述各省不同的特点。该省中农在雇佣关系中也逐年占据主导地位，土改结束时中农雇工户数和工数分别占总雇工户数和工数的 38.17% 和 41.03%，1954 年比重分别增加到 67.82% 和 77.46%。从出雇方面来看，中农出雇户数和工数在土改结束时分别占 32.89% 和 24.77%，1954 年分别占 63.16% 和 52.15%。中农雇工和出雇户中主要以富裕中农为多，1954 年富裕中农雇工户数和工数占总雇工户数、工数的比重分别为 54.26% 和 38.06%，出雇户数和工数分别占 53.95% 和 45.18%。

表32　1954 年江苏省各阶级雇工与出雇情况（按土改时成分）

土改结束时阶级成分	调查总户数	雇入		出雇			
		户数	户均雇入工数	户数	户均出雇工数	其中只有出雇而没有雇工的户	
						户数	户均出雇工数
过去的地主	11	8	17	5	44.9	1	10
富农	25	19	38.6	10	29	4	39
中农	179	133	29.6	88	23	18	20
贫农	283	194	17.46	141	40.5	36	46.5
其他	2	1	24	1	12		
总计	500	355	23.1	245	34	59	37

注：所谓工数，指出雇和雇入的农副业长短工和其他形式的雇工，原始档案中统一以"人日"作为计量单位。

资料来源：江苏省统计局：《1954 年农民家计调查资料汇编》（1956 年 4 月），江苏省档案馆，3133 - 永 - 59；江苏省统计局：《江苏省1954 年农民家计调查分析资料》（1956 年 1 月 14 日），江苏省档案馆，3133 - 永 - 58。

　　该省的新富农全部雇工，并且雇工规模高于平均水平。土改结束时的 14 户新富农雇入长工工数占总雇入工数的 17.94%，超过其户数所占比重的 8 倍，雇佣短工工数所占比重超过其户数比重的 4 倍。1954 年调查的 6 户新富农雇入长工工数占总雇入工数比重为其户数比重的 13 倍，雇入短工工数比重为其户数比重的 8 倍。相应的户均雇工方面，新富农也超过老富农。1954 年新富农户均雇入长工人数 75 工，较老富农增加 66.67%。户均雇佣短工 69.83 个，比老富农增加 112.05%[①]。

由此可见，土改结束后至集体化高潮前长江中下游 6 省农村雇佣关系发展呈现以下特点：

第一，雇佣户数呈下降趋势。由于受土改及土改政策执行偏差的影响，土改结束后各阶层雇佣关系大大减少，其中以地主、富农雇工户减少最多。随着过渡时期总路线的提出和对"资本主义自发势力"的批判，雇佣关系的发展更是受到限制，因怕提高成分的部分富裕中农和富农纷纷减少雇工，导致部分占有多余劳动力的贫雇农和中农出雇无门。但直到集体化高潮前，由于雇佣关系适应了当时农村生产力发展的客观需求，发挥了其调剂劳动力和土地资源优化配置的功能，促进了农村劳动力的合理流动，因此依然普遍存在，在有些地区并有所发展。

第二，雇佣劳动力的需求大于供给。各省典型调查乡发生的雇佣关系以劳动力调剂与临时"抢火色"的居多数，把雇工作为经常性的主要劳动力使用的并不多。这就导致出现了各地区农村剩余劳动力广泛存在，而短期内尤其是农忙季节对雇佣劳动力的需求大于供给的悖逆现象。

第三，雇佣规模呈下降趋势。由于大多数农户是按照家庭成员的耕作能力和生活需求确定经营规模，再加上人多地少、资金短缺

---

① 浙江省统计局：《1954 年浙江省农民家计调查资料》（1955 年 12 月），浙江省档案馆，J136 - 2 - 111。

等种种原因，经营规模普遍狭小，一般农户所使用的雇工数量也就十分有限。因此，雇工农户的数量较多、比重较大，但单位农户的雇工数量却很少，是这一时期农业雇佣劳动的一个显著特点。

第四，从雇佣关系的阶层构成来看，土改后的雇佣关系主要发生在普通劳动者之间。尤其是随着中农化趋势的日益明显，各地区的中农阶层在雇佣关系中逐渐占据主导地位。最后，各省新富农的雇工现象普遍存在。各典型乡新富农户均雇入工数都高于各乡平均雇工水平，表明新富农致富后用较多资金从事雇工活动。但各乡新富农雇工户数和工数占总雇工户数和工数的比重甚小，部分地区雇佣长工所占比重更小。在雇工种类上，富农一般是雇季节性、临时性的短工多，雇经常性、固定性的长工少。究其原因，除了富农仍存在"怕雇长工目标大"等思想顾虑外，与土改后富农占有和使用的土地减少、经营规模受到很大限制有关。在此条件下的"雇工自由"，就不可能给当时的农村经济带来负面影响，也更谈不上是"走资本主义道路"了。

第四节　雇工形式和工资状况

与新中国成立前相比，土改后各地的雇工形式并无大的变化，主要有长工、月季工、短工、牧童等。但各种雇工形式的多寡发生变化，其变化趋势是雇佣长工的绝对值和相对值都急剧下降，而短工、散工等形式的雇工却呈上升趋势。分阶层来看，富农、地主雇入长工数和所占的比重都大大减少，并低于普通劳动群众。相应的，中农、贫雇农等阶层雇入长工和短工所占比重急剧增加。

一　雇工形式消长情况

50 年代初期，雇工形式变化的特点之一是长工、月季工减少，而散工增加。土改结束后，各地在雇工、出雇数量上，长工的绝对值和相对值都在下降。湖北省 13 个乡土改后雇入长工 32.5 个，比 1948 年的 859.99 个减少 96.2%，湖南省 6 个乡雇入 27.5 个，减少 96.2%，江西省 11 个乡雇入 138.14 个，减少 81%。整个中南区 100 个乡土改后雇入长工 306.26 个，比 1948 年的 5207.64 个减少 94.1%。

据江苏省 18 个县 30 个乡村的调查统计，土改前（1950 年）雇出长工和月季工户占总户数的 6.9%，雇出长工占总人数的 1.78%。土改后（1951 年）雇出长工和月季工占总户数的 2.08%，雇出人数占总人数的 0.51%。从雇入情况来看，土改前雇入长工和月季工户占总户数的 5.6%，雇入工人数占总人数的 1.66%。土改后，雇入长工和月季工户占总户数的 2.36%，雇入工人数占总人数的 0.56%。由此，雇入长工和月季工、牧童均比以前大为减少①。该省另外 12 个典型调查村长工数减少得最多，土改后雇入长工的户数减少 71.2%，长工数减少 81.3%。其次为牧童和月季工，其中雇入牧童户数减少 63%，工数减少 61.3%。雇入月季工户数减少 16%，工数减少 23%。另一方面，日工则有了增加。江苏省 12 个典型调查村土改后，雇入日工户数增加 34.5%，工数增加 22.3%②。

从土改结束后几年内的长短工消长来看，长江中游 3 省总的趋势是长工减少、月季工和日工增多。1953 年前述 3 省在雇工数量上长工增加很少，而且雇佣长工者多采用亲戚帮工或组织"假互助组"等变相雇工以及雇佣牧童工的形式。月季工增加

① 江苏省农村工作部：《江苏省农村经济概况》（1953 年 3 月 18 日），江苏省档案馆，3062 - 永 - 3。

② 苏南区委员会农村工作委员会：《12 个典型村土改后农村经济变化情况调查》（1951 年 12 月 30 日），江苏省档案馆，3006 - 永 - 148。

37.8%，日工增加最迅速，较之 1952 年增加了 62.2%。

从各省的具体情况来看，湖南省 9 个典型调查乡 1952 年长工出雇户数仅占总出雇户数的 1.4%，雇入长工户数仅占总雇入户数的 0.4%。1954 年出雇和雇入长工户数占总数的比重更小，分别为 0.6% 和 0.2%。与此同时，出雇和雇入短工数却逐年上升，1953 年出雇和雇入短工达到最高潮，虽然该年的调查统计中缺少 1 个乡的资料，但其余 8 个乡雇入和雇出短工户数仍分别比 1952 年增加了 10.8% 和 4.2%。出雇短工数也增加了 8%。1954 年出雇和雇入短工户数虽比 1953 年有所增加，但出雇和雇入短工数却开始急剧下降，分别减少了 16.4% 和 6.8%。江西省 9 个典型调查乡土改后几年内雇入长工和短工数均呈下降趋势，1954 年雇入长工户数减少了 77.4%，长工数量比 1952 年减少 32.1%，1955 年更减少了 73.1%。雇入短工户数 3 年内减少了 39.5%，雇入短工数减少了 46.2%[①]。安徽省 10 个典型调查乡 1951—1954 年出雇长工户数一直递减，4 年内减少了 51.6%。出雇短工户数显著增加，增长了 17.7%，出雇短工数确呈相反的趋势，减少了 2.4%。这主要是因为贫雇农出雇短工数大大减少，减少了 31.3%；4 年内雇入长工户数和工数分别有所增长，但增长幅度不大，雇入短工户数和雇入短工数也有所增加，分别增加了 4.7% 和 11.1%。可见，该省雇工形式也呈长工数量逐年减少、短工所占比重逐年增多的趋势。

从各阶层来看，土改前后地主雇入长工数减少得最多。湖北省地主雇入长工数量仅占总工数的 1.54%，湖南省占 9.09%，江西省占 8.32%，富农雇入长工数变化不大。中农和贫雇农雇

---

① 江西省委调查组：《关于全省（9 个典型乡）经济调查综合表》（1956 年），江西省档案馆，X006－2－13。

入长工数所占的比重剧增，其中湖北省达 66.15%，江西省为 57.78%①。江苏省 12 个典型村各阶层雇佣长工以地主、富农减少最多，地主雇佣长工户仅占总数的 21%，雇佣长工数减少 95.05%，富农雇佣长工数减少 76.13%。各阶层雇入日工数以中农和贫农增加最多，其中中农雇工户增加 16.8%，日工数增加 21.8%。贫农雇工户增加 62.3%，日工数增加 64%②。

1952—1953 年，长江中游 3 省贫农雇入日工增加得最多，1952 年贫农没有雇入日工户，1953 年猛增至 3875.5 个，月工增加 64.3%。中农雇入长工减少 8.07%，雇入日工和月工分别增加 19.33% 和 1.96%，其雇入月工和日工数所占的比重最高。地主雇入长工数和月工数增加，雇入日工数减少 25.7%。富农雇入长工数减少，雇入的日工数增加，但所占的比重减少。

江西省 9 个典型调查乡 1954 年和 1952 年相比，中农阶层雇入长工和短工的变化趋势反差最大，其中雇入长工户数增加了 36.4%，长工数量增加了 19.4%。雇入短工户数增加了 96.6%，短工数量增加了 61.7%。上述中农雇工增加主要是新中农和富裕中农雇工户增加，1954 年新中农雇入长工和短工数分别占中农阶层总雇入数的 51.7% 和 50.8%，富裕中农分别占 80.3% 和 49.9%。1954 年和 1952 年相比，贫雇农出雇长工数和短工数分别减少了 76.2% 和 65.9%，而中农出雇长工和短工数却分别增加了 133.3% 和 122.4%，这主要仍是由于新中农和富裕中农出雇增加所致。随着贫雇农出雇和雇工的减少以及中农阶层雇工的增加，中农在雇佣关系中所占的比重也有所增加。这主要是

---

① 中南军政委员会土地改革委员会：《中南区 100 个乡调查统计表》，编者刊，1953 年。

② 苏南区委员会农村工作委员会：《12 个典型村土改后农村经济变化情况调查》（1951 年 12 月 30 日），江苏省档案馆，3006 – 永 – 148。

因为经过几年的发展，各地农村出现中农化的趋势，新中农阶层尤其是富裕中农主要是依靠劳动力增加而上升，他们有多余的剩余劳动力而出雇。同时因为他们有能力雇工进行扩大经营以获取利润①。

上述不管按人数还是劳动日计算，长江中下游6省的短工数都超过了长工。与民国时期雇工结构相比，长工数量和佣期急剧下降和短工数量显著增加是这一段时期的最大特点。土改后，与当地农村生产力水平和农业生产的特点相联系，农民经济普遍上升，部分经济地位上升的农民农业经营规模扩大，除家庭劳动力外，往往需要若干数量的短工作为补充；而一部分经营规模缩小，或家庭人口和劳力增加，他们既不能单靠农业经营维持生产生活，又不能完全脱离土地和农业而另谋出路，只好以打短工的形式出卖剩余劳动力。这部分从事短工或忙工的农民多数占有部分土地，正如恩格斯所说的，他们季节性的出卖劳动力"是一种例外，一种副业，一种救济办法，一种暂时措施。不时出去打工的农业劳动者，都有自己的只能借以糊口的几亩土地"②。此外，地区之间流动性雇工的增加，也使得短工数量明显扩大。有的地区农民往往利用地区间的不同自然条件、作物种类而形成的农忙季节时差，或一俟自家播种、收割完毕，即赶往外地充当忙工；或先往外地佣工，尔后回家播种、收割，因长江中下游农作物种植多以水稻为主，因此湖北、湖南、江苏等地流动性的莳秧工、割稻工很多。

---

①　江西省委调查组：《关于全省（9个典型乡）经济调查综合表》（1956年），江西省档案馆，X006－2－13。

②　中共中央马恩列斯著作编译局：《马克思恩格斯选集》第3卷，人民出版社1972年版，第311页。

二　雇佣工资及影响工资高低的因素分析

土改前后相比，长江中下游各地区的雇佣工资一般是下降了。各地工价高低依劳动力供求状况而定，劳动力少雇主多的价格高、劳动力多雇主少的价格低。而且，雇工按照季节工资率获得工资，短工的工资自元月以后开始上升，到 6 月为一个高峰，7 月略有下降，随后，8 月和 9 月，在农田工作的需求量最密集时上升到全年的最高点。农忙季节几个月中工资突然上升，则暗示该村劳动力供给的短缺。湖北洪山新阳、武胜 2 个乡长工工资是 4 石或 6 石谷，土改后为 2.2 石谷或 3 石谷[①]。江西信丰县胜利乡日工工资一般 5.5 斤谷，但在"抢火色"季节，每个日工工资为 14.7 斤到 20 斤谷不等[②]。南昌县小蓝乡 1948 年长工工资最高的 27 石谷，一般的 24 石，最低的 20 石。1951 年长工工资最高 24 石谷、一般 20 石谷、最低 16 石谷，甚至少数的年付 6 石谷。丰城县小袁渡乡雇工工资也有所降低，新中国成立前与土地改革后的工资（担谷）比例是：20：13 担，16：11 担，12：9 担。如雇农杨冬根 1949 年赚谷 9 担，1950 年 7 担，1951 年 5 担，因而不愿打长工，"即使有劳力剩余也转向副业"。但零工仍然很普遍，主要因为各阶层在农忙季节多数需要雇工，造成工资较高，如割禾时每工约两斗半谷左右、插秧工七八升，平时则无人请，工资也很低[③]。

---

① 湖北省农村工作委员会农村经济处：《农村经济情况参考资料》（1952 年 1 月），湖北省档案馆，SZ18－1－3。

② 江西省农村工作部：《江西省信丰县胜利乡经济调查报告》（1954 年 8 月 10 日），江西省档案馆，X006－2－4。

③ 中南军政委员会土地改革委员会调查研究处：《中南区一百个乡调查资料选集（生产部分）》，编者刊，1953 年 2 月，第 135—136 页，第 224 页。

江苏省土改后的雇佣工资尤其是长工工资也有所下降，青浦、南汇、金坛、溧阳、句容、高淳6个县的12个典型村长工工资与新中国成立前比较一般降低25%左右。全年长工工资现在只有稻子1000—1200斤，在比较贫困或劳动力较多的地区如句容县王家村长工工资较新中国成立前降低50%左右，工资只有700斤稻子。比较富裕或有副业的地区如高淳县孙王村全年工资为2000斤稻子。月季工按月计算，每月约在150—200斤，日工工资闲时较低，约为3升，忙时较高，约为5升米，最高6升①。溧阳、金坛县4个典型村土改后工资减少了25%，日工工资仍保持原状②。江阴县夏港乡新中国成立前长工全年工资27石米（供吃），土改前6石米，土改后5—6石米（供吃）；日工新中国成立前忙工（莳秧）1斗米、间工0.8斗米，土改前每工（莳秧）0.8斗米、间工0.6斗，土改后每工忙工（莳秧）0.6斗米或0.5斗③。高淳县日工工资闲时较低，约为3升米，忙时较高，约为5升米④。常熟县扶海乡胜利村土改后因剩余劳动力没有出路，"工资亦随之下降"，由新中国成立前的每工六七升米（老斗）降为三四升米⑤。句容县春城乡丁庄村日工忙时8.5斤米，闲时5斤米。三岔乡一新村新中国成立前1948年长工的

① 苏南区委员会农村工作委员会：《12个典型村土改后农村经济变化情况调查》（1951年12月30日），江苏省档案馆，3006-永-148。

② 苏南农协会调研组：《溧阳（马公圩、宋塘村）、金坛（汤庄村、圩埂村）4个典型村调查资料总结汇报》（1951年12月19日），江苏省档案馆，3006-短-242。

③ 苏南区委员会农村工作委员会五队调研组：《江阴县夏港乡关于土地改革前后农村阶级经济情况变化的调查总结》（1951年10月18日），江苏省档案馆，3006-短-333。

④ 苏南农村工作团：《镇江专区句容、高淳县4个典型村的调查情况报告》（1951年12月18日），江苏省档案馆，3006-短-330。

⑤ 苏南区委员会农村工作委员会：《常熟县南丰区扶海乡的雇佣关系情况调查》（1951年9月23日），江苏省档案馆，江苏省档案馆，3006-短-362。

工资一般是 16 担。月季工工资最高 6 担、最少 4 担，日工工资最高 8 升籼米（合 12 斤）。土改后各种雇工形式的工资都有所下降：长工的工资降至 11 担稻子，并且是秋收秋种后才付给工资。月工最多 2 担，忙工为春 3 升（约米 4.5 斤）、夏 6 升（约米 9 斤）[①]。常熟沙洲地区土改前忙工每工工资六七升米（老升），土改后仅三四升米（市升）[②]。

土改后几年内雇工工资变化不大，长江中游 3 省长工工资为 500—2000 斤谷不等，一般是 1000 斤左右。月工工资为 100—250 斤谷，江西一般 100 斤，湖北一般 200 斤。日工工资 8—33 斤，一般是 15 斤左右，江西一般 20 斤，湖北一般 11 斤[③]。江西省 9 个典型调查乡 1952—1954 年长工和短工工价没有变化，1955 年短工最高工价由 3 元降到 1.35 元，一般工价由 0.95 元降到 0.8 元。1952—1954 年湖北省大多数典型调查乡长工和月季工工价没有变化，只有傅湾乡短工工价由 1.2 元降至 0.82 元，而望城乡工价则由 0.5 增至 0.65 元。湖南省各调查乡在 1952—1954 年三个调查年度内短工工价均没有变化。安徽省土改结束后至 1954 年各典型调查乡长工工价多数没有变化，只有合肥市四河乡由 45 元降至 29 元。短工工价则只有肖县杨阁乡发生变化，由 1 元降至 0.8 元。

土改后雇工工资降低首先是因为劳动力供过于求导致的农村劳动力剩余。除了上述各地区存在着相当数量的农业剩余劳

①　苏南区委员会农村工作委员会：《句容县一区一新村、三区丁庄村调查工作总结》（1951 年 10—11 月），江苏省档案馆，3006 - 短 - 363。

②　苏州地委、农委：《关于土改后农村雇佣关系的情况及意见》（1951 年 9 月 5 日），江苏省档案馆，3006 - 短 - 364。

③　中南局农村工作部：《中南区五省 35 个乡 1953 年农村经济调查总结》（1954 年 7 月），湖北省档案馆，SZ - J - 514。

动力外，受减租减息、土改及土改复查等政策的影响，各阶层
在雇佣关系上存有顾虑：富农和部分中农不敢雇工，怕算剥削
账、怕提高阶级成分，一般不雇工或少雇工。土改后地主已不
允许雇工，因此雇工户数锐减。再加上前述土改后劳动人数和
劳动强度的增加导致的剩余劳力增加，在雇主雇工日渐减少而
需要出雇的人数日益增加的情况下，各地的剩余劳动力增多，
工资因此降低。

　　其次为从事农业经营的机会成本较低。随着 1953 年下半年
过渡时期总路线和统购统销政策的颁发、实施，有些地区由于盲
目反对所谓"资本主义自发趋势"，对农村的小商小贩和农村副
业的限制过多过严，使农村某些正当的副业大大减少。某些劳动
力多土地少的地区从事农业生产的机会成本极低，甚至为零，引
起该地区的农业剩余劳动力问题，从而导致劳动力的雇佣工资下
降。从各地区不同年份的货币收入比重可以看出副业发展情况。
如湖北麻城县四山乡"是一个穷山沟"，人均土地 1.2 亩，当地
农民历来以经营各种副业弥补生活费用之不足。史家洼一个 85
户的村庄，即有 80 多条扁担经营小商贩，"家家纺织，户户养
猪"，现在是"机头空了，粉磨靠了，纺车停了，扁担搁起来
了"。1954 年全乡副业生产即手工业、加工、采集、渔猎、手
艺、运输等项收入，共折谷 57724 斤，较 1952 年减少 45.4%，
较 1953 年减少 43.1%，从各阶层来看，贫农减少最多。1954 年
34 户贫农的上述各项副业收入，共折谷 11813 斤，较 1952 年减
少 53.6%，较 1953 年减少 43.6%①。苏南地区新中国成立前手
工业发展繁荣时期每年最高生产总值折合稻子 43 亿斤，1950 年

---

① 湖北省委农村工作部：《湖北省 12 个典型乡调查报告》（1956 年 4 月），湖
北省档案馆，SZ - J - 526。

仅 15 亿斤左右①。

浙江省山多田少，人均耕地 1.7 亩，存在着严重的劳动力剩余。该省农民从事农村副业或兼营商品性手工业生产有着悠久的历史。建国初期，地方政府对副业生产不仅不重视，而且采取一系列的限制、排挤甚至打击等强迫命令的做法。肖山县长潭乡灯塔社户均水田 1.03 亩，农民收入 80％ 依靠土纸加工，地方干部却批判群众土纸生产是"资本主义"、"制造迷信"，把原有 21 个纸槽减少到 13 个，有的乡甚至提出 7 年内消灭土纸的计划。由于棉花统购统销的影响，慈镇县的轧花生产收入 1953—1955 年降低了 33.77％。杭县批判发展甘蔗等经济作物的种植是"资本主义"。受上述因素的影响，浙江省的副业产值呈历年下降趋势。以 1952 年的副业产值为 100，则 1953、1954、1955 年产值分别为 1952 年的 97.51％、96.98％、95.7％ ②。占有和使用较多农村劳动力的农村副业被压制和限制，使得各地农村剩余劳动力现象更加严重，从而导致雇佣工资价格的降低。

综上所述，土改结束后至集体化高潮前，长江中下游区域不论商品经济和商业性农业发展程度高低，不论水稻种植区还是玉米种植区，不论互助合作运动进程快慢，各个地区都不同程度地存在着雇佣关系。尽管这一时期雇工农户的数量较多、比重较大，但单位农户的雇工数量却很少。从地区上讲，大部分雇佣劳动集中在商业性农业比较发达以及某些经济作物种植区和农户经营规模比较大的地区；从农户方面讲，雇佣关系主要发生在贫雇

---

① 苏南区农村工作委员会：《苏南农村手工业副业生产情况》（1952 年 4 月 21 日），江苏省档案馆，3006 – 永 – 154。

② 根据浙江省委农村工作部：《关于 27 个县农村经济情况的调查分析》（1956 年 7 月 7 日），J007 – 8 – 35；浙江省农村工作部：《关于浙江省农村副业生产情况的报告》（1956 年 9 月 13 日），浙江省档案馆，J007 – 8 – 42。

农和中农等普通劳动阶层之间。和土地租佃关系一样，土改后的雇佣关系多数具有调剂劳动力和土地的性质，二者在某种程度上实现了地权市场和劳动力市场的有效整合。

在雇佣形式上，长工数量、佣期急剧下降和短工数量显著增加是这一段时期的最大特点。对短工供给和需求的扩大，导致土改后农业雇工中的短工数量增加。此外，受减租减息、土改和土改复查等政治运动的影响，农民尤其是富农和地主阶层不敢或尽量减少雇入长工数量，相应的短工数量得以迅速增加。随着雇工结构的变化，雇佣劳动的用途也发生很大的变化。土改后从事农业特别是商业性农业的富农、富裕中农户，雇佣的长工主要甚至完全只用于农业生产，而不承担雇工的家庭消费和生活任务。为了适应生产需要而又减低农业成本，尽可能使用短工，或把长工改为季节工。在仍以家庭为基本生产单位的情况下，这种雇工属于典型意义上的真正的农业雇工。因此，长工数量的减少和短工数量、劳动日的增加，标志着农业雇佣劳动从原来的生活服务型或生产和生活服务混合型向生产型、商品生产型演变。

雇工工资的高低主要取决于各地的劳动力供求状况，工资报酬也多与农时忙闲和活计的多寡相适应：由于农业生产的季节性特征，劳动力往往按照季节工资率获得工资。夏秋农忙季节，短期内所需劳动力较多，雇工工作量大，各家争相雇觅，工资因供求关系自然上涨；反之，农活较少，工作较清闲，工资就少。正如齐波拉所说："既然当时工资已经流行，从某种意义上来说，就经常会有一个劳动力市场存在，而且还带有现代劳动力市场的某些特征：工资和生产率相联系，其上涨下跌要看雇主和雇工哪一方面组织的更好，和依据供给和需求的变化而定。"[1] 就此而

---

① 齐波拉：《欧洲经济史，16—17世纪》，商务印书馆1988年版，第212页。

言，雇主与雇工之间的关系变成一种纯粹的劳动力买卖关系，劳动力成为一种真正的商品。

　　总之，土改结束后长江中下游地区乡村雇佣关系的普遍存在缘于土改后地权占有的分散性、土地租佃关系的不发达以及农业生产的季节性特征，而雇佣关系资源优化配置性质（如农忙季节的临时抢火）和阶级分布状况反过来论证了当时地权分配和占有的分散性，同时也说明其存在、发展促进了劳动力和土地资源的合理流动和优化配置，是对土地租佃关系的有益补充，部分实现了与地权市场的有效整合。

第 五 章

制度变迁与农户经济行为

第一节　建国初期的正式制度安排

一　新区土地改革对土地产权制度的影响

建国前后的土地改革，是近代以来中国农村社会最大、最彻底的政治和经济变革。土改中强大的政府政权渗入和政治性的群众参与以及无偿没收、无偿分配土地的办法，尤其是划分阶级以及对不同阶级实行不同政策的做法，对当时和以后的农村土地产权制度的演变都产生了重要影响。

土改前后土地都是私有的，从产权制度上来说并没有多少变化。但是后一种私有，是建立在靠政府来否定部分人（地主和部分富农）私有基础之上的。换句话说，土改以后的私有制，已经注入国家的政治理念。

从经济上来看，土地改革通过强大的政府力量，采用经济上无偿没收地主、富农土地和财产分给农民，政治上剥夺地主公民权的办法，迅速实现了高度平均的"耕者有其田"，极大程度上满足了普通民众的土地需求。在土地资源高度稀缺和经济供给缺乏刚性的条件下，使大部分农民获得了生存权和发展权，从而在总体上大大提高了农民的生产积极性。但是，由于国家在组织领导无地少地农民平分土地运动中具有决定性的作用，而平分土地的结果又可以经过国家的认可而迅速完成合法化，国家的意志由此注入了农民的土地私有产权。同时，这种以乡为单位、按人口平均分配土地的办法，以及按阶级和贫困程度分配其他生产资料和财产，实际上是一种高度"均贫富"。农民无偿得到的土地和财产，来自于国家的赐予和政治斗争，这就造成分得土地和财产的农民将其政治经济地位的升迁归功于共产党和政府，从而也使得土改后的以土地为主的产权被掺进了政治因素。周其仁在《中国农村改革：国家和所有权关系的变化》一文中即提出："土地改革形成的产权制度无疑是一种土地的农民私有制。但是，这种私有制不是产权市场长期自发交易的产物，也不是国家仅仅对产权交易施加某些限制的结晶，而是国家组织大规模群众斗争直接重新分配原有土地产权的结果。"此外，土地改革以后，尽管很快颁发了土地证，但是出于对马克思主义基本理论和向社会主义过渡的考虑，我国在50年代始终没有颁布保障私有财产不可侵犯的宪法和民法。换句话说，国家始终没有将农民可以自由处置自己的土地作为治国的基本法律。

虽然土改划分阶级的主要依据是其职业和主要收入来源——即经济标准，并不依据其政治态度，但是，阶级的划分却确定了各阶层财产的处置办法和政治经济待遇以及社会地位。由于对作为划分阶级标准的耕地及其他财产，并不考虑其来源，即属于合法继承、本人劳动积聚，还是依靠权势和非法收入霸占购买的，只要被划分为地主，就要无条件地没收其一切财产（对富农则是无偿征收其多余土地和生产资料）。另外，细致的等级划分，也为国家利用不同的等级政策提供了条件（国家可以根据需要，今天将富农算作中立阶级，明天就可以将其算作敌对阶级）。这种对农村各阶层经济和政治关系的重新调整，为党和政府培植了一大批忠实的支持者和追随者，这实际上就是强化了国家对农民的控制能力，这也是国家后来能够轻易推行一系列土地制度变迁的重要原因。

此外，土地改革将马克思主义和社会主义的理念直接传递给农民，政治民主、经济平等以及剥削有罪的观念已深入民心，这导致土改后农民对土地买卖、租佃和雇佣关系心存芥蒂，同时也为土改后政府限制土地买卖、典当和租佃等土地产权方式的自由流转作了观念上的准备。

毋庸讳言，在建国后新区的土地改革中，首先在富农政策上，未能正确贯彻执行《土地改革法》，很多地方都利用保存富农经济与充分满足贫雇农土地要求的政策之间的矛盾动了富农雇工耕种，甚至自耕的土地，有的地方不仅征收了富农的小量出租土地，甚至连富农的耕畜、农具等其他生产资料也被征收。其次是土改中一再出现侵犯富裕中农多余土地的绝对平均主义的做法，其直接后果是许多地方的富农、富裕中农因怕"露富"、"冒尖"、"再来一次土改"，怕提前"实行社会主义"而不敢出租土地或雇工经营，普通农民也误认为"出租"、"雇工"、"买地"等行为属于封建剥削的内容。这些都对土改后的土地买卖、租佃和雇佣关系的健康发展产生重大影响。

二　农业集体化运动对地权流转和农村雇佣关系的影响

土改结束后，一家一户分散的小农经济，难以避免有些农户出现劳动力短缺和耕畜、农具不足的现象，这造成农民客观上有互助合作的需求。针对这些情况，当时在国家倡导下各地农村相继兴办了一些农民合作经济组织。

（一）互助组（1949—1952）：土地农民私有、自主分散经营

1951 年 9 月 9 日，中共中央召开第一次互助合作会议，通过了《中共中央关于农业生产互助合作的决议（草案）》，《决议》宣传了党对农业互助合作运动的方针、政策[①]。在此指导下，互助组开始在全国范围内蓬勃兴起。据统计，1951 年底，互助组达到 467.5 万个，比 1950 年增加 71.6%，参加的农户占总农户的比重提高到 19.2%。1952 年，互助组猛增到 802.6 万个，参加互助组的农户占全国总户数的 39.9%。到 1953 年底，参加互助组的农户约占总农户的 40%，其中参加常年互助组的农户占到了参加互助组农户的 29%。到 1954 年，参加互助组的农户已超过总户数的一半，达到 58%[②]。

建国初期的农业互助合作运动是在倡导、鼓励和扶持个体农民的基础上起步的。农业生产互助组分为临时性、季节性互助组和常年互助组，他们各自具有不同的特点：临时性、季节性互助组一般规模较小，多数为三五户在一起互助，成员不固定，农忙季节临时合作，农闲时各干各的，需要时再重新组织；常年互助组规模一般比临时互助组大，有初步的生产计划和内部分工，生产内容丰富，有的还做到农业和副业结合。有了较合理、公平的评工记工算账制度，有的常年互助组在自愿的基础上逐步购置了某些农具、耕畜，积累了少量的公共财产。

无论临时互助组还是常年互助组，都是建立在农民个体经济基础上的互助合作经济组织。虽然在某些农业生产的环节中以一

[①] 当代中国丛书编辑部：《当代中国的农业合作制》，当代中国出版社 2002 年版，第 140、223 页。

[②] 陈吉元、陈家骥：《中国农村社会经济变迁》，山西经济出版社 1993 年版，第 121 页。

定程度的联合劳动取代完全分散的个体劳动，但仍以家庭经营为主。土地和其他生产资料、资金等生产要素都是个体所有、分散经营，只有部分劳动力、耕畜和农具统一调配统一使用。统一的内容、统一的程度都以当地生产上的实际需要为准，随实际情况的变化而变化。互助组在实行必要的集体劳动和分工协作的同时，并没有打破家庭经营的原有格局，既有劳动互助的好处，又有利于发挥个体经济的积极性。

互助组以农民个体经济及土地等财产个体所有制为基础，既符合农民私有者的心理特点，又适应当时的生产力发展水平。农业互助组是逐步引导农民走向社会主义道路的过渡形式，仍然具有私有制性质。但是有两点需要指出：一方面它为初级社准备了群众基础、办社经验和领导干部；另一方面，它带有明显的合作化倾向，这是农业集体化、实行土地公有制所不可缺少的感情因素，这种感情因素是土地归公的内在驱动力，这一点由互助组很容易转为初级社得到充分证实。因而，有理由讲，互助组虽然仍是农民个体土地所有制，但却已使农民个体土地所有制受到了初步动摇。

（二）农业合作社阶段：农户土地私有，集中统一经营——土地集体所有、统一经营

新中国成立之初，一些地区开始在互助组的基础上试办了少数初级形式的农业生产合作社，这些合作社都是为了进一步发展生产，解决互助组解决不了的矛盾而办起来的。在一些有关文件的推动下，初级社有了较大的发展。总的来看，1953年冬季以前农业互助合作发展的重点仍然是临时性互助组和常年互助组，农业生产合作社在大部分地区只是试办，在个别地区是初步发展。1953年10月26日至11月5日，中共中央召开第三次农业互助合作会议，农业生产互助合作运动的重点由互

助组转向了发展农业生产合作社。1953 年 12 月 16 日，中共中央颁布了《关于发展农业生产合作社的决议》，会议一改前期纠偏的做法，明确提出党在农村工作的最根本的任务就是逐步实行农业社会主义改造，使农业能够由落后的小规模生产的个体经济变为先进的大规模生产的合作经济。会后，全国各地发展互助合作的积极性空前高涨，农村很快掀起大办农业合作社的热潮。

就长江中下游各省而言，湖北省 12 个典型调查乡 1954 年占71.1% 的农户参加了互助合作组织，比 1952 年增加了 95.7%。1954 年参加农业合作社的农户占总组织起来农户的比重为 23%，比 1952 年增加了 51.2 倍①。湖南省 1952 年参加互助组的户数占总户数的 12.6%，1953 年该比重升为 40.8%。1954 年参加互助合作运动的农户占总户数的 68.3%，1954 年达到 70% 以上②。江西省 9 个乡互助合作组织也是呈逐年发展趋势，1952 年组织起来的农户占总户数的 25.7%，1953 年增加了 2.6 个百分点，到 1954 年急剧增加至 2499 户，1955 年合作化高潮阶段有73.9% 的农户参加了互助合作组织。其中参加合作社的户数迅猛增加，1952 年没有农户参加，1953 年增至 78 户，到 1955 年猛增至 1143 户，不管是占总调查户数的比重还是在总组织起来户数的比例上都高居首位。常年组和临时组的发展确呈相反趋势，常年组户数从 1952—1954 年三年内持续增加，1954 年占总组织起来户数的 51.7%，1955 年却猛然下降至 38.7%。临时组 1953年发展的势头最强，从 1954 年开始下降，到 1955 年互助组户数

---

① 湖北省委农村工作部：《湖北省 12 个典型乡调查统计表》（1955 年），湖北省档案馆，SZ18 – 1 – 154。

② 经济资料编辑委员会：《八省农村经济典型调查》，财政经济出版社 1957 年版，第 31 页。

仅占总户数的 14.1%[①]。江苏省的互助合作运动也是迅猛发展，1954 年参加互助合作的农户 328 户，占调查户的 65.6%，其中参加合作社的占总户数的 16.2%，参加常年互助组和临时互助组的占总户数的 49.4%。1955 年进入集体化高潮阶段，参加互助合作组织的占总调查户数的 80.6%，比上年增加了 35.7%。其中参加高级农业合作社的农户 177 户，占总户数的 33.9%。参加初级农业合作社的占总农户的 46.9%，而初级社中有 61.6% 的农户加入高级社，入社的耕地占总耕地的 44.3%[②]。可见，互助合作组织的发展趋势是农民个体经济向合作化经济发展、临时互助组向农业合作社高级阶段的演变。

初级农业合作社阶段，社员的土地和其他生产资料入社后，其私有产权保持不变。在允许社员拥有小块自留地的情况下，社员的土地必须交给农业生产合作社统一使用，并按照社员入社土地的数量和质量，从每年的收入中付给社员以适当的报酬。社员入社后，土地的私有产权不变，土地入股分红便是农民经济上实现其土地所有权的基本形式。农民对土地和其他主要生产资料的经营使用权从所有权中分离出来，统一由合作社集体使用。农民拥有对土地的自由处理权，退股自由，退社时可以带走入社时带来的土地，如果原土地不能退出，则可以用其他土地代替，或给予经济补偿。未入社或退社农民的土地仍可自由买卖；互助组的产品基本上是私有的，除了相互之间补偿劳动和工资外，不发生组员之间的分配问题。初级社的产品归合作社所有并统一分配，

---

① 江西省委调查组：《关于全省（9 个典型乡）经济调查综合表》（1956 年），江西省档案馆，X006 - 2 - 13。

② 江苏省统计局：《江苏省 1954 年农民家计调查分析资料》（1956 年 1 月 14 日），3133 - 永 - 59；《江苏省 1955 年农家收支调查资料汇编》（1957 年 1 月），江苏省档案馆，3133 - 永 - 93。

在缴纳农业税、社留公积金和公益金以及管理费后，所余部分以劳动报酬和土地报酬的形式分给社员；社员劳动经营形式从个人劳动向集体劳动转变，初级社实行集体劳动，并在全社范围内统一计划调配、使用，每个社员的劳动成为合作社集体劳动的一部分。在此，社员劳动力实际归合作社统一指挥，自己支配劳动力的权利非常有限。

高级农业合作社以土地集体所有制取代了农民土地的个体所有制。在高级合作社里，除原有的坟地和宅基地不必入社外，社员私有的土地以及土地上附属的私有的塘、井等水利设施都无偿转归合作社集体所有。农民个体所有的土地入社并取消土地报酬，便是否定了农民的土地所有权，这是高级社和初级社的重大区别。高级合作社集体不但拥有生产资料的支配权和使用权，并且剥夺了社员平等、自愿和自由退出的权利。

土地改革后，农村建立起了以农民占有小块土地为特征的农民个体经济，它的基本运行格局是一家一户为生产单位，运用个体所有的小块土地和其他生产资料进行生产。这种个体经济形式的存在一方面使得一部分无劳力或丧失劳动力的老弱孤寡户在生产经营中遇到的困难单靠自身力量难以解决；另一方面，土改后一家一户为生产单位的个体农户拥有的土地、劳动力等生产资料更加分散，使得各家各户难以各自配套，生产积累率很低，无法抵御农业生产过程中遭遇到的各种突如其来的自然灾害的侵扰，更没有能力采用现代化农业生产技术以及进行大规模的农田水利基础建设。因此，有着历史传统的"插犋""换工"等生产互助形式在党和国家的大力提倡下，开始逐步在全国展开。互助组是建立在农民个体经济基础上的互助合作经济组织，它仍然坚持土地和其他生产资料归互助组成员私有并实行家庭分散经营。

初级农业合作社阶段，农村的土地产权制度仍然是在承认土地私有和财产个体所有制的前提下，以土地和其他生产资料入股，由合作社统一使用，农户家庭的分散经营变为合作社的统一经营，实现了土地所有权和经营使用权的分离。初级合作社获得对农民劳动力的使用和支配权，实行统一经营、集体劳动、统一分配。初级农业合作社虽然没有生产资料所有权，但土地和其他生产资料入社后，实行统一管理，入社的土地不能出租和买卖，土地以外的生产资料，只能在合作社不用的时候，社员才可以自用或租给别人用。上述两种互助合作形式某种程度上解决了某些个体农户在土地和劳动力资源配置上的困难，进而削弱了互助组成员之间的土地租佃和雇佣需求。

同时，由于各地的互助组和初级社大都根据经济水平的高低而进行插犋换工，没有车马或无劳动力、缺乏劳动力的贫弱孤寡户多数被排除在互助合作之外。因此，对于解决农村劳动力少、弱，甚至基本没有劳动力的鳏寡孤独老弱户和不善经营者的生活生产困难、保障其最基本的生活安全方面往往有些差强人意。因此，一直到集体化高潮前，广大农村仍然存在着一定数量的土地租佃和雇佣需求。

高级社阶段，土地的产权制度发生重大变化，农民的土地无偿入社，大型农具和牲畜等作价入社，农民的土地个体所有转为集体所有，土地由集体统一经营使用，全社成员集中劳动。集所有权与经营权于一身的高级农业合作社取代了农民个体土地私有制和农民家庭土地经营的主体地位，进而彻底取消了基于地权私有基础上的土地买卖、租佃关系和雇佣关系存在的合法土壤。

此外，当时农业税收政策也是影响农民土地流转行为的重要因素之一。建国初期，农业税收是国家财政的主要来源之一，也是国家控制市场、保障供给的重要物质基础。由于各地的社会政治经济条件的差异和发展的不平衡，尽管政府多次改善农业税制和征收办法，力争实现农民公平负担，但农业税制的制定和征收办法仍存在着不健全的缺失，进而影响到以从事土地经营为主业的农民经济行为的选择。由于各地的累进税率各不相同，而且对自耕地、佃耕地和雇工经营土地的收入征税没有详细地区别对待，某种程度上造成了征税的混乱和某些佃耕农户的负担过重。而某些公粮负担比较重的地方，出租田所收的地租仅够交纳公粮。江苏丹徒县姚墅村中农李正明因缺乏劳动力出租5亩田，土改前每亩收租米6斗，现在只代缴公粮。如果收租，自耕田和出租田产量仅够完粮①。湖北部分地区的农村干部在查田定产时往往强制执行按常年产量的三七分租，并要求业佃双方各自负担公粮，这引起租佃双方对租额、负担问题上的思想顾虑。因为佃户在惯例上只交租不纳负担，对土改后交租纳负担非常不习惯，加上地方执行政策上的混乱，他们反映"国民党的时候佃户只出租不完粮，现在既出租又完粮，负担重"。如当阳关陵乡1952年征收的公粮占常年产量的20%左右，佃户交租30%以后，只剩下产量的50%，除去人工和各种生产成本费用，净收益很少，佃户经常感到不划算。这导致农民因怕参加累进负担而不愿多种田，甚至经常有"退租退佃"的现象。梅福乡1952年冬即有孤寡户的167亩田租不出去，结果造成田地"没有起板"而抛荒②。在业主方面，缺乏劳动力的老弱孤寡出租户收的租额不够缴纳负担，甚至有的租额收入不够维持最低生活水平，因此业主对租额和负担问题也不满意。而按人口平均农业收益累进征收、田多要提高农业税的农业税政策，也使农民认为买田没有利益。

---

① 苏南农村工作团：《丹徒县上党区里墅乡里墅村、姚墅村情况调查报告》（1951年12月），3006－短－331。

② 汉阳县委调研组：《汉阳县第九区梅福乡农村经济基本情况》（1953年），湖北省档案馆，SZ18－1－45。

三　地方政府行为对农户土地买卖、租佃关系和雇佣关系的影响

前述土改结束后，各地区土地买卖、租佃关系和雇佣关系和新中国成立前甚至土改前相比都大大减少。造成这种现象的原因，除了土地改革满足了普通劳动群众对土地生产资料的需求外，各级政府对中央政府各项政策的宣传以及政策实施中的偏差，也是影响农民减少买卖、租佃关系和雇佣关系的一个重要因素。具体表现如下：

首先，从农民的土地买卖关系发展情况来看。土改结束后，地方政府对各地出现的土地买卖现象采取压制的措施。乡村干部尽管都知道土改后农民对自己的土地有出典、出卖、赠送、出租等权利，但多数认为："土改后田是可以卖的，不过总要有一个正当的理论。"① 另有部分乡村干部因对中央政府的相关政策认识模糊，甚至反对出卖土地。他们认为将土地尤其是土改中分得的土地出卖是不正当的。如江苏省胡巷乡宅基村副村长杨阿泉说："土改分给你的土地，好卖格（意即不好卖），分后你去卖，那（又）是破坏。"部分村干部在针对土改后土地买卖关系还很少发生的情况，解释道："富农自己土地不改掉就真好，哪里还肯买地。中农田够种，贫农也都分到田，这样买田的人就极少。过去农民卖田是被迫无法时才卖，现在账少了，欠了账暂时还可以不还，哪个肯轻易将田卖掉。"有的地方干部则认为："刚刚土改，政府又没有章程，哪个会想到卖田，差不多的我伲也不许他卖，现在发了土地证，望后

---

① 中共苏南区委员会农村工作委员会：《土改后农村土地买卖问题的调查研究》（1951 年 11 月 2 日），3006－永－146。

去大概这些事情要多了。"①

　　在地方政府舆论的导向下，各阶层农民对土地买卖讳莫如深："田是毛主席的，今天卖田对不起毛主席"，"土改分给你的土地，好卖格（意即不好卖），分后你去卖，那（又）是破坏。""毛主席帮我伲创家当，再卖掉简直是拜家精。"② 地主、"二流子"一般在土改发证时即被告知，在没有劳动改造好前，分得的土地没有出卖、出典、赠送等自由，因此对土地买卖根本不作考虑；富农与富裕中农一般不买进也不卖出。不买进的原因主要是怕露富，怕田买多了要被评为地主。不卖地是因为知道产权已经确定，要搞好生产不必有任何顾虑；一般贫雇农、中农还没有意识到分得的土地是自己的，认为没有正当理论卖田是不光荣的，有困难也不敢卖田③。此外在私有财产制度终要废除的政策宣传下，也极少人买田。

　　上述地方政府的行政态度以及农民的思想顾虑，使得土改后各地区的土地买卖关系几乎处于停滞状态。江苏省胡巷乡雪南村贫农陆松桥，因年老多病生活无着落，拟将约半分宅基地出卖，先后到乡政府请示三次。第一次乡干部不准卖，第二次去了解真实情况，第三次答应让他卖。有两户争相购买，结果由地方干部出面调解，两家先借出 2.5 石给陆松桥医病，土地没有卖成。徐庄乡合义村小土地出租者钱琴法预备将自己 4 间房子卖给本村富农储明石，作为儿子结婚和分家之用，约卖价 14 担米。但因无

---

　　① 苏南区委员会农村工作委员会：《吴县陆墓区徐庄乡、胡巷乡土地买卖与租佃关系调查》（1951 年 9 月 23 日），江苏省档案馆，3006 - 永 - 149。

　　② 黄陂县委调研组：《黄陂第 16 区伏马乡农村基本情况调查》（1953 年 1 月 1 日），湖北省档案馆，SZ18 - 1 - 44。

　　③ 苏南区委员会农村工作委员会：《土地改革后土地买卖办法》（1951 年 11 月 2 日），江苏省档案馆，3006 - 永 - 146。

勇气向乡政府提出，故未成事实。韩家村中农陆阿早因家中主要劳动力常年生病，欠债几十担米，时常向人表示：生活这样困难，要卖田卖不掉①。周严乡有 1 户贫农要卖田，价钱已谈好，乡干部对他说，"卖了田以后再没有分的"，结果没有卖成②。

由于某些地方政府对当时中央政府租佃自由的政策认识不足，对当地的土地租佃关系多采取不鼓励不支持的态度。如常熟县兆丰乡干部看到农民杨桂卿欲将田出租，即威胁说政府要收回此田。这导致该乡缺乏劳动力的农民不敢出租，甚至手工业者或小商贩也不得不放弃副业生产，转而从事耕种土地。这些情况恐不单单是兆丰乡有，其他地区也普遍存在。如徐庄乡勇仁村新中国成立前有 90% 的农户从事竹器生意，土改后绝大部分都分到土地，但由于不敢出租，只好自己勉强耕种。部分农户认为种田是个负担，出租又怕说是剥削。因不擅长种田，光靠种田不足以维持生活。故他们反映："我伲做竹器的还是靠做竹器，种田不是我伲的行当。"有的出租户还不得不将出租田收回，如江阴县夏港乡 35 户出租户将出租的土地抽回③。

关于是否在双方协商基础上建立正式的租约或合同，地方政府也没有明确的规定。土改前保留下来的租佃关系全部依据传统惯例，未加任何新的租约和规定。新建立的尽管大部分都订立租

---

①　苏南区委员会农村工作委员会：《吴县陆墓区徐庄乡、胡巷乡土地买卖与租佃关系调查》（1951 年 9 月 23 日），3006 - 永 - 149。

②　咸宁县委调研组：《咸宁县第一区周严乡农村经济调查》（1953 年），湖北省档案馆，SZ18 - 1 - 45。

③　中共苏州地委、农委：《关于土地改革后农村土地租佃关系的情况及意见》（1951 年 10 月 5 日）。苏南区委员会农村工作委员会：《吴县陆墓区徐庄乡、胡巷乡土地买卖与租佃关系调查》（1951 年 9 月 23 日），3006 - 永 - 149；苏南区委员会农村工作委员会五队调研组：《江阴县夏港乡关于土地改革前后农村阶级经济情况变化的调查总结》（1951 年 10 月 18 日），江苏省档案馆，3006 - 短 - 333。

约，但都没有规定年限、租额。仅写"△△△将△地△△亩田租给△△△耕种，交公粮和交租米多少都听政府统一规定"。从发展生产的角度来看，这样的租佃关系往往造成承租户的稳定预期差，存在着"种一季，算一季"的临时思想。如马公圩村承租户农民钟发荣说："种田没有契约不牢靠，多施肥料多出工夫，田脚种好，把田一抽，还不是白吃辛苦，白吃本钱。"[1] 由于对农业生产十大政策认识模糊，土地租佃双方多数不协定租金，主张"看政府公布后，大概如何就收多少"。如贫农王陈氏出租4亩田，租金没有协定，认为"看政府如何好了"。贫农蔡林角出租6亩田，租金也未协定[2]。

地方政府对中央发展农业生产十大政策认识和宣传得不够深入，也导致农村雇佣关系大大减少。土改后地主不允许雇工，导致雇主锐减。有的地主为了要逃避成分，也相继解雇；中农、富农思想有顾虑，只晓得雇工剥削是不好的，剥削重的要被评为地主。因此，他们尽量少雇或不雇工，即使已雇工的农户也相继解雇，生产上也有消极的打算。这导致部分农户因缺乏劳动力而对庄稼的加工施肥及栽种、收割都不够及时，影响了农业生产。

四　各阶层农户的经济情况及经济行为

土地改革后，获得土地所有权的农民发展个体经济、"发家致富"的积极性被极大的调动起来。多数贫雇农上升为新中农，部分贫雇农和中农甚至上升为富裕中农。大部分富农和地主都放弃了原先的"超经济剥削"，积极从事农业劳动。尽管各级政府

---

① 苏南农协会调查组：《12个典型村调查情况综合汇报》，江苏省档案馆，3006－短－242。引文中的"△"乃档案原有表述方式。

② 苏南区委员会农村工作部：《青浦县城北乡仓园村土改后经济情况》（1952年），江苏省档案馆，3006－短－325。

政策上允许各种土地买卖、租佃关系和雇佣关系的合法存在，但却在具体的施政过程中加以各种规制。尤其是过渡时期总路线提出后，结合对互助合作运动的大力倡导，对农村的买卖、租佃土地、雇工经营及商业经营等经济行为作为"两极分化"标志和"资本主义自发趋势"进行批判。政府的政策取向和偏好很大程度上影响了农民的心态和经济行为。下面来详细考察农村各主要阶层的经济状况和农户经济行为。

（一）贫雇农

土改结束后，经过几年的恢复和发展，各省仍然有相当数量的农民停留在贫雇农阶层。这部分农户由于家底薄、占有生产资料不足、遭遇天灾人祸、没有或缺乏劳动力，在生产生活中都存在着不同程度的困难，少数甚至出卖生产资料，濒临破产。1954年据湖北省 12 个典型乡调查，贫雇农户数占总户数的 25.15%、人数占总人数的 21.65%，耕地占总数的 21.09%，耕畜占总头数的 18.78%，农具占总数的 16.03%。湖南省 9 个典型调查乡贫雇农户数占总户数的 27.43%，人数占总人数的 24.27%，耕地占各阶层田亩总数的 19.62%，耕畜占总头数的 14.66%，农具占总数的 15.4%。江西省 9 个典型调查乡贫雇农户数占总户数的 23.8%，人数占总人数的 22.37%，耕地占各阶层田亩总数的 19.92%，耕畜占总头数的 16.01%，农具占总数的 15.01%。安徽省贫雇农户数占总户数的 28.03%，人数占总人数的 23.5%，劳动力占总劳动力的 22.8%，耕地占总耕地的 17.54%，耕畜占总数的 10.78%，农具占总数的 10.88%。可见，该阶层土地、耕畜和农具等生产资料的比重都少于人口比重。

贫雇农阶层户均或人均占有生产资料也低于总平均水平甚至一般中农水平。湖北省户均占有的生产资料与总平均水平、一般中农的比较是：土地，贫雇农户均 9.55 亩、中农 12.26 亩、各阶层平均 11.39 亩；耕畜，贫雇农户均 0.44 头、中农 0.56 头、各阶层平均 0.49 头；农具，贫雇农户均 1.65 件、中农 2.26 件、各阶层平均 1.95 件。湖南省户均占有的生产资料与总平均水平、一般中农的比较是：土地，贫雇农户均 11.19 亩、中农 16.77 亩、各阶层平均 15.65 亩；耕畜，贫雇农户均 0.18 头、中农 0.45 头、各阶层平均 0.34 头；农具，贫雇农户均 1.47 件、中农 3.42 件、各阶层平均 2.62 件。江西省人均占有的生产资料与总平均水平、一般中农的比较是：土地，贫雇农人均 2.77 亩、中农 3.17 亩、各阶层平均 3.11 亩；耕畜，贫雇农人均 0.09 头、中农 0.15 头、各阶层平均 0.13 头；农具，贫雇农人均 1.49 件、中农 3.17 件、各阶层平均 2.22 件。安徽省贫雇农户均占有生产资料的与一般中农、总平均水平的比较是：土地，贫雇农户均 8.44 亩、中农 15.35 亩、总平均水平 13.49 亩；耕畜，贫雇农户均 0.16 头、中农 0.54 头、总平均 0.43 头；农具，贫雇农 0.35 件、中农 1.16 件、总平均 0.91 件。

　　土改结束后，贫雇农阶层都分得了一份土地，生产情绪提高了，生产资料和产量逐年增加，生活不断改善，他们对于发展农业生产有着很高的积极性。由于"阶级成分"好，该阶层农民敢于买入土地和雇工、出租经营。同时，由于他们各自经济地位和生活水平的差异，表现出不同的思想，一部分困难不大尤其是劳动力较多的农户，生产劲头很大，积极要求加入互助合作组织，争取早日赶上中农发家致富。但由于他们缺乏耕畜和农具，往往不被互助组或合作社接受，甚至遭到富裕农户的讽刺和排挤。其剩余劳动力由于雇佣关系的大量减少而往往没有出路；一部分困难较多的贫雇农，尤其是孤寡老弱和少数懒汉情绪消沉、生产积极性不高，误认为社会主义就是平均主义，依赖社会救济。江宁县麒麟乡谢明德好吃懒做，卖田1.4亩，认为"共产党饿不死人，生产不用积极，将来大家反正都一样"。部分反映："反正好仍然好，坏还是坏，不知哪一天才能到社会主义，希望早一天共产吃大锅饭。"太仓县新建乡贫农龚二官希望社会主义早些来，认为"到了社会主义大家可以一样了"。

部分参加互助组织的贫雇农有依赖思想。常熟县扶海乡顾保根互助组头一天组织好，第二天就到乡政府要求贷款；薛老章参加互助组为了赚工钱，有时嫌互助组工钱少，就随意外出做小生意。还有一部分经济未上升的农民，埋头生产而不问政治，对参加互助合作运动不够积极。武进县胜东乡第一村的胜西自然村贫雇农买田的大都精打细算，只顾个人发家，怕互助了要妨碍自己的利益；卖田的认为田少底子薄，互助了也是难以摆脱贫困的。宜兴县前红乡邵寿洪参加互助组怕吃亏，退组单干，干部动员几次，仍不肯参加。太仓县新建乡农会主任龚守元（贫农）土改时工作积极，1951年辞去干部职务，埋头生产，"现在会议也不大高兴参加了"①。

（二）中农

各省在调查中，将中农阶层又划分为一般中农和富裕中农。一般中农大部分是贫雇农新上升户，生活刚能自给，剩余很少或完全没有。富裕中农多数由原贫雇农和中农上升的，无论在土地或其他生产资料占有上都比较强，劳动力足、副业收入所占比重高是该阶层的一个重要特点，也有部分中农户进行不同形式的"剥削"，如雇工、出租、买地、放债或经营投机商业等。中农阶层尤其是中农中的富裕中农占有土地等生产资料的比重均高于

---

① 中共江苏省委农村工作委员会：《江苏省农村经济情况调查资料》，编者刊，1953年。

其户数和人口所占比重，户均、人均占有生产资料也高于其他阶层。湖北省中农户均占有劳动力、耕地、耕畜和农具分别为各阶层总平均水平的 108.08%、107.64%、114.29% 和 115.9%，而富裕中农户均占有劳动力、耕地、耕畜和农具分别为各阶层总平均水平的 117.68%、126.51%、136.73 和 143.08%。湖南省中农户均占有劳动力、耕地、耕畜和农具分别为各阶层总平均水平的 117.49%、107.16%、132.35% 和 130.53%，而富裕中农户均占有上述生产资料分别为总平均水平的 134.97%、172.52%、226.47 和 177.86%。江西省新中农人均占有耕地、耕畜和农具分别为各阶层总平均水平的 105.14%、107.69% 和 107.21%，而新富裕中农人均占生产资料为各阶层总平均水平的比重则为 215.76%、138.46% 和 117.57%。安徽省中农人均占有耕地、耕畜和农具分别为各阶层总平均水平的 113.79%、125.58% 和 127.47%，而富裕中农人均占有耕地、耕畜和农具分别为各阶层总平均水平的 133.65%、172.09% 和 165.93%。

　　新中农参加互助合作组织的比重比贫雇农和一般中农都高，这主要是因为他们多数是参加互助合作运动才上升的。部分新富裕中农却怕入社后吃亏而抱着消极、等待和观望的态度。如肥西县竹西乡新上中农因田多劳动力少而入社，打算"干一年再说，不行就退"，第二年分红时就退了社。潜山县骑龙乡新上中农朱华满说："入社，人累得要死，又不自由，还不一定能收到单干时的粮食，我还是等等再说。"新中农尽管是从贫雇农上升而来的，但毕竟经济地位已经上升到中农水平，他们的思想倾向自然会与仍处于贫困中的贫农有所不同。部分新富裕中农对缺乏生产资料和工具的贫雇农阶层参加互助组持蔑视、反对态度。淮南市胡圩乡有的富裕中农讽刺贫农说："土改时我们都是一样分的 2.2 亩田，为什么你们不行。"

也有部分新中农土改后生产资料俱全，对于参加互助组和统购统销态度不积极，部分人认为入社后雇工不自由。如歙县山岔乡新下中农方国良说，"入社雇工不自由，我还要单干年把"。一部分打算雇工生产的因此退了社。嘉山县明北乡新上中农赵从银说，"象我这样如再雇一个人种田，日子多么好"①。宜兴县前红乡中农认为参加互助组和雇工同样出工资，"还是雇短工称心"。参加了互助组的，又往往抬高耕牛工资、压低人工工资，以占有生产工具换取贫雇农劳力。中农阶层中部分存在着埋头生产、个人发家、买田置产、雇工放债、单干致富、重视副业和轻视农业等思想。如江宁县麒麟乡中农姚生有不愿做干部，反映说，"土地分到了，地主斗垮了，再也弄不到什么名堂，老是开会，影响生产"。

　　老富裕中农由于生产资料齐全、生产上没有什么困难，生活较富裕，怕入组入社给贫雇农"沾了光"，因而大部分对互助合作表现冷淡。阜阳县河东乡老富裕中农张继德占有较全的车马农具，但几次扩社都不参加，理由是，"我在社外想干就干，谁也管不着，入社后哪有这样自由"。一部分入社怕吃亏，不入社又怕受孤立。总之，因为互助合作运动和粮食统购统销政策触动了部分老富裕中农的利益，因此该群体对互助合作运动表现出消极抵触情绪，在发展生产方面也是消极保守。

　　多数富裕中农思想上存在顾虑，怕"共产"、怕露富、怕冒尖、怕升为富农地主、怕算剥削，因而生产消极，安于现状，不敢雇工和出租土地。太仓县新建乡少数中农有"种种吃吃"、"反正不想发财"的消极情绪，如龚士刚反映说，"发财有啥用，

---

　　① 中共安徽省委农村工作部办公室：《安徽省农村典型调查》，编者刊，1955年，第6、136、179、202、64 页。

地主格样多田都分掉了，只要够吃够穿就行了"①。丁庄村中农认为出租田地得益太少，却担上一个剥削的名义。如出租6.9亩田的中农方思建说："我出租了几亩田，除交粮外收不到多少，还担上剥削的名义，抽回来又不好意思（因是一向出租的），不如干脆卖掉它。"②部分中农出租户认为出租土地得益太少，却担上一个剥削的名义，抽田又不好意思，不如干脆卖掉。部分中农甚至将出租的田地献出来，他们认为，"勿要出租被人家讲剥削，献出来日子太太平平"③。

也有部分由贫雇农上升而来的新中农自恃阶级成分好，无所顾忌地买入、出租土地和雇工耕种。肥西县竹西乡1954年买田的27户中，新老中农占22户，占买田户的80%。上中农张庆和已有田34亩，为了扩大土地经营"和富农赛跑"，1954年买田60.3亩。嘉山县明北乡富裕中农于端行1954年秋季退出互助组，雇入一个长工。富裕中农张朝本参加互助组后，本不需要雇工，但因工价低便雇入一个放牛工。大多数中农因耕畜、农具齐全，劳动力强而租入土地，以扩大经营规模，增加收入，劳动力多而强的中农也多利用农闲时间出雇零工增加收入④。

（三）富农

新区的土改中采取了保护富农经济的政策，新区富农经济保留下来。但经过土改，富农阶层在经济上和政治上都受到严重削

① 中共江苏省委农村工作委员会：《江苏省农村经济情况调查资料》，编者刊，1953年。

② 苏南区委员会农村工作委员会：《句容县三区春城乡丁庄村调查工作总结》（1951年10月25日），3006-短-363。

③ 中共苏南区委员会农村工作委员会：《松江县长泾乡吴家桥村土改后经济情况》，3006-短-353。

④ 中共安徽省委农村工作部办公室：《安徽省农村典型调查》，编者刊，1955年，第134、159、60、62页。

弱，多数富农经济呈下降趋势。土改后国家对富农经济的政策经历了三个阶段：

第一阶段，国家在鼓励小农个体经济发展的同时，对土改后带有"资本主义性质"的富农经济采取保护和允许发展的政策。其中与富农关系最直接的雇工问题，华东区宣布"允许富农经营发展，劳动雇佣自由"，中南区号召富农"敢于雇工经营、敢于贷出多余粮款、敢于出租耕牛，敢于经营工商业"。

富农经济政策的变化，首先反映在对当时农村中新产生的富农党员态度的变化，因为这部分往往是富农经济中最具活力和发展潜力的农户。1949 年 7 月对于如何处理老区土改后出现的党员转变为富农的问题，中共中央的处理意见是"暂保留其党籍"，不作处理。但 1951 年中共中央作出关于农业生产互助合作的决议后，对待富农党员的政策发生了变化。1952 年 6 月 9 日，《中共中央关于处理农村中富农成分的党员的党籍问题的规定》指出，原先的"暂保留其党籍"的决定，"今天已不适用，应即作废"。不允许党员去作富农，如党员继续进行富农的或其他方式的剥削，则应"无条件地开除其党籍"[1]。

第二阶段，随着 1953 年 12 月过渡时期总路线的提出，保存富农经济的政策改为"逐步由限制富农剥削到最后消灭富农剥削"。此后，本来就顾虑重重、视雇工为畏途的富农，更是不敢雇工了。正如薄一波所说，随着合作化运动的发展，"富农在农村中实际成为合法的了"，而"雇工经营"竟被批评为"走台湾的道路"[2]。

---

① 武力、郑有贵：《解决"三农"问题之路——中国共产党"三农"思想政策史》，中国经济出版社 2004 年版，第 319—320 页。
② 薄一波：《若干重大决策与事件的回顾》上册，中共中央党校出版社 1991 年版，第 137 页。

　　第三阶段，国家通过广泛开展农业合作运动，建立农业供销合作社和农村信用合作社，实行粮棉油统购统销政策以及累进农业税政策等，限制和削弱富农经济。最后随着富农土地和其他生产资料入社，富农经济被彻底消灭。

　　正是由于我国在土改中削弱了富农经济，土改后又采取了上述限制富农经济发展的政策，富农经济不仅没有发展起来，而是逐年削弱。到 1955 年合作化高潮以前，我国富农经济是逐年下降的。据国家统计局的调查，1954 年富农户数和人数在农村中所占的比重由土改时的 3.6% 和 5%，分别下降到 2.1% 和 2.7%，占有土地和耕畜等生产资料的比重也由土改结束时的 5.5% 和 6%，分别下降到 3.9% 和 4%。

　　既然富农经济是逐年削弱的，那么占富农阶层很少一部分的新富农的产生更是稀少而且缓慢的。各地由于生态环境、经济发展水平、土改完成时间及合作化程度等的不同，新富农的情况相差甚远，有的地区新富农已占农户总数的 2.4%，有的地区则没有出现新富农。从全国范围来看，土改结束到 1954 年底产生的新富农，只占全体农户的 0.57%[①]。湖北省 12 个典型调查乡 1952 年共有富农 185 户，占总户数的 4.9%。1954 年已完全放弃剥削、经济地位在中农水平以上的 114 户，占本阶层的 61.6%。经济地位相当于贫农的 5 户，占本阶层户数的 2.7%。剥削在 25% 以下的 58 户，占总户数的 1.6%。其余的 8 户旧富农（剥削收入在总收入 25% 以上）和 12 户新富农，占总户数的 0.5%。新富农占富农户数的 60%，占调查总户数的 0.32%。12 户新富农中由一般中农上升的 10 户，由富裕中农上升的 1 户，

――――――――――

　　① 苏少之：《论我国农村土地改革后的"两极分化"问题》，《中国经济史研究》1989 年 3 月。

由贫农上升的 1 户。

1954 年各省的调查资料中，富农户均占有生产资料分别高于各阶层总平均水平和中农阶层。湖北省富农户均占有生产资料的规模仅次于富裕中农，但高于各阶层总平均水平。湖南省和江西省富农人均占有生产资料比中农甚至富裕中农还多：湖南省富农户均占有劳动力、土地、耕畜和农具分别为各阶层平均数的 1.64、3.19、3.32 和 2.21 倍。新富农户均劳动力、耕地、耕畜和农具分别为 3 个、49.85 亩、1.13 头和 5.79 件，富裕中农户均劳动力、耕地、耕畜和农具则分别为 2.47 个、27 亩、0.77 头和 4.66 件。江西省人均占有土地、耕畜和农具分别为各阶层平均数的 2.52、2.54 和 1.69 倍。富农户均耕地、耕畜和农具分别为 24.88 亩，0.91 头和 2.34 件，富裕中农户均耕地、耕畜和农具则分别为 18.03 亩、0.74 头和 1.51 件。安徽省各阶层户均占有生产资料也以富农阶层最高，富农户均劳动力、土地、耕畜和农具分别为各阶层总平均水平的 1.19 倍、1.84 倍、2.12 倍、2.57 倍。该省新富农户均生产资料均低于富农总平均水平，户均劳动力、耕地甚至低于平均水平。

尽管占有生产资料规模较高，但富农收入却低于富裕中农甚至一般中农水平。1953 年湘鄂赣 3 省富农人均收入折合稻谷 1406 斤，富裕中农 1647 斤，一般中农 1301 斤。土改后日益对富农经济的限制，使得富农不敢放手大力发展生产。旧富农多数已无剥削，据调查，无剥削户占原户数的比重为，湖北 41%、湖南 68%、江西 66%[①]。新富农是由中农（主要是富裕中农）和少数贫农上升而来的，该群体对生产资料的占有一般相当于富

---

　　① 中南局农村工作部：《中南区五省 35 个乡 1953 年农村经济调查总结》（1954 年 7 月），SZ – J – 514。

裕中农。

由于过渡时期总路线的贯彻执行，富农的"自发资本主义"倾向受到打击，因此部分人利用"小恩小惠"拉拢贫农和中农，破坏生产等手段来消极抵抗互助合作运动和粮食统购。如嘉山县明北乡富农李少基赠送给贫农孙锡宝 2 亩田，使其退出互助组。富农卞泽官 1955 年秋应种 40 亩小麦，却借口没有麦种而不打算耕种。肖县杨阁乡胡庄富农李中信为抵触互助合作和粮食统购统销，"砍伐树木，出卖土地"①。武进县胜东乡富农徐正元生产态度消极，21 亩麦田每亩只收三四十斤小麦，常常对人说，"马马虎虎，富足了社会主义一来，也是要丢掉的"。也有的在互助组内部拉拢富裕农民、排斥贫农组员。该乡富农以工资高等手段（工资每工高达 1.5—2 元，市面工资为 1.2 元）拉拢互助组组员出雇，贫农组员思想上被诱惑的很多。秋收秋种中，一部分贫农为了帮富农做工而影响了互助组生产计划的完成。江宁县麒麟乡蔡兴德互助组有 3 户组员，为了租田不交租米，甘愿替富农蔡兴林做白工。

江宁县麒麟乡朱村富农蔡兴林，能代表土改后一般富农阶层的经济行为。土改后，蔡兴林一直对政策有所怀疑，怕二次土改，被划成地主，顾虑很大。1952 年把好田 3.1 亩出租给蔡兴德互助组，表面不收租米，只要帮他代缴公粮。其实是企图通过这个关系要互助组帮他做短工和转嫁负担。当年年底又将耕牛低价出卖给干部朱家栋互助组，该牛市值 120 元，实际只卖 80 元，赊欠又不取息。平时并对干部群众施以"小恩小惠"：把黄豆送给村干部，又促使其子积极做民校教师，以联系拉拢干部群众，

---

① 中共安徽省委农村工作部：《安徽省农村典型调查》，1956 年，第 66、26 页。

不少人受其影响。有的村干部说："富农能参加合作社，为啥蔡兴林不能参加互助组"，甚而替其叫苦。蔡兴林押有耕牛一头及全套生产工具，生产条件很好，但由于怀疑政策，生产消极，不肯多投资，1952 年平均每亩肥料投资仅占生产投资总值的21.1%，低于各阶层平均水平。其农作物产量也逐年下降，1952年水稻单位面积产量为 293 斤，比 1951 年降低 6.99%，比 1950年降低 29%。

由于部分地区发展生产十大政策的宣传贯彻尚不够深入，富农因怕戴剥削帽子、怕提高成分，而不敢买入和出租土地以及雇工经营。奉贤县砂碛乡富农土改中送田 22.6 亩，主要是怕评地主、怕公粮负担和不了解政策。江宁县麒麟乡三村 2 户富农"因怕二次土改，不敢雇工，产量比土改前降低 11%"。陶定栋缺乏劳动力却不敢雇工，献出 9.2 亩好田给民校做公田。太仓县新建乡全乡有 4 户富农出租土地 34.9 亩，只要求租地户代缴公粮，他们认为，"我不收租米总不能说我剥削吧！"青浦县盈中乡富农浦煜文带病劳动，不多雇工，"现在不剥削，将来也许要好一些"[1]。徐庄乡新民村一般富农都想退出租田，主要是怕收不到租[2]。江阴县夏港乡富农情愿推迟莳秧而少雇工[3]。

综上所述，建国初期一系列狂风暴雨式的群众性政治经济运动，在广大农村普遍形成了地主、富农遭受剥夺和"均贫富"的革命气氛，各阶层农民的心态经历了前所未有的改造，并由此

---

① 中共江苏省委农村工作委员会：《江苏省农村经济情况调查资料》，编者刊，1953 年。

② 苏南区委员会农村工作委员会：《吴县陆墓区徐庄乡、胡巷乡土地买卖与租佃关系调查》（1951 年 9 月 23 日），3006 - 永 - 149。

③ 苏南区委员会农村工作委员会五队调研组：《江阴县夏港乡关于土地改革前后农村阶级经济情况变化的调查总结》（1951 年 10 月 18 日），3006 - 短 - 333。

影响了农民的经济行为。贫富差异促使部分贫困农民对富有者既心存敬畏，又有均财意识。他们急切地盼望共产主义早日到来，安于现状，依赖政府救济；新富裕起来的农户尤其是富裕中农，在地主、富农普遍受到剥夺以至"越穷越光荣"的主流话语中，必然害怕富裕后将遭到地主、富农一样的命运，于是形成渴望富裕、渴望过上好日子，但又惧怕冒尖、不敢生产，特别是不敢通过雇工和出租经营来扩大再生产的矛盾心态。由于土地改革关于富农阶层的划分标准比较低，即雇工 2 人以上或剥削量超过25% 即为富农，这使得农村中具有一定经营规模、劳动生产率和产品商品率都较高的富裕农户受到打击；同时，由于农村中规模较大的非农产业多是由富农开办，土地改革使得这部分经济受到一定程度的破坏。这都是土地改革在建国后仍采取"革命"和过于平均方式的负面影响。

　　土地改革是无偿没收地主和富农的土地财产并无偿分配给贫苦农民，这从观念上极大地冲击了私有制，助长了人们靠政治运动和服从政府来保护或提高社会地位的心理倾向，使许多农民不敢进一步发家致富；富农阶层怯于露富的心态更为强烈，怕冒尖、怕"共产"、怕担上剥削的罪名，因此对于买地、出租土地和雇工经营心存顾虑。此外，到合作化高潮前，地主阶层多数下降为中农和贫农的经济水平，前者主要是土改后能接受劳动改造，比较守法，有一定的生产资料，能积极生产；后者主要因为生产消极，不愿参加农业劳动。部分仍处于"剥削"地位的地主因丧失劳动力、从事其他职业、或被判刑劳改等，致使家中没有劳动力，不得不出租土地或雇工耕种。

　　上述 20 世纪 50 年代初期的地权交易中呈现出的强烈的政府干预——正式的制度安排，最终决定了乡村土地制度变迁的方向和地权交易的方式。但是 50 年代初期的地权交易，发生于正式制度和非正式制度相互交织的制度环境中，这两种制度约束动态地决定和改变着政府和个体小农的行为空间。任何一种正式制度的形成和建立，都离不开特定的社会经济环境，即非正式制度。法国年鉴学派的代表布罗代尔认为，在当今的先进资本主义社会中存在着一个相当厚重的区别于正式组织与制度之外的"低级经济层次"，既非正式组织和制度。他通过研究证明，这个层次约占全部经济活动的 30%—40%——它是"脱离市场和不受国家监督的各项活动的综合"①。经济史学家卡尔·波尼拉考察了亲属群体、社会网络、经济交易中的文化传统因素等非正式制度对经济活动的影响，得出结论：经济制度是靠非经济的动机来运转的。诺斯也指出，在人类行为的约束体系中，非正式制度具有十分重要的地位，即使在最发达的经济体系中，正式规则也只是决定行为选择的总体约束中的一小部分，人们行为选择的大部分空间是由非正式制度来约束的。

虽然近年来国内外对非正式制度与非正式规则进行了多方面的或理论或实证的研究，但鲜有学者把非正式制度作为影响 50年代初期乡村地权市场和地权交易的因素进行系统实证的研究。50 年代初期，通过减租减息和土改等强制性制度变迁以及重工业发展战略的实施，政权统治逐步向村一级的社会底层渗透，正式组织与制度对以血缘、地缘关系为纽带的乡村社会的扩张力度不断延伸和强化。尽管如此，非正式制度和规则仍然在乡村社会构成中发挥着重要的作用。对带有浓厚传统色彩的乡村社会的理解如果仅仅停留在正式组织或正式制度的层面是远远不够的，因此，考察 50 年代初期农民的地权交易行为时，不得不考虑非正

---

① 费尔南·布罗代尔：《15 至 18 世纪的物质文明、经济和资本主义》第三卷，三联书店 1993 年版，第 734 页。

式制度安排的影响。

下面来简单了解一下建国初期乡村社会经济生活中的一些主要的非正式制度对地权交易的影响。首先，50 年代初期，在强大的非正式制度安排的内在诱导下，建国初期的强制性土地制度变迁得以顺利进行。中国共产党领导的土地改革和此后的一系列土地制度变迁之所以顺利推行，更是借助了广大乡村民众信念中的平均主义思想。建国初期，农民的平均主义思想借助于土改的平分原则而大行其道，因此也形成土改中强大的群众性冲击浪潮。其次，传统的习俗和惯例因其固有的稳定性和路径依赖特征，也独特地影响着乡村地权交易方式和内容。在传统中国乡村社会长期的生产、生活实践中，村民形成比较固定的风俗习惯，这些独具特色的习俗反映了一种血缘、亲缘和地缘关系。如前文提到的地权交易中传统风俗习俗、宗族观念等非正式规则对地租、地价和工价的影响。传统习俗影响地权交易的另一个较典型的案例，就是乡村中的婚丧嫁娶习俗使农民在这些活动中的消费往往尽其所有，甚至超负荷支出，从而导致农民只有通过占有的一份土地来获取借贷，而获得借贷的主要途径即为典当或出卖土地。

第二节　非制度性约束与地权交易
——地权交易的区域性特征

一定区域内的自然和社会生态环境是构成该区域经济发展的重要因素之一，它具有相对稳定性，是一种长时段的历史现象，即人们同自然交往和对话、相互作用及动态平衡的历史。传统社会中，自然环境和交通条件等是影响经济发展和生产布局的主导因素，特定的生态环境甚至影响到人们独特的生产和生活方式。20 世纪 80 年代末以来，在中国经济史研究领域中，越来越多的学者开始关注区域自然和人文社会生态环境与经济社会发展之间的内在关联性。生态环境不仅包括诸如地理环境、气候、可利用耕地的质量和数量、物产分布等方面的自然生态条件，还包括现有的灌溉设施、劳动力情况、作物轮作制度、不同作物之间的比较价格以及亩产量等人文生态因素等，这些方面的内容构成了农户地权交易行为选择的技术性约束。

一　自然和人文生态环境

长江中下游地区属于亚热带季风气候区，大部分处于中亚热带与北亚热带，水热资源丰富。北部能充分满足稻麦一年两熟对热量的需要，中部和南部可以种植双季稻和越冬作物一年三熟。本区生长季节内降水量占全年降水量的70%—80%，河网密度均在0.3—0.4公里/平方公里以上，是全国河网密度最大的地区。该区域的土壤与植被都具有亚热带的特征，其中水田地区广泛分布着由黄棕壤、红壤等具有良好物理特性和丰富养分的水稻土，是中国水稻种植最集中分布的地区。长江中下游地区的农业集约化程度和农作物的商业化程度都较高。

上述自然生态环境影响到该区域农作物的栽培技术和所采用的作物轮作制度。根据各地的土壤环境和种植习惯上的不同，轮作制度各种各样，主要有以下3种：果蔬轮作制，城市附近的村庄由于所处的区位优势和交通条件的便利，多专业种植水果和蔬菜，如果气候允许的话，通常能收获多次。长江中下游区域很多地方的蔬菜种植最早在2月份就开始，最迟可以到11月份。作物的栽植、除草、收获和销售对劳动力的需求在全年都相当连续。粮食作物轮作制，在冬小麦、水稻为主要作物的地区，农民将其土地在不同的作物之间轮换使用，以防止肥力过度消耗。秋收之后，在一部分土地上播种冬小麦，其余的土地则休耕。当春天小麦收获后，其余的农田已播下大豆、蔬菜和水稻。小麦收获以后，麦地可以休耕，也可以种植大豆、油菜。因为农民知道豆类有固氮的作用，可以使土壤恢复到以前的肥沃程度。对劳动力的需求在初夏和晚秋较为密集，因为这是冬小麦和水稻播种、收获的农忙季节。在粮食、经济作轮作区域，农田工作比仅仅种植粮食作物的地方需要更多的劳动力。棉花常与水稻轮作，轮作的方式有 2—3 年水稻加 1 年棉花，也可能是 2—3 年棉花加 1 年水稻。这种稻棉轮作的耕种方式，有利于消除田间杂草及病虫害，改善土壤结构，提高土壤的肥力，因此农户相袭采用。棉田的整地与播种方法，因接茬情况及种植方式而异，如是冬闲地，一般须经过冬耕翻晒。如有冬作，则在春季收获后耕地，然后用铁耙碎土，接着点播棉种。播种时间一般在阳历 4 月下旬至 5 月下旬。棉田的间苗、中耕、除草等工序比较考究，且很费人工，连作旱地杂草多，除草达 5 次之多。棉花一般在 7 月中旬开化结桃，至 8 月下旬为有效花期。8 月中下旬开始吐絮收摘，至 11 月中下旬结束。种棉花所需的劳动力比种水稻、小麦所需的要多得多："土地必须更好地翻耕，中耕次数必须更多，灌溉必须得到保持，收获时要求更多的人手。"在种植棉花的村庄中，播种和收获时所需劳力比仅种植粮食作物时要多[1]。

　　如前所述，农业生产是一种季节性劳动，由于各种农作物的栽培技术和用工量以及作物轮作制度不同，农家劳动力在一年中的某几个月要比其他月份使用得更密集，因而造成了村庄内部对

---

[1]　曹幸穗：《旧中国苏南农家经济研究》，中央编译出版社 1996 年版，第 89、92—93 页。

劳动力的季节性需求。这也是农忙季节雇佣关系发达和短工盛行的主要原因。

二　地权交易的区域性特征

由于自然生态环境及社会经济条件不同，各地的地权交易方式呈现多样化的区域性特征。同为安徽省淮北平原区，经济作物区土地流转规模比粮食作物区大。阜阳县河东乡位于阜阳县城东郊，西临沙河，地势比较平坦，水陆交通也比较便利。该乡土质比较肥沃，主产小麦等粮食作物。肖县杨阁乡位于陇海铁路的黄口车站，南靠沙河，交通便利。该乡西部和西南部土质多为泡沙，"宜植花生"。东部和东南部为白碱土，宜植棉花。中部为青沙土，适合种植粮食作物，该乡属于经济作物区。由于两个乡的调查规模和样本数量各不相同，因而可以从人均占有生产资料、人均收入、各个阶层的比重等相对值的差异来作一个横向的比较。两个乡的户均占有土地、劳动力和耕畜等方面的情况相差不大，因河东乡在劳动力、耕畜、农具等生产资料的占有上高于杨阁乡，因此杨阁乡劳动力、耕畜负担耕地的数量相对较多。

从下面两个乡土地买卖、典当和租佃关系的规模来看，1954年阜阳县河东乡买卖土地户数共 7 户，占总调查户数 311 户的2.25%，买卖土地占全部耕地 3600.5 亩的 0.34%。土地典当户数稍多，占总户数的 8.68%，土地典当率为 1.5%。发生土地租佃关系户数共 28 户，土地租佃率为 3.89%。而同期的肖县杨阁乡土地买卖户 16 户，占总调查户数 241 户的 6.64%，买卖土地38.9 亩，占该乡总耕地的 1.4%。发生土地典当的户数 41 户，占总户数的 17.15%，典当土地 113.5 亩，占 3.93%。土地租佃户数 42 户，占总调查户数的 17.4%，土地租佃率为 5.8%。可见，在土地所有权和经营权流转规模上，杨阁乡不管是绝对数还是相对值上都显著高于河东乡。两个乡在土地所有权和经营权流进、流出比例上也各不相同，河东乡买入典入土地的户数高于本阶层卖出、典出户，该乡甚至没有出租土地的现象。而杨阁乡的情况正好相反，这主要是因为该乡人均占有土地和每个劳动力负担的土地较多，因而买入、典入和租入土地的数量较小。

50 年代，为适应农业互助合作运动的开展，中央和各区农村工作部和统计局根据互助合作运动发展的情况来划分不同地区，一般是互助合作运动发展较好的划为工作基础先进乡，合作社、常年互助组发展较慢的为工作基础一般乡或薄弱乡。当时的观点认为，互助合作运动开展较好的地区，土地买卖、典当及租佃等体现"两极分化"的现象较少，而工作基础薄弱乡则上述现象较多。从下面将要分析的歙县山岔乡和霍山县大化坪乡的情况来看，两个典型乡主要还是根据各地的生态环境和经济条件来发展农业生产，互助合作运动对土地流转的发展和规模并不起决定性的作用。

大化坪乡位于大别山区，平均海拔 900 米左右，地势由西北向东南倾斜，境内多为崇山峻岭，坡度较陡，交通很不方便，该乡林山和灌丛所占面积较多，林山占 33%，灌丛占 39.78%，该乡生产向以林业生产为主。但从当时调查的农民收入结构来看，农业收入占总收入的 50% 以上，林业仅占 5%。这主要是新中国成立前林业生产遭受严重破坏，加上农民为生活所迫，长期进行轮垦，导致荒山较多。新中国成立后虽积极地进行造林、育林和护林，但短期内收效甚微。该乡生产季节比山外一般迟半个月，年平均温度约 16 度。日照较短，每日 7—9 个小时，无霜期每年在 200—240 天。土壤为黄沙土、黏土和沙质土 3 种，比较肥沃。该地区降雨多集中在 5—8 月份，风遇高山阻挡，对农作物损害不大。总之，气候适中，雨量充沛，气候无剧烈变化，适合农作物生长。

山岔乡也属于山区，西北靠黄山，地势呈三角形。全乡共

18 个自然村，居住比较分散，最集中的一个村子也只有 42 户，10—20 户的共 6 个村，其余都是一二户的村庄，各个村庄之间距离一二里至三四里，远的有七八里，最远的有 20 多里。该乡以山地为主，其中荒山占 78.5%，其次为林山和茶山，水田旱地等农作物种植区仅占很小的比重。山田一般土壤较薄，阳光照射少，水利条件差。造成农作物生长期较长，收获期相应地较晚。山区山风对农作物的威胁很大，清明前后风大，这时正是小麦、油菜扬花的季节；白露风也较大，此时正是水稻扬花和玉米孕穗的时候。由于很难进行深耕细作和气候的影响，该乡农业生产所占的比重较小。该乡的地势和气候条件适宜林业、茶叶生产，当地雨量规律，春季、秋末雨水多（雾雨）、夏季梅雨多。无霜期 230 天左右，一般在 11 月中旬至 4 月初为有霜期。该乡生产除以茶林为主外，还兼营竹笋和油茶等多种经济作物。

　　大化坪乡属于工作基础一般乡，1954 年该乡参加农业合作社的农户占总户数的 27.4%，常年互助组户数占 21.7%，临时互助组户数占 16.8%，个体经济占 32.6%。山岔乡属于工作基础先进乡，1951 年春土改结束时，全乡参加互助组的农户占总户数的 90%，"总路线"提出后，入组户数 183 户，占总农户的82.8%，其中 12 个茶叶互助组共 113 户，占全乡总户数的51.6%。1955 年全乡共 6 个合作社 129 户，占总户数的 56.3%。

　　如表 33、表 34 所示，两个乡的土地买卖、典当关系都比较少。大化坪乡发生土地典当的户数高于山岔乡，但山岔乡典入典出土地规模却远远高于前者。在土地使用权的流转方面，山岔乡的土地租佃关系不管是绝对值还是相对数都较高，在户均租入租出亩数上也高于前者。可见，山岔乡的土地流转规模明显偏高，这主要是因为茶叶等园艺作物的种植适合规模经营。由于土改后人均占有土地较少以及山区农业生产的特点，扩大土地流转特别

表33

安徽省大化坪乡、山岔乡土地买卖与典当情况统计表

（土地：亩）

年份	调查乡	卖出户数	卖出占总户数%	卖出土地	卖出占总土地数%	买入户数	买入占总户数%	买入土地	买入占总土地数%	典出户数	典出占总户数%	典出土地	典出占总土地数%	典入户数	典入占总户数%	典入土地	典入占总土地数%
1951	大化坪乡									9	2	16.3	0.6	6	1.3	11	0.4
1951	山岔乡	1		1.3						2	1	105.9	9.6	3	1.5	105.9	9.6
1952	大化坪乡									6	1.3	7.8	0.3	8	1.8	16.9	0.6
1952	山岔乡					2		2.8		2	1	105.9	9.3	3	1.5	105	9.3
1954	大化坪乡	7	1.5	9.4	0.3	5	1.1	2.8	0.1	9	1.9	11.6	0.4	9	1.9	17.1	0.6
1954	山岔乡	3	1.4	1.7	0.1	9	4.1	21.2	1.9	2	0.9	86.4	7.6	3	1.4	86.4	7.6

表 34 安徽省大化坪乡、山岔乡租佃土地统计表 （土地：亩）

年份、调查乡		租出					租入				
		户数	占调查总户数%	土地	占调查总土地%	户均	户数	占调查总户数%	土地	占调查总土地%	户均
1951	大化坪乡	51	11.2	120	4.3	2.4	66	14.4	149.05	5.4	2.3
	山岔乡	64	31.5	209.02	19	3.3	75	36.9	249	22.6	3.3
1952	大化坪乡	64	14.2	148.05	5.4	2.3	79	17.5	155.96	5.6	2
	山岔乡	66	32.2	273.21	24.1	4.1	91	44.4	315.93	27.9	3.5
1954	大化坪乡	78	16.4	153.69	5.5	2	104	21.9	184.19	6.6	1.8
	山岔乡	56	25.3	161.76	14.3	2.9	93	42.1	310.49	27.4	3.3

资料来源：中共安徽省委农村工作部办公室：《安徽省农村典型调查》，编者刊，1955 年，第 169、216—217、170—171、218—219 页。

是经营权流转来实现农作物种植的规模化生产，以实现利润最大化，这符合经济理性的原则。从两个乡的各种收入对比来看，山岔乡人均收入 1776 元，其中农业收入占总收入的 80.6%，林业收入占 8.4%。大化坪乡人均收入仅 991 元，农业收入占 54.7%，其次为动物饲养收入，占 17.7%。山岔乡虽然农业收入所占的比重较高，但茶叶等园艺作物收入在农业总收入中所占的比重高达 68%，比粮食作物收入高 2.3 倍，可见为农业收入作出贡献的主要是技术、园艺作物而非粮食种植。而大化坪乡园艺作物收入仅占农业收入的 20.6%，而且仅为粮食作物收入的 26%。

在同一个省内，受自然生态条件的限制，各地区雇佣关系发展状况差别也很大。安徽省 10 个典型调查乡中，山区雇佣关系一般比较普遍且呈逐年递增趋势，这主要是由山区的自然生态环境决定的。如霍山县大化坪乡 1951 年发生雇佣关系的农户占总户数的 42.67%，1954 年增长为 225 户，占 47.37%。潜山县骑龙乡属于两山夹一坂的水稻产区，1952 年雇入雇出户数为 109户，占总户数的36.33%，1954 年增为 180 户，占总调查户数的60%。歙县山岔乡雇佣关系也比较普遍，该乡出雇 35 户，占总调查户 203 户的 17.24%，雇入户数 104 户，所占比例高达51.23%。该乡是以生产茶叶、林业为主的经济作物区，茶叶、林业生长具有较高的技术性，又兼具季节性和突击性的特点。如运输木材需趁雨后河道涨水，否则错过时机放运不出去。茶叶采摘也要及时，一般春茶时间较短，过早产量低，过迟则影响茶叶质量和来年的产量，因而在农忙季节容易产生劳力支配不足的矛盾，导致雇佣关系较为普遍。其他位于平原或丘陵区的调查乡的雇佣关系则逐年递减，肖县杨阁乡 1954 年发生雇佣关系的农户10 户，占总户数的 4.15%。阜阳县河东乡 1954 年没有出雇现象，仅有 5 户雇入，占总户数的 1.61%。芜湖县马塘乡适合种植园艺作物，该项收入在农业收入中占有相当比重，1954 年占19%。因园艺作物属于劳动密集型，该乡虽然土地流转并不多，但雇佣关系比较发达，雇工户占总户数的 21.14%，出雇户占总户数的 17.8%。

可见，长江中下游地区特殊的自然和人文生态环境是影响农民土地流转的规模和方式的内在因素。由于各地区之间非制度性约束的差异性，必然导致与之相适应的农民经济行为的差异性。

第三节　土地买卖、租佃关系和雇佣关系对农村社会经济关系的影响

土改结束后，一种占当时官方意识形态主流地位的言论认为，农村中出现了以土地租佃、典当、雇佣、借贷等"四大自由"为标志的"两极分化"和"资本主义自发势力"。诚然，当

时部分生产生活严重困难的农户，因出卖赖以生存的生产资料——土地而陷入更严重的穷困中，部分地区土改后存在的高租额对于农民经济的恢复也带来一定的消极影响。但从当时各地农村的实际调查情况来看，通过土地买卖和租佃，并没有出现广大贫农和中农逐渐失去土地、富农日益集中更多土地的趋势。而且，从当时农村阶级结构变化的基本趋势和特点来看，多数农户成分普遍上升或接近上升，中农成为农村阶级结构的基本构成，这说明农村并没有出现两极分化。如前所述，土地租佃关系和雇佣关系在合理优化配置土地和劳动力等生产要素、促进农村经济的恢复和发展中发挥着不可替代的作用。下面来考察一下长江中下游各省的地权流转、劳动力转移与农村社会经济发展之间的关系。

一　土改结束至 1954 年长江中下游地区农村社会经济变化

（一）各阶层农户的生产规模不断扩大

土改结束后，随着农村经济的恢复与发展，广大农民家庭经济普遍上升。首先表现在各阶层农民生产规模都有不同程度的扩大。1954 年与土改结束时相比，农村各阶层占有的生产资料都有所增加，即生产规模都有不同程度的扩大。

若以土改结束时调查农户户均生产资料占有量为 100，则到 1954 年末的变化情况如表 35 所示。

土改结束至 1954 年末长江中下游 6 省农户户均

表 35　　　　生产资料变化情况（以土改结束时为 100）

省份	户均耕地（亩）	黄牛、水牛（头）	生产用房屋（间）	旧式犁（张）	水车（辆）	大车（辆）	船（条）
湖北	102.03	118.19	111.99	111.38	107.23	118.95	157.5

续表

省份	户均耕地（亩）	黄牛、水牛（头）	生产用房屋（间）	旧式犁（张）	水车（辆）	大车（辆）	船（条）
湖南	102.13	120.03	115.38	114.81	102.54	200	96.15
江西	101.01	122.19	105.8	106.85	115.07		
江苏	100.16	131.86	116.84	105.44	103.78	107.14	117.75
安徽	101.45	134.88	117.62	108.93	108.35	96.93	157.41
浙江	100.39	102.02	113.98	111.53	100.3		182.98

资料来源：根据中华人民共和国统计局：《1954 年全国农家收支调查资料》（1956 年 5 月），广东省档案馆，MA07—61·222 整理。

如表 35 所示，1954 年和土改结束时相比，农村各阶层占有的生产资料呈逐年增加的趋势，即生产规模有了一定程度的扩大。其中贫雇农占有的耕地和耕畜、农具等生产资料的增长速度都超过了平均水平。如湖北省 1954 年末共有耕地 8691 亩，较土改结束时增加 2.5%，其中贫农耕地增加 4.4%、中农耕地增加 1.2%，富农的耕地较土改结束时无变化。耕畜较土改结束时增加 18.8%，其中贫农耕畜增加 23.9%，中农增加 10.1%，富农增加 1.7%，地主增加 1.74%。犁较土改结束时增加 10.4%，其中贫农增加耕犁 11.4%，水车增加 6.4%。中农耕犁增加 5%，水车增加 1.3%，富农耕犁增加 11%[①]。浙江省贫农占有的各种生产资料增长速度最快，并且都超出了该省平均水平，如耕地增加 0.8%，生产用房增加 21.6%，犁增加 21.6%，耙增加 16%，船增加 21.4%。这一方面说明在土改后农民尤其是贫雇农开始有了积累，有了扩大再生产的能力，虽然这种积累的数量是极小

---

① 湖北省统计局：《1954 年农村经济调查报告》（1955 年 12 月 5 日），湖北省档案馆，SZ44-2-118。

的。另一方面，农村经济的恢复和发展，并不是少数人剥削其他劳动者积累财富的过程，而是广大农民普遍扩大生产的过程，尤其是占人口绝大多数的贫雇农和中农扩大再生产的过程。

（二）农民收入日益增加，农家经济逐步好转

各阶层生产资料占有的增加和生产规模的扩大，必然使得农民收入日益增加，农家经济逐步好转。在湖北省，根据对12个乡3754户农户的调查统计，1954年农副业总收入较1952年有了显著的增加，比1952年增加了11.9%，粮食收入增加了9.9%。根据对湖南省9个乡3675户农户的调查，1953年农副业总收入比1952年增加9%，1954年则比1952年减少27.2%。其中粮食收入1953年比1952年增加8.4%，1954年比1952年减少34.5%。历年来粮食以外的收入增长速度较快，其占总收入的比重1952年为25.1%，1953年25.5%，1954年为32.5%。由于收入增加，农民的购买力也有很大的提高，从247个典型户的调查可以看出，1952年人均货币收入为32.85元，购买力为28.64元。1953年人均货币收入为43.59元，购买力为36.8元。

在江西省，根据对9个乡3651户农户的调查，1953年以来，由于连年遭受水旱灾害的侵袭，以致收入增长不快。1954年人均粮食收入比1953年仅增加3.2%，1955年仅比1954年增加0.9%。从购买力总额或者是户均、人均购买力来看，农民购买力虽然不高，但呈逐年递增的趋势。1954年购买力总额比1953年增加了10.9%，户均购买力1953年为97元，1954年为106元，增加了9.3%。人均购买力1953年为24元，1954年为26元，增加了8.3%。而且生产资料支出占总购买支出的比重也逐年增加，1953年该比例为25.3%，1954年增为27.1%。在满足自身生活生产需求的基础上，农民还为国家提供了越来越多的商品粮，1954年9个乡为国家提供商品粮数量比1953年增加了

6%，1955 年又比 1954 年增加 5%。

　　1954 年长江流域发生特大洪水，粮食增产速度较全国平均增长速度低，主要是严重的水灾导致粮食普遍减产所致。各地土改结束后农作物单位面积产量在正常年份均有所提高，但一遇自然灾害便会减产。如湖南省 1952 年农作物的单位面积产量为 393 斤，1953 年为 510.5 斤（较 1952 年增加 29.9%），1954 年为 306.5 斤（较 1952 年减少 23.4%）。粮食占总收入的比重相应地减少，1952 年为 74.9%，1954 年减为 67.5%。江西省 5 个典型乡土改结束后单位面积产量为 429.6 斤，1952 年为 457 斤，1953 年为 423 斤。1952 年比 1951 年提高 6.5%，1953 年因受灾减产，比 1951 年降低 1.4%，比 1952 年降低 7.4%。因此，长江中下游地区的湖南、湖北、江西、安徽、江苏、浙江等省的农民人均收入与土改结束后的前两年相比，增长缓慢或出现负增长[1]。

　　（三）农村阶级结构变化中的中农化趋势

　　经过土改后几年农村经济的普遍发展，阶级结构变化的基本特点是多数农户成分普遍上升或接近上升，中农成为农村阶级结构的基本构成。据 1954 年对浙江省 640 户的调查，该省土改结束后的几年时间内，有 196 户成分上升，占总户数的 30.6%，高于全国平均水平 27.4%。有 18 户成分下降，占总户数的 2.8%，低于全国平均水平 3.4%。在上升户中主要是原先的贫雇农，占老贫雇农户的 51.4%，多数贫雇农阶级成分上升是各阶级农户成分上升的主要原因[2]。湖北省总的变化趋势也是"农村基本上中农化"，1954 年贫农 409 户中有 63.5% 的农户上升为

----

　　① 经济资料编辑委员会：《八省农村经济典型调查》，财政经济出版社 1957 年版，第 25—26、15—16 页。

　　② 浙江省统计局：《1954 年农民家计调查资料所反映的一些情况》，浙江省档案馆，J63 - 1 - 581。

中农，中农由土改结束时占农村总户数的 32.7% 上升到 70.4%，较土改结束时增加 1.15 倍还多。新老中农共计 493 户，其中有 126 户富裕中农（包括富农转化来的 9 户），占现有中农总户数的 25.6%，较土改结束时增加 7.4 倍。当然上述统计还不能全面反映农村阶级成分上升的实际情况，因为阶级成分不动户中也有许多农户是上升的。

　　土改后几年内由于生产资料不足和缺乏劳力等方面的原因，一部分农户仍处于贫农地位，但大部分的经济条件有了明显的改善，接近中农水平。中南区湘鄂赣 3 省贫农户占总户数的 33.4%，其中 64%（占全体农户的 21.3%）已接近中农水平。由贫农上升的新中农和原来的老中农也不是停滞在原中农水平上，而是逐渐富裕起来，由此导致富裕中农逐渐增加。3 省富裕中农增加 196.9%。富裕中农户占总中农户数的 24.4%，其中老富裕中农约占 60% 左右，由贫农上升而来的新富裕中农占 40% 左右[①]。中农阶层中新中农所占比例也逐年上升，根据江苏省 32 个县典型村的调查，新中农的比重 1951 年为 31.75%，典型村中新中农所占比重最高为 73.56%，最低为 16.66%。1952 年该比重达 50% 左右，最高为 63%，最低 25%。这些新中农除少数为富农下降和其他成分转化而来外，绝大部分是由贫雇农上升的[②]。

　　因此，在土地改革结束到农业集体化高潮之前的几年时间内，原先的老贫农已有一半以上上升为中农，其中一部分甚至上升为富裕中农。尚未达到中农水平的贫农大部分经济也在上升，有望在几年内上升为中农，仍有较大困难的在农村中占极少数。

---

　　① 湖北人民出版社编辑：《农村经济调查选集》，编者刊，1956 年，第 18—19 页。

　　② 江苏省农村工作部：《江苏省农村经济概况》（1953 年 3 月 18 日），江苏省档案馆，3062 - 永 - 3。

土改后富农在经济和政治上不同程度地受到削弱，多数经济呈下降趋势。农村阶级结构变化的总趋势是两极缩小，中农成为农村阶级构成中的主导力量。据国家统计局对各省的调查结果，如表36所示，1954年与土地改革结束后相比，全国21个省中农占农户总数的比重由35.8%上升到62.2%。而长江中下游6省阶级结构构成也呈中农化的趋势，1954年除安徽省中农占总户数的比重低于全国平均水平外，其余5省都高于平均水平。

表36　　　　　长江中下游6省中农户数和比例统计表　　　（单位:%）

省份	土改结束时		1954年		1954年为土改结束时的%
	户数	比例	户数	比例	
江苏省	179	35.8	319	63.8	178.2
安徽省	349	35.5	478	48.6	137
浙江省	227	35.5	423	66.1	186.3
湖北省	229	32.7	493	70.4	215.3
湖南省	211	30.3	479	68.7	227
江西省	152	25.4	388	64.9	255.3

资料来源：中华人民共和国国家统计局编：《1954年全国农家收支调查资料》(1956年)，广东省档案馆，MA07－61－222。

各地区的中农化进程有以下几个特点：第一，土地改革越早的地区，中农化程度越高。据1953年中南地区35个乡的调查，河南省土改完成较早，中农占农户总数的比例达到75%；湖南、湖北和江西3省土改完成较晚，中农占54.1%；广东省土改完成最晚，中农的比例只有47.3%[①]。第二，经济水平越发达的地

---

① 中南局农村工作部：《中南区五省35个乡1953年农村经济调查总结》(1954年7月)，湖北省档案馆，SZ－J－514。

区，中农户数增加也较快。据湖北省农村工作部对该省 30 个乡的调查，土改后各地区经济发展程度与贫农上升为中农的数量成正比：如经济发达地区，1951 年上升为中农的贫农占原贫农的比重由 1951 年的 16.3% 增长为 22.3%；在经济发展一般的地区由 7.6% 增长为 17.8%；经济落后地区由 5.6% 增长为 11.8%①。具体而言，各地的经济发展水平又有不同的衡量标准，如经济作物地区的中农比重比粮食作物地区比重大，湖北省当阳县胡场乡、黄林乡经济作物区中农比重由土改时期的 43.2% 增加到 73%，粮食作物区中农仅占总户数的 50% 左右。其次，靠近城镇的农村由于交通便利、副业发达，农民的收入高，中农比重也较高。孝感县鲁冈乡靠近城镇，1953 年中农比重 66%，高于全省 54.2% 的平均水平②。长江下游的江苏省中农化也有上述特征，据江苏省农村工作部的调查，中农占农村总户数的比重，新区为 60.46%，老区为 75.5%。新区棉作地区为 50.86%，稻作地区 50% 左右。平原地区为 52.6%，丘陵地区为 48%—57%③。浙江省 4 个典型乡 1954 年有 50.7% 的贫雇农上升为新中农，新老中农占农户总户数的 51%。当然，由于各地区自然条件和经济条件以及工作的基础不同，阶级变化速度也不一样，例如丘陵地区的东阳县槐堂乡由于土地少人口多，剩余劳动力无出路，贫农中还有 55.7% 的农户经济成分没有上升，贫农仍占总户数的 38.9%。而嘉兴县曹庄乡因地处平原，粮食亩产量高、农户收入

---

① 中共湖北省委农村经济工作部：《关于贫雇农中农化问题的调查》，《湖北省农业合作经济史料》上，湖北人民出版社 1985 年版，第 42 页。

② 中共湖北省委农村工作部：《湖北省十二个典型乡调查报告》（1956 年 4 月），湖北省档案馆：SZ–J–526。

③ 江苏省农村工作部：《江苏省农村经济概况》（1953 年 3 月 18 日），江苏省档案馆，3062–永–3。

高，贫农仅占总户数的 19.14%①。

土改结束后，一种观点认为，随着小农经济的恢复和发展，由于小农经济的分散性和不稳定性，农村出现了两极分化和贫富悬殊，并且在土改完成越早、经济发展水平越高的地区，中农化很快就会趋于停滞并发生逆转。可是通过分析上述地区土改后中农化的特点，我们发现，越是土改结束早和经济发展快的地区，中农化的程度越高。因此，土改后中农化趋势是农村经济发展和各阶层尤其是贫雇农阶层经济水平提高的结果。

二 地权流转与农村经济增长的关系

如前文所述，土改结束后农村经济发展水平受诸多因素的影响，如政府对农民个体经济的扶持、农业集体化的发展、国家农贷信用社和农村社会保障、救济的开展、农民发展个体经济的积极性等。下面以 1954 年 6 省农村的总体收入水平和人均收入结构为切入点，来考察农村经济发展水平与地权流转、农村劳动力转移之间的关系。

1954 年长江中下游 6 省中以人均总收入、土地流转规模等分别最高和最低的浙江省和安徽省为例，浙江省的人均粮食收入、人均总收入、人均农副业收入和人均副业收入分别比安徽省高 20.23%、26.88%、26.81% 和 50.03%，而浙江省发生土地买卖和租佃关系的土地占总土地数的比重为 13.87%，比安徽省高 140.38%。从各省各阶层占有土地的比重来看，1954 年末贫雇农和中农占有耕地为总耕地数的比重平均为 89.38%，其中湖北、湖南、江西、江苏、安徽和浙江 6 省分别为 91.25%、90.03%、

---

① 经济资料编辑委员会编：《八省农村经济典型调查》，财政经济出版社 1957年版。

91.46%、89.91%、84.69%和94.68%。这说明，土改后几年内各省的土地买卖和土地租佃关系的发展并没有导致土地从普通劳动群众流向富农和地主一极。而且6省中土地流转规模较高的省份，贫雇农和中农阶层占有的土地相应地较多。如6省中发生土地买卖和租佃关系的土地数占该省总土地数的比重以安徽省最低，而贫雇农和中农土地所占总土地数的比重也是以安徽省最低。再如，江西省土地流转率最高，其人均粮食收入也最高。浙江省的土地流转率也较高，其人均总收入和人均农创业总收入最高。这表明在新民主主义经济时期的商品经济条件下，农村经济相对发达的地区，农村的土地买卖和租佃关系发生的频繁。这也反映了农村土地流转发生的程度和规模与地区的经济发展水平、农民人均收入水平等统计指标呈明显的正相关性（见表37）。

长江中下游6省收入水平和土地流转规模统计表

表37　　　　　　　　　　　　　　　　　　　（单位：折合稻谷市斤、亩）

省份	人均粮食收入	人均总收入	人均农副业总收入	人均副业收入	总土地数	土地流转数	土地流转数占总土地数的比重
江苏	644.79	155.17	125.46	34.15	5841.4	524.1	8.97
安徽	600.3	128.93	109.53	34.98	13180.44	760.32	5.77
浙江	721.77	163.59	138.9	52.48	4594.38	637.27	13.87
湖北	688.88	137.87	123.76	48.05	8691.3	524.19	6.03
湖南	742.85	149.04	123.39	47.41	5983.43	656.52	10.97
江西	853.77	131.5	109.85	34.34	6844.2	1031.02	15.06

　　注：副业收入主要指的是副业、手工业、货运收入和商业收入。

　　资料来源：根据中华人民共和国统计局：《1954年全国农家收支调查资料》（1956年5月），广东省档案馆，MA07—61·222整理。

　　再从农民收入和土地租佃率、雇佣率的动态发展变化情况来考察一下前述两者之间的关系。以湖北、湖南两省为例，从两省的人均收入变化情况来看，湖北省12个典型调查乡1954年人均总收入折合主粮 1286.7 斤，比 1952 年的 1207.8 斤增加 6.53%。人均农副业收入 1952 年为 1207.8 斤，1954 年增为 1286.7 斤，增加了 6.3%，人均粮食收入 1952 年为 814.8 斤，1954 年为 852.8 斤，增加了 4.66%。湖南省 1954 人均总收入和粮食收入都较 1952 年有所减少。从人均收入水平上来看，由于受前述水灾的影响，两省的农民收入水平增加不快，甚至有所下降。从两省的农民收入结构来看，湖北省 1952 年副业收入占总收入的比重为 8.4%，1954 年降为 4.5%。而湖南省收入结构中副业收入所占比重相对高些，并且呈逐年上升趋势。从两省的横向比较来看，1952 年湖南省调查乡的人均总收入和人均粮食收入比湖北省分别高 18.62% 和 22.74%，1954 年则比湖北省分别低 16.96% 和 24.72%。从两省土地租佃和雇佣关系的发展来看，和湖北省的收入水平上升趋势相同，该省的土地租佃率和雇佣率有了一定程度的发展。湖南省的土地租佃率呈递减趋势，但由于该省副业所占比重较大，所以雇佣关系不仅发生的面比较广，而且发展的速度更快一些。

湖北、湖南两省收入与土地租佃关系、雇佣关系情况

表 38　　　　　　　　　　　　　　　　　　（单位：折合稻谷市斤）

		1952 年	1954 年	1954 年占 1952 年%	1954 年比 1952 年增加%
湖北 12 个乡	人均总收入	1207.8	1286.7	106.53	6.53
	人均粮食	814.8	852.8	104.66	4.66
	副业收入占总收入比重%	8.4	4.5	53.57	−46.43
	户数租佃率	17.56	21.76	123.92	23.92
	土地租佃率	5.27	5.85	111.01	11.01
	户数雇佣率	29.97	31.89	106.41	6.41

续表

		1952 年	1954 年	1954 年占1952 年%	1954 年比1952 年增加%
湖南9 个乡	人均总收入	1432. 7	1068. 5	74. 58	− 25. 42
	人均粮食	1000. 1	642	64. 19	− 35. 81
	副业收入占总收入比重%	25. 1	32. 5	129. 48	29. 48
	户数租佃率	30. 63	28. 26	92. 26	− 7. 74
	土地租佃率	7. 14	6. 87	96. 22	− 3. 78
	户数雇佣率	53. 8	59. 21	110. 06	10. 06

资料来源：经济资料编辑委员会：《八省农村经济典型调查》，财政经济出版社1957 年版。

这表明农户的收入水平增加过程也伴随着土地买卖关系、租佃关系和雇佣关系的上升过程。也就是说，农户经济收入水平的增加与土地租佃关系和雇佣关系行为的发生呈正相关性。从总体上来看，农户土地租佃关系和雇佣关系的发展一定程度上促进了农户收入水平的增加，而不是加剧了农户的贫困。

再来看同一区域内不同调查乡的农户收入水平与地权流转、劳动力转移的关系。从安徽省阜阳县河东乡和萧县杨阁乡的经济作物和副业收入在总收入中所占的比重可以看出，土地流转规模和其各种收入比重有密切的关系。1954 年两个乡农业收入占总收入的比重都较高，杨阁乡农业收入占总收入的78.88%，而阜阳乡高达90.7%。但从经济作物在农业收入中所占的比重来看，阜阳乡仅为5.9%，而杨阁乡高达44.2%，远远高于前者。杨阁乡的副业收入在总收入中占的比重也高于阜阳乡。如前所分析的，杨阁乡土地流转规模大于阜阳乡。可见，经济作物种植区和副业发达区土地流转规模大。从利润最大化角度来讲，经济作物更趋向商品经济，适度大规模经营才能获取更多收益。因而，只有扩大土地经营规模，才能有利于经济作物的商品化生产。

小农地权流转规模同收入水平成正比，即地权土地流转规模较大的地区，农民户均经济收入水平反而较高。安徽肖县杨阁乡人均收入比阜阳乡高 2.5 倍，不管是农业社社员还是属于个体经济的单干农民，收入都高于同类别的阜阳乡。杨阁乡的个体经济人均收入高于平均水平，而阜阳乡却低于平均水平。

三　新上升阶层出雇和出租收入占农户总收入的比重

前述土改结束后的几年时间内，随着农村经济的逐渐恢复和发展，农户收入普遍增加，农民经济地位普遍上升。但是农民经济地位的上升多大程度上依赖于出租收入呢？换言之，农户的出租收入在新上升阶层总收入中所占的比例为多少？如果出租收入占总收入的比重大，说明出租收入是新上升阶层经济地位得以上升的重要原因。如果出租收入所占比重甚小，则说明农户经济地位的上升与出租土地不存在相关性或相关性很小。首先我们来考察一下 1952—1954 年各省新中农和新富农两个新上升阶层各种收入占总收入的比重。

如表 39 所示，各省新上升农户的收入来源构成上，农副业收入所占比重最大。3 个调查年度内，湘鄂赣 3 省的新中农和新富农的农副业收入占总收入的比重，几乎都高达 90% 以上。其中两个新上升阶层的副业收入比重都高于各平均水平，如湘鄂赣 3 省 10 个乡副业收入占总收入比重的总平均水平为 13.59%，湖北省 12 个乡仅为 4.5%。可见从事副业收入是其经济成分上升的主要原因之一。从下面各阶层农户经济成分上升的原因构成来看，占有劳动力的强弱或多少、从事副业等是农户阶级成分上升的主要因素。1954 年，湖南省牧马溪乡因劳动力多和强、善于经营而上升的农户占总上升户数的50.64%，因副业收入多而上

表39　　1951—1954年长江中下游3省新中农、新富裕中农各种收入比例统计表

（单位：%）

年份	阶层	湘鄂赣10个乡			湖北省5个乡典型调查乡			湖南省9个典型调查乡		
		农业收入	副业收入	其他收入	农业收入	副业收入	其他收入	农业收入	副业收入	其他收入
1952	新中农	79.46	14.96	5.58	80.4	13.93	5.67			
	新富中	77.8	16.35	5.85	76.07	17.6	6.33			
1953	新中农	78.84	13.41	7.75	79.79	11.93	8.28			
	新富中	73.77	18.08	8.15	74.15	17.28	8.57			
1954	新中农				74.31	15.44	10.25	69.3	18.87	11.83
	新富中				73.76	17.04	9.2	75.47	19.46	5.07
	新富农				69.98	14.12	15.9			

说明：湖北省1952—1953年和1954年的统计数据分别来源于不同的调查资料。1954年农业收入主要包括粮食、园艺及林业收入，副业收入主要包括动物饲养、副业等，其他收入主要包括合作社分配。湖南省的农业和其他收入同类。湘鄂赣10个乡和湖北省5个乡农业收入主要指粮食作物和经济作物，副业收入主要指商业和手工业。其他收入包括救济金、借贷收入、预售产品、出租收入、出雇收入、亲友赠送及在外家庭成员寄回等。

资料来源：根据《中南区1953年农村经济调查统计资料》（1954年7月）SZ－J－517；湖北省农村工作部：《湖北农村经济调查》（1954年6月），SZ18－1－285；湖北省委农村工作部：《湖北省12个典型乡调查统计表》（1955年），湖北省档案馆，SZ18－1－154等整理。

升的占 11.69%。卷塘县经济成分上升的农户中，因劳动力多而上升的占 31.39%。竹林垸乡因劳动力强、副业收入多而上升的农户占总上升户数的 53.32%，塞家渡乡因劳动力多而上升的农户 90 户，占总上升户数 206 户的 43.69%。肖家桥乡因劳动力强和多而上升的占 58.14%，因副业收入多而上升的占 23.25%。表明土改结束后的几年内，农民经济地位的上升主要是自身劳动的结果，而不是占有他人的劳动。

上面分析了新上升农户收入构成比例，那么农户经济成分的上升多大程度上依赖出租土地和雇佣关系呢？若出租收入所占比重甚小则说明农户经济地位的上升与出租不存在关系或没有相关性。如表 40 所示，两省的新中农尤其是新富农的户均收入都高于平均水平，但两省的新中农户均出租收入却分别比各该省总户均出租收入低。湖北省新下中农和新上中农户均出租收入分别仅占该阶层户均总收入的 0.51% 和 0.6%，分别比平均水平低 0.75 和 0.66 个百分点。湖南省新中农户均出租收入仅占户均总收入的 0.54%，比总平均水平低 1.22 个百分点。湖北省的新富农户均出租收入虽高于总平均水平，但也仅占其户均总收入的 1.49%。湖南省新富农户均出租收入占其户均总收入的比重更低，仅为 0.59%。同时，如前文所述，新上升阶层尤其是新中农出租户数和土地数在总出租户数和土地数中占有相当比重，这更加说明了出租土地并不是他们经济地位上升的原因，反而是他们收入增加、经济地位上升的结果。

综上所述，农村土地买卖、租佃关系和雇佣关系的发生与农村经济增长存在一定的正相关性。换言之，上述关系的发展一定程度上促进了农村经济的发展。个别农户通过出租、买入土地或雇工经营收入使得经济地位得以上升，但从总体上来看，出租收入在新上升阶层的收入结构中所占比重甚小，不能作为解释农民

1954 年湖北、湖南两省典型乡新上升阶层户均出租收入情况

表 40   （单位：折合稻谷市斤）

省份	阶层	户均收入	户均出租收入	户均出租收入占户均收入%
湖北省 12 个乡	总户数	5566.07	70.4	1.26
	新下中农	5630.85	28.6	0.51
	新上中农	7378.01	44	0.6
	新富农	9420.5	140.8	1.49
湖南省 9 个乡	总户数	4886.38	86.2	1.76
	新中农	5378.87	28.8	0.54
	新富农	12438.8	73.8	0.59

注：原调查表中租额和雇工工资以人民币为计价单位，该表中为统一计量单位，笔者以当时粮食市价 1 市斤 = 0.05 元转换成稻谷斤数计算。资料来源：根据湖北省委农村工作部：《湖北省十二个典型乡调查统计表》（1955 年），湖北省档案馆，SZ18－1－154；湖南省委农村工作部统计的九个乡档案资料等整理。

经济地位上升的主要原因之一。上述关系的存在和发展并没有导致农村出现两极分化，土改后农村阶级变化的趋势是中农化，土地也没有向地主、富农一极集中，而是大多数集中在贫雇农和中农等普通劳动群众手中。当时农村中仍有较大困难或者开始下降的少数农户，租入土地或出雇劳动力并不是导致他们经济状况恶化的主要因素，其主要原因在于缺乏甚至没有劳动力及劳动负担人口较重，占有劳动力的多寡往往构成农民经济条件能否上升的关键因素。

结　语

一　结论

综上所述，可以得出以下几点结论：

第一，土改结束后，我国农村土地制度发生了根本变革，农民土地所有制取代了封建地主土地所有制。该阶段农村土地制度的特点是：土地所有权和经营权高度统一于农民手中，农民既是土地的所有者，又是土地的使用者。农民的土地产权得到保护并可以自由流动，政府允许买卖、租佃、典当、赠与等地权交易行为的存在。个体农民占有和使用土地的制度前提下，土地买卖、租佃关系和雇佣关系的继续存在主要缘于当时广大农村生产力的落后、个体农民土地和劳动力等生产要素占有的分散以及国家农村社会保障体系的缺失、正规金融组织不健全、国家农贷尚无力顾及绝大多数农民、农村私人借贷不能健康发展等因素。

第二，受减租减息、土改和土改复查等群众性政治、经济运动的影响，土改结束后的土地买卖、租佃率和雇佣率大大下降。政府从恢复和发展农民个体经济的角度出发，曾一度鼓励土地买卖、典当和租佃以及雇佣自由，提倡租额和工资由租佃、雇佣双方自由面议，使土地租佃率和雇佣率有所上升。但由于受当时客观条件的限制和苏联社会主义模式的影响，中共领导人对农民个体经济基础上的土地买卖、租佃关系和雇佣关系存在着认识上的偏差。尤其是过渡时期总路线提出后，把上述关系看作是农村出现资本主义自发趋势和两极分化的主要标志而加以批判、限制，最后通过建立起苏联式的集体农庄彻底消除了土地买卖、租佃和雇佣关系存在的合法土壤。总的来看，50 年代初期，各种形式的地权流转和雇佣关系一直处于被抑制的状态。

第三，土改结束后发生的土地买卖、租佃和雇佣关系与新中国成立前截然不同。首先，上述关系主要发生在贫雇农和中农等占农村人口绝大多数的普通劳动者之间。其次，这种土地关系的局部调整是对土改中实行的按人口平均分配土地做法的一种纠偏。土改中实行的按人口平均分配土地的做法，虽然满足了多数农民的眼前利益，但这种分配方法没有考虑到每个家庭劳动力与土地的合理配置问题，土地买卖关系中有相当一部分就是对这种情况作出的一种符合生产力发展要求的良性调整。而部分丧失或缺乏劳力的老弱孤寡和烈军工属户主要靠地租收入而维持生活，对他们而言，出租土地是在劳力短缺时的一种权益选择，是介于土地抛荒和产权转让之间的一种理性选择。最后，从生产要素优化配置的角度来看，土地经营权的流转以及围绕土地经营而发生的农村劳动力的转移，也是劳动力和土地优化重组的一种理性选择。从出租方面来看，农民出租土地主要是由于劳动力缺乏、田远耕作不便、从事其他职业等方面的原因，多属于调剂劳动力和土地的性质，以出租土地进行剥削为目的的只占极少数。大部分中农和贫雇农租入土地并不是由于生活贫困所致，而是为了各自扩大再生产的需要。

农村雇佣关系与土地租佃关系一样，都是实现劳动力和土地有效结合的一种重要的资源配置方式。这一时期长江中下游 6 省农村都不同程度地存在着雇佣关系，尽管这一时期雇工农户的数量较多、比重较大，但单位农户的雇工数量却很少；从地区上讲，大部分雇佣劳动集中在商业性农业比较发达、经济作物种植区和农户经营规模比较大的地区；从农户方面讲，雇佣关系主要发生在贫雇农和中农等普通劳动阶层之间，多数具有调剂劳动力的性质；在雇佣形式上，长工数量、佣期急剧下降和短工数量显著增加是这一段时期的最大特点。

第四，地价、租额和雇佣工资低于土改前且呈下降趋势。土改后，长江中下游地区的地价和地租额大大下降。由于土地改革使得各阶层尤其是普通劳动阶层都分得了一份土地，并享有对土地的占有权和使用权，对土地的购买需求远远低于新中国成立前，这造成土改后地价比新中国成立前低。从各地的地租额和地租率来看，土地租佃关系主要以低租或无租形式为主，正常的地租额也主要围绕当时政府规定的租额标准而上下波动。各地区雇工工资的高低主要取决于各地的劳动力供求状况，工资报酬多与农时忙闲和活计的多寡相适应。土改结束后雇佣工资减低的主要原因是劳动力供过于求导致的农村劳动力剩余。

第五，正式制度变迁和非正式制度对土地流转的影响。50年代初期的地权交易和土地流转，发生于正式制度和非正式制度相互交织的制度环境中，这两种制度约束动态地决定和改变着政府和个体小农的行为空间。一方面，在非正式制度安排的内在诱导下，建国初期的强制性土地制度变迁得以顺利进行。另一方面，尽管非正式制度潜在的稳定性和路径依赖特征仍发挥作用，如传统风俗惯例、宗族观念等非正式制度对地租、地价和工价的影响等，但 50 年代初期地权交易中呈现出的强烈的政府干预——正式制度安排（如土地改革、农业集体化运动、农业税政策和各级地方政府在政策实施中的偏差等）——仍然最终决定了乡村土地制度变迁的方向和地权交易的方式。而长江中下游地区特殊的自然和人文生态环境更是影响农民土地流转规模和方式的内在因素，各地区之间非制度性约束的不同，必然导致与之相适应的农民经济行为的差异性。

第六，地权占有关系和阶级结构的变化。土改结束后，一种占当时官方意识形态主流地位的言论认为，农村中出现了以土地买卖、典当、租佃、雇佣等"四大自由"为标志的"两极分化"和"资本主义自发趋势"。这种观点在今天看来值得反思：从当时各地农村的实际调查情况来看，建国初期农村土地买卖、租佃关系的存在和发展大部分是社会分工和生产调整的结果。通过土地买卖和租佃关系，并没有出现广大贫农和中农逐渐失去土地、富农日益集中更多土地的趋势。相反，土地流转规模越高的省份，贫雇农和中农阶层占有土地比重相应地越大。从当时农村阶级结构变化的基本趋势和特点来看，多数农户经济成分普遍上升或接近上升，中农成为农村阶级结构的基本构成，这说明农村并没有出现两极分化。诚然，还有部分农户的经济地位未能上升，甚至部分农户还存在着严重的生活困难，但卖地、租入土地或出雇劳动力并不是导致他们经济状况恶化的主要因素，而是由这些农户自身的因素造成的，其主要原因在于缺乏甚至没有劳动力及劳动负担人口较重。

第七，与经济发展水平的关系。50年代初期，长江中下游地区农村土地买卖、租佃关系和雇佣关系发生的程度和规模与当地的经济发展水平、农民人均收入水平等统计指标呈明显的正相关性。即农村经济相对发达的地区，土地买卖、租佃关系和雇佣关系发生的越频繁。换言之，农户之间的土地买卖、租佃和雇佣关系的广化和深化，一定程度上促进了农村经济的发展。当然，个别农户通过出租、买入土地或雇工经营，经济地位得以上升。但从总体上来看，出租收入在新上升阶层收入结构中所占比重甚小，不能作为解释农民经济地位上升的主要原因。

第八，国家的相关政策演变及其特点。纵观 50 年代前后中国共产党关于农民土地个体私有基础上的土地买卖、租佃和雇佣关系的政策演变过程，在地权个人私有存在的短短几年时间内，中国共产党的政策发生了重大的变化：从废除封建地主土地所有权到保护农民土地产权私有以及倡导土地买卖、租佃和雇佣自由，从对老区互助合作组织和党员买地、出租和雇工经营采取区别对待的政策到逐渐批判土地买卖、租佃自由，最后通过强迫土地、劳动力等生产资料入组入社的合作化运动，从根本上杜绝了土地自由流转和雇工经营存在的合法性。

纵观整个政策演变过程，当时中共领导人始终处于宏观政策理念和微观操作上的矛盾困境：一方面，在制定和实施土改政策时，中共中央和各级政府注意从各地农村实际情况出发，以消除封建剥削制度为宗旨，同时反对绝对平均主义，及时纠正土改政策执行过程中出现的一些偏差。在废除封建土地制度的基础上，鉴于当时农村土地买卖和租佃关系停滞的客观情况，从维护农民土地产权、恢复和发展农村个体经济的角度出发，中共中央在政策理念上始终宣布保护农民土地个体私有，土地买卖、租佃关系在法律上不禁止，即允许其合法存在，前述《共同纲要》《土地改革法》都作了明确的规定。根据中央的政策精神，各大区中央局和军政委员会审时度势，先后颁发布告和指示，提倡农村实行土地买卖和租佃自由。随着集体化高潮的到来，国家仍在宪法层面上承认农民的土地所有权。

另一方面，在具体的政策执行过程中，由于受当时社会经济条件的限制，中共领导人对农民个体经济基础上的土地买卖、租佃和雇佣关系存在着认识上的偏差。把主要发生在普通劳动群众之间的土地流转和雇工现象看作是农村出现资本主义自发趋势和两极分化的主要标志，过分强调由此所带来的社会经济条件的不平等，而忽视其对劳动力和土地资源优化配置的作用；缺乏对土地转让和使用的有偿性、市场决定地租地价、提高土地和劳动力资源使用效率等方面的认识。这些都是导致批判甚至消除土地买卖、租佃和雇佣关系的根本原因。此外，受苏联社会主义模式的影响，急于实现苏联式的社会主义集体化，因而由人为推动互助合作运动到迅速建立起苏联集体农庄式的高级社，这是最终取消农村土地买卖、租佃和雇佣关系的主要原因。

　　根据中央的上述政策理念，各地方政府对当地的土地买卖、典当和租佃关系的政策制定上也存在矛盾：一方面，由于各地特殊的自然生态环境和经济发展水平不同，地方政府不得不从当地的现实情况出发，考虑到政策变化给农民生活带来的负面影响，在不同地区根据不同的情况采取区别对待的政策。如地方政府对于农村中的鳏寡孤独、贫弱疾病等缺乏劳力的贫困群体在出卖、出租土地上始终给予一定的优抚照顾政策，发挥了土地流转在社会保障和救济方面的功能；对于农民之间因调剂性质而发生的土地买卖和租佃关系也给予宽松的政策，允许和尊重这种土地关系的自然调整，客观上促进了农村土地、劳动力等生产要素的合理流动和优化配置。其中体现出的制定经济政策时尊重客观经济规律、注意从农村的实际情况出发、及时纠正政策执行过程中出现的偏差等执政理念和工作方法可以为今天提供有益的借鉴。另一方面，地方政府作为中央在地方的代言人，不得不贯彻和遵循上级政策的宣传和实施，而且由于各级政府对中央政府各项政策的宣传以及政策实施中的偏差，更大程度上限制了土地、劳动力等生产要素的自由合理流动。如土改结束后，地方政府对各地出现的土地买卖现象采取压制的措施，使得各阶层农民对土地买卖讳莫如深。由于对发展农业生产十大政策的内容宣传贯彻得不够，各阶层在发展生产上有顾虑，特别是富农和部分富裕中农不敢出租土地和雇工，这些导致土地租佃关系和雇佣关系大大减少。

二　启示

改革开放以来，我国实行农民土地集体所有基础上的家庭联产承包责任制，促进农村土地流转尤其是土地经营权流转向更高层次、更大规模、更广的范围以及多样化流转形式发展，仍然是当前农村经济发展的需要。如何在新形势下建立有序、规范的土地流转机制、保护农民土地权益并促进土地这种特殊生产要素的自由、合理流动，既需要在新的历史时期提出新的思路，又要总结历史经验从中获得借鉴和启迪。回顾和总结 50 年代初期长江中下游地区的乡村地权市场，有以下几点需要注意：

第一，促进土地等生产要素的合理流转是实现资源优化配置，提高农业经济效益的有效途径。经济学两个最基本的假设条件是经济资源的相对稀缺性和经济个体的相对理性，而经济学研究的主要内容就是如何以理性的行为实现对稀缺资源的优化配置。土地作为一种特殊的生产要素，具有有限性和稀缺性，其供给分为自然供给和经济供给，土地的自然供给完全无弹性，而经济供给缺乏弹性。正是这种约束条件的存在，才要求经济个体通过对土地这种特殊生产要素的流转来实现经济利益的最大化。

在不同的历史时期，由于地权占有和政府相关土地政策的差异，土地流转的方式和途径各不相同。土改前，地主土地所有制处于主导地位，地权分配极不公平。在地权占有高度集中和从事农业生产机会成本极低的前提下，普通劳动群众对土地的需求弹性极小。少地或无地的农民必须依赖掌握在地主富农手中的土地资源，成为向其提供地租的佃户，才能进行生产和维持最基本的生存。而高额的地租加上各种苛捐杂税和强权豪夺，往往使得普通劳动群众进一步陷入贫困，甚至不得不出卖仅存的小块土地，土地对普通劳动阶层来说就显得更为稀缺。土地资源越稀缺，购买、租入土地的地价和租额就越高，而这部分地价、租金却没有相应地进入生产领域，这就导致以封建性土地买卖和租佃关系为主要方式的土地流转，不断转移家庭和社会财富从普通劳动阶层向地主富农集中，而其促进土地等生产要素流动的优化配置功能逐渐式微。因此，这种地权分配相当集中的格局成为阻碍近代以来中国农村生产力发展的重要因素。

建国初期的土地改革彻底废除了封建地主土地所有制，打破了非经营性土地占有的垄断，为土改后土地等生产要素的合理流动创造了一个良好的环境。而按人口平均分配土地的土改政策实现了"耕者有其田"，使得新民主主义商品经济下的土地、劳动力等生产要素更加有效地结合。土改结束后，针对当时农村生产力水平的低下和农民个体经济的普遍贫困，国家一方面通过一系列救济救灾、社会优抚、农贷政策和对农业的技术支持，来改善贫困农户的生活水平和提高其经营能力。同时，通过允许土地等生产要素的流动（如在集体化高潮前一直宣布土地买卖、租佃关系在法律上不禁止）来实现资源的优化配置。这些措施一定程度上促进了农村经济的恢复和发展。但当时出于防止所谓的农村"两极分化"的政治需要，对土地买卖和租佃等地权交易行为加以种种规制，从而阻碍了土地等生产要素的自由流动。随着农业集体化高潮的到来，农民的土地和劳动力被迫入组入社，使得土地等生产要素的流动固化，造成此后近20年农业经济效益的极端低下。

回顾历史，现代商品经济条件下，允许土地这种特殊生产要素的合理流动是必要的，它可以某种程度上实现资源的优化配置，提高农业的经济效益。改革开放以后，在稳定农民家庭联产承包经营制度的基础上，允许土地合理流转仍然是农村生产力发展的客观条件。如土地租佃关系作为一种传统的资源配置方式，具有交易成本低、交易方式灵活等特点，在一定的历史时期不可能完全被取代，应允许其有生存、发展的空间。在当今许多发达国家，土地流转形式多种多样，但土地租赁作为实现土地使用权合理流转的一种主要方式仍大行其道便证明了这一点。当前，我国的农村土地产权制度尤其是对土地所有权还存在着较大的分歧和争论，但多数学者认为农民土地使用权是否顺利流转是农地资源能否实现优化配置的关键所在，而土地租佃是促进土地使用权顺利流转的比较合理且可行的方式之一。

第二，纵观50年代初期土地买卖、租佃关系和雇佣关系的发展过程，总的来看一直处于被抑制和不活跃的状态，其中一个非常重要的原因是农户的土地产权缺乏有效的法律和行政保护。现代产权理论认为，人们在使用稀缺资源而发生利益冲突时，可以通过产权界定和安排产权结构来降低或消除市场体制运行的社会费用，提高运行效率，从而改善资源的配置，促进经济的增长。

建国初期，国家通过颁布相关政策法规（如《共同纲领》、《土地改革法》）来保障农民享有对土地的占有权和使用权。但50年代初期的一系列强制性土地制度变迁和群众性政治经济运动，却使得农民以土地为主的私人产权被掺进了国家意志和政治因素：土改后的农民土地私有，是建立在靠政府来否定部分人（地主和部分富农）私有基础之上的。换句话说，土改以后的土地私有制注入了国家的政治理念；土改结束后，尽管很快颁发了土地证，但在50年代始终没有颁布保障私有财产不可侵犯的宪法和民法。也就是说，国家始终没有将农民可以自由处置自己的土地作为治国的基本法律；土地改革将马克思主义和社会主义的理念直接传递给农民，政治民主、经济平等以及剥削有罪的观念深入民心。受上述国家政策和舆论宣传的影响，农民对自己所拥有的土地产权不管在意识形态上还是在法理上都具有很大的动摇性。这就导致普通农民尤其是富裕农户在土地买卖和租佃问题上心存芥蒂，同时也为土改后政府限制土地的自由流转作了观念上的准备。

与20世纪50年代初期我国农村土地流转受地域约束和规模小的特点相比，改革开放后随着我国城市化、工业化进程的加速，土地流转已逐渐突破地域和规模限制，流转形式也呈多样化的发展趋势，但我国现行土地制度仍然存在着土地产权模糊、虚化和产权主体界定不清的困境。当前，政府行为在土地制度变迁中仍然起了主导性的作用。不同于50年代初期对农民地权交易和土地流转行为的抑制政策，各级地方政府出于"推进产业结构调整"、"发展规模经营或效益农业"、"加快乡村工业化和城镇化"、"解决建设用地困难"等不同目的的考虑，相继出台过"加快土地流转"之类的政策措施。政府行为在推动土地流转过程中，对土地流转的有序、规范进行起了一定的作用，但地方政府和基层组织的积极介入使土地使用权流转也带有强烈的行政强迫命令色彩，如有的地方政府在土地流转主体、期限、形式、程序等方面侵害农民承包土地流转权；有的地方下指标、派任务甚至动用警力，强迫农民流转土地。这些都导致以农民为主体的土地流转受到各种限制，农民的各种土地权益的实现无法得到保障，继而导致土地矛盾和利益纠纷呈逐年上升趋势，有的地方甚至已演化成基层政府与农民的摩擦和冲突。在此情况下，更应该在法律上对模糊的集体产权予以界定使其明晰化，完善和建立对个体农民土地产权尤其是农户经营权的保护，尊重和确保农民在土地使用权流转中的主体地位。只有这样，在非农化利用和土地征用过程中，才能切实保障土地的自由合理流转，从而保护农民的土地权益。

第三，正确理解各个国家、地区土地流转的方向和一般规律。第二次世界大战结束后，世界上许多国家都进行过土地改革，其中日本、韩国、中国台湾等是目前国际上公认的土改成功的国家和地区。虽然他们的制度沿革和耕作习惯不同，具体改革的方法千差万别，但其实质内容是一样的。这些国家和地区全部集中在土地稀缺、人口密集的东亚和东南亚，都具有相似的资源禀赋和农地经营规模。其农地制度的演变大体上都经历了两个发展阶段，即"耕者有其田"阶段和农地规模经营阶段。

在第一个阶段即土地改革阶段，上述各个国家和地区土改的目标是实现土地所有权的平均化，鼓励或强制实行土地的小规模家庭占有和经营，实现农地所有权和使用权的结合。1946—1948年，日本政府采取强硬措施，购买地主的土地转卖给无地、少地的农户，从而实现了土地所有权的再分配。尔后颁布的《农地法》，从法律上确立了农民所有制的永久地位，并规定了农户拥有土地的最高限额。为防止土地再次集中于少数人手中，《农地法》严格限制土地所有权流转，规定自有土地在 3 公顷以下才有买地权，土地买卖必须经都、道、府县知事的严格审查批准[1]。"二战"后，韩国首先接收了日本官、民所占农地，分配给本国农民。1949 年，韩国政府颁布了《土地改革法》，以低廉的价格收购农户超过 3 公顷以上的土地，再以更低的价格卖给佃农。我国台湾地区针对当时地租率过高、佃权不稳定、预交押租金以及租额不予减免等现象，在 1947—1954 年完成了三七五减租、公地放领和"耕者有其田"的三步骤农地改革运动。

上述各个国家和地区实现"耕者有其田"的基本手段就是

---

[1]　关谷俊作：《日本的农地制度》，三联书店 2004 年版，第 3—4 页。

土地制度的改革，其特定意义是土地所有权的重新分配，即以个体农民的土地私有制代替封建地主阶级的土地私有制。第一阶段的土地改革成功后，解决了地权不均等问题，土地权利进一步下移。上述政策措施的顺利推行，成为土地改革成功的典范，至今仍值得我们予以肯定。

20 世纪 60 年代以后，上述国家和地区以分散农户土地占有制为基础的落后的农业与迅速崛起的大工业、大市场体系产生了越来越大的势差。分散土地占有制所具有的人地亲和力强的优点已远远抵偿不了其资源配置低下、阻碍新技术和农业工程实施、劳动生产率低下、不适应国际市场需求等弊端所带来的对农业发展的损害。这一现实促使上述国家和地区放弃了平均地权的政策，转而开始诱导和推进土地流动和集中。日本、韩国等国家地区进入农地改革的第二阶段，该阶段的主要内容是修改平均地权政策，放宽土地所有权流转限制，提倡土地转让和相对集中，鼓励扩大土地占有规模。

20 世纪 70 年代农地改革的重点由所有制度转向使用制度，即开始由鼓励农地的集中占有转向分散占有、集中经营和作业的新战略上来。在农地小规模家庭占有的基础上发展协作农业，扩大经营规模，鼓励农地占有权和使用权分离。以日本为例，这一阶段，日本政府开始认识到要提高农地经营规模，靠土地所有权的流动，即靠土地所有权在农户之间的转让来实现是非常困难的。因此，农地法律和政策的重点发生了变化，农地改革的目标突破了土地占有和使用方面的限额，以土地的使用权转移为中心内容，鼓励土地的租借和流转，使真正有能力从事农业的生产单位得到足够的土地进行土地专业经营，而没有能力从事农业的农户把土地转让或出租给那些有能力经营的单位，从而改善农地的规模结构和经营结构，提高农地的使用效率，实现高效、稳定的农业经营。

从各国土地制度的演变历程可以看出，50 年代以来，日本、韩国、中国台湾等国家和地区都把土地制度的不断创新作为促进农村经济持续增长的重要手段，其土地制度都经历了两个发展阶段，即"耕者有其田"阶段（平均地权阶段）和农地规模经营阶段，每个阶段的产生都伴随着大规模的土地所有权和使用权的流转。

我国农村土地制度的变迁也顺应着这一趋势。建国后我国农村土地制度经历了农民私人土地所有权（1949—1956）、高级社集体土地所有权（1956—1958）、人民公社集体土地所有权（1958—1984）、农民集体土地所有权即家庭联产责任制（1984—）四个阶段。其间有两次由分散到集中的过程，而后一过程正在缓慢地、艰难地进行之中。比较两次土地集中过程，可以看出二者的内容和途径大不相同。首先，前者是土地所有权由分散到集中，后者是土地使用权由分散到集中；其次，前者是以集体经营的形式追求农业的规模效益，后者是以家庭经营的形式追求规模效益；再次，前者虽然也包含追求规模经济和规模效益的目的，但更主要的是通过集体经济的组织形式来保证国家工业化所需要的原材料和资本积累，这一集中过程终因违背经济发展的客观规律而走向反面。

20 世纪 50 年代初期，当时中共领导人中占主导地位的思想是，"小农经济"是一种落后的生产方式，是农村生产力继续发展的障碍，不能适应国家大规模工业化建设的要求。这种认识在今天看来值得反思：首先，它没有正确认识到封建地主土地制度束缚之下的小农经济和土改结束后的农民经济的区别，同时更忽略了两种土地制度约束下的土地买卖、租佃和雇佣关系的根本不同。其次，混淆了小农经营规模和经营组织规模的定义。不加分析地把农民家庭经营等同于小农，等同于小规模经营，等同于落后的生产方式。正是这种教条主义思想使得中共领导人在土改结束后不久，就开始限制、消灭以农民个体经济为基础的农民家庭经济，向高度集中的农业生产合作社和人民公社过渡，以农民为主体的土地流转也因之失去了合法存在的土壤。

纵观世界各资本主义发达国家农业现代化过程，农民经营的组织形式仍主要以家庭为基本单位，而家庭经营规模却伴随着国家工业化、农业劳动力的大量转移和社会分工的发展而不断扩大。家庭作为农业生产经营的基本单位和基本组织形式，仍然符合现阶段我国农业生产特点和家庭固有的功能。因此，家庭应成为农村土地的微观产权主体，在此基础上，才能进一步实现土地的合理流转。

第四，妥善处理农村剩余劳动力的合理分工和转移，为建立有效的土地流转机制创造一个良好的外部环境。近代以来，由于地权占有高度集中和非农产业发展缓慢，大部分的农村剩余劳动力不得不附着在有限的土地上。在土地资源相对稀缺的状态下，土地的边际收益递减，即每增加一个单位劳动力的投入所增加的土地收益递减。这种情况使得土地经营过程中不能正确体现土地和劳动力的真实价格，换句话说，土地的购买和使用成本较高，相应的劳动力价格极低，从而导致土地的垄断性占有和农村的两极分化。

建国初期，人口迅速增长以及重工业发展战略，导致城市对劳动力的需求增长缓慢，特别是作为农村城市化基础的"镇"对劳动力的需求，基本处于停滞甚至萎缩状态。快速优先发展重工业战略，不仅不能通过发展劳动密集型工业来提高城市吸纳富裕劳动力的能力，而且提高了对劳动力素质的要求，这无疑将进一步加剧而不是缓解城乡劳动力过剩，从而不得不采取政治性的强制手段，来保证资金流向重工业而人口留在农业。不仅城市对农村劳动力的转移和就业无力解决，相反，1950年夏开始，政府还着手组织城市部分失业、无业人员回乡生产，实行城乡之间劳动力的逆向流动。此后，国家又逐渐通过生产资料的所有制改造、城市粮食定人定量供应、严格户籍管理制度等办法，加强了农村人口向城市流动的控制。上述国家政策的相继出台，无疑使得农村劳动力过剩的局面更加严重。而大量剩余劳动力滞留在农村，农民只能把土地作为唯一的生存源泉。在没有寻找到稳定安全的生存手段替代这个生存来源之前，他们绝不会放弃对土地的所有权和使用权，而这恰恰成为土地流转的障碍。建国初期，国家曾采取鼓励雇佣关系等措施，鼓励农业内部的劳动力流动，一定程度上实现了土地和劳动力的有效配置。但由于国家宏观就业环境和大量的农村剩余劳动力不能非农化转移，农村的土地流转仍很大程度上受到人地矛盾困境的影响。

改革开放以来，随着城市化、现代化进程的加快，国家相继出台了一系列政策，使得农村劳动力转移的宏观环境大大改善，农村剩余劳动力的转移从隐蔽性向显性化、多样化发展。市场导向下农村剩余劳动力的有序转移，是实现农民利益的最基本途径，也是国家工业化和现代化过程中一个关键性的问题。它可以改善农村的人地比例关系，实现土地的适度流转和规模经营。因此，政府应继续深化户籍制度改革，取消各地区针对农民和外地人口制定的限制性就业政策和城乡分割的就业制度，逐步推动农村剩余劳动力的合理分工和转移，为建立有效的土地流转机制创造一个良好的外部环境。

第五，建立比较完善的农村社会保障体系，逐步取代土地的福利和保障功能。土改结束后至集体化高潮前的几年时间内，农民之所以因遭遇天灾人祸、缺乏和丧失劳动力、负债、从事其他行业等进行土地流转，其中一个重要的原因是当时农村社会保障体系的缺失。建国初期的农村社会保障主要以农民个体经济为基础、农民的家庭保障为主体的社会保障结构，农民日常生产生活中遇到的困难主要由其个人或家庭成员来负担。当时政府的各种保障供给主要针对农民遭遇的各种突发性天灾人祸和着重解决贫困烈军属的生活困难，即保障的主要内容是各种救灾救济和社会优抚。这种社会保障的水平极为低下、结构具有单一性。特别是对贫困农民的各种救灾和救济措施具有非常明显的临时性和随意性特征，而且也基本没上升到制度层面。互助合作运动在促进农业生产恢复发展、提升农民抵御风险能力等方面发挥了积极的作用，但在当时国民经济和农村经济十分落后的情况下，对解决农村那些劳动力少和弱，或者是基本没有劳动能力的鳏寡孤独和不善经营者的生活困难方面往往力不从心。在社会保障体系不完善的情况下，土地作为大多数农民赖以生存的主要生产资料，不仅承载着作为农民获得收入、维持基本生存的主要手段，还承载着作为农民社会保障的功能。

当前，我国的社会保障体系正面临着改革和重建，各种保障内容逐渐趋于完善，但各种社会退休养老保险、最低生活保障、其他多项社会福利等各类社会保障仍主要是面向城市居民，农村只有在受灾时或极少量贫困人口可以得到一些社会救济。因此，农村家庭和土地保障作为社会保障的替代仍发挥了至关重要的功能，土地的社会保障功能不仅不会弱化而且有强化的趋势。但在这样的保障模式下，老年农民生活保障不足、进城务工人员失业、农民因病致贫、因病返贫等已经成为日益严重的问题。土地的福利、保障功能已经难以适应土地流转进一步向更高层次、更大范围发展的需要，也无法适应农村经济快速发展的城市化进程和打破城乡藩篱、实现城乡融合的大趋势。因此，国家应加强对农村弱势群体的救助，逐步建立起同农民土地持有产权制度协调配套的农村社会保障体系，使土地真正发挥其生产要素的功能，而非福利和社会保障的功能。

附　　录

湖北省 1954 年各阶级、阶层土地买卖情况统计表

表一　　　　　　　　　　　　　　　　　　　　　　　（单位：市亩）

阶层		卖出					买入				
		户数	占卖出总户数%	土地	占卖出总土地数%	户均	户数	占买入总户数%	土地	占买入总土地数%	户均
总计		17	100	26.98	100	1.59	32	100	51.3	100	1.6
三种人	小计	12	70.59	19.99	74.09	1.67	19	59.38	31.5	61.4	1.66
	贫农	8	47.07	10.34	38.22	1.29	6	18.75	12.35	24.07	2.06
	新下中农	2	11.76	2.91	10.79	1.46	11	34.38	18.27	35.61	1.66
	老下中农	2	11.76	6.74	24.98	3.37	2	6.25	0.88	1.72	0.44
两种人	小计	4	23.53	6.55	24.28	1.64	11	34.38	18.42	35.91	1.67
	新上中农						4	12.5	5.11	9.96	1.28
	老上中农	4	23.53	6.55	24.28	1.64	7	21.88	13.31	25.95	1.9
老富农	小计						1	3.12	0.3	0.58	0.3
	已放弃剥削的						1	3.12	0.3	0.58	0.3
新富农		1	5.88	0.44	1.63	0.44					
地主							1	3.12	1.08	2.11	1.08

资料来源：湖北省农村工作部：《湖北省十二个典型乡调查统计表》（1955 年），湖北省档案馆，SZ18 – 1 – 154。

表二　　　　　　湖北省7个县11个乡1952年各阶级、阶层租佃土地与雇佣情况统计表

（单位：市亩）

阶层	租佃								雇佣											
	租出				租入				出雇						雇人					
											长工		短工				长工		短工	
	户数	占租出总户数 %	土地	占租出总土地 %	户数	占租入总户数 %	土地	占租入总土地 %	户数	占出雇总户数 %	户数	工数	户数	工数	户数	占雇人总户数 %	户数	工数	户数	工数
总计	296	100	1190.98	100	346	100	898.34	100	459	100	16	15.5	443	12520.5	637	100	28	27	609	18037
贫雇农	143	48.31	465.52	39.09	233	67.34	573.84	63.88	329	71.68	13	13	316	9566	263	41.28	3	2.5	260	6626
中农	105	35.47	503.98	42.32	94	27.17	287.53	32.01	91	19.83	2	2	89	1789.5	290	45.53	16	15.5	274	8790
其他劳动人民	6	2.03	18.86	1.58					1	0.22			1	15						
富农	12	4.05	75.48	6.34	14	4.05	29.22	3.25	12	2.61			12	239	50	7.85	7	7.5	43	1835
地主	7	2.36	41.1	3.45	4	1.15	4.87	0.54	23	5.01	1	0.5	22	878	17	2.67			17	333
其他剥削阶级	23	7.78	86.04	7.22	1	0.29	2.88	0.32	3	0.65			3	33	17	2.67	2	1.5	15	453

资料来源：同表一。

表三

湖北省12个典型乡1954年各阶级、阶层租佃土地与雇佣情况统计表

（单位：市亩）

阶层	租佃 租出 户数	占租出总户数%	土地	占租出总土地%	租佃 租入 户数	占租总户数%	土地	占租总土地%	雇佣 出雇 户数	占出雇总户数%	长工户数	长工工数	短工户数	短工工数	雇佣 雇人 户数	占雇户总数%	长工户数	长工工数	短工户数	短工工数
总计	348	100	1211.21	100	469	100	1253.78	100	397	100	6	6	391	8190	800	100	17	12.66	784	20026
三种人 小计	215	61.78	667.51	55.11	300	63.97	794.23	63.35	270	68.01	5	5	265	6102	393	49.13	2	1.5	391	8249
贫雇农	109	31.32	379.45	31.33	101	21.54	276	22.01	132	33.25	5	5	127	2849	141	17.63			141	2725
新下中农	59	16.95	130.1	10.74	150	31.98	362.74	28.93	96	24.18			96	2515	176	22	2	1.5	174	3862
老下中农	47	13.51	157.96	13.04	49	10.45	155.49	12.41	42	10.58			42	738	76	9.5			76	1662
两种人 小计	72	20.69	285.93	23.61	127	27.08	363.57	29	83	20.91	1	1	82	1133	308	38.5	12	8.66	297	8706
新上中农	17	4.89	44.12	3.64	26	5.54	102.04	8.14	17	4.28	1	1	16	237	52	6.5	3	1.66	49	1546
老上中农	55	15.8	241.81	19.97	101	21.54	261.53	20.86	66	16.63			66	896	256	32	9	7	248	7160
其他劳动人民	7	2.01	17.23	1.42	3	0.64	11.39	0.91							2	0.25			2	25
老富农 小计	17	4.89	81.24	6.71	21	4.48	38.52	3.07	18	4.53			18	209	56	7	2	1.5	54	1512
已放弃剥削的					12	2.56	27.24	2.17	13	3.27			13	131						
剥削25%以下	16	4.6	61.74	5.1	8	1.71	10.06	0.8	5	1.26			5	78	51	6.38			51	1237
剥削25%以上	1	0.29	19.5	1.61	1	0.21	1.22	0.1							5	0.62			3	275
新富农	3	0.86	7.7	0.64	1	0.21	12.4	0.99	1	0.25			1	210	11	1.38	2	1.5	10	816
地主	7	2.01	45.05	3.72	16	3.41	32.77	2.61	23	5.8			23	523	13	1.63	1	1	13	193
其他剥削阶级	27	7.76	106.55	8.79	1	0.21	0.9	0.07	2	0.5			2	13	17	2.11			17	525

注：所谓工数，指出雇或雇人之长工、短工的实际工数。长工以人计，短工以工计，1天为1工；月工包括在短工内。

资料来源：同表一。

表四

湖南省 9 个乡 1952—1954 年土地买卖、典当关系统计表

(单位：亩)

年份	阶层	土地买卖 卖出					土地买卖 买入					土地典当 典出				土地典当 典入			
		户数	占卖出总户数%	土地数	占卖出总土地数%	户均%	户数	占买入总户数%	土地数	占买入总土地数%	户均	户数	占典出总户数%	土地数	占典出总土地数%	典当户数	占典入总户数%	土地数	占典总土地数%
	贫雇农	1	20	3.8	29.7	3.8						1	10	1.9	10.9	1	11.1	0.3	2.1
1952	新中农	4	80	9	70.3	2.3	2	25	1.2	11.3	0.6	1	10	3.1	17.8	2	22.2	3.1	21.7
	老中农						6	75	9.4	88.7	1.6	7	70	12	69	5	55.6	8.4	58.7
	贫雇农	1	11.1	4.1	22.7	4.1						2	22.2	3.4	11	1	9.1	0.3	1.5
1954	新中农	2	22.2	2.4	13.3	1.2	3	30	6.4	33.3	2.1	2	22.2	13.3	42.9	4	36.4	11.5	56.9
	老中农	4	44.4	7.8	43.1		5	50	11.7	60.9	2.3	2	22.2	7.1	22.9	3	27.3	2	9.9

注：本表主要强调调查贫雇农和中农在土地买卖、典当中的主导地位，故其他阶层未列入。

资料来源：根据湖南省委农村工作部：《蹲家渡乡、竹林垸乡、牧马溪乡、肖家桥乡、卷塘乡、草塘乡1952—1954年经济情况调查分析表》(1955年)，湖南省档案馆，146—1—204，146—1—205，146—1—272，146—1—176，146—1—197，146—1—246，146—1—153，146—1—165等卷宗整理。

表五

湖南省9个乡1952年土地租佃关系统计表

（单位：亩）

阶层	租出					租入				
	户数	占租出总户数%	土地数	占租出总土地数%	户均	户数	占租户总户数%	土地数	占租入总土地数%	户均
贫雇农	100	29.33	311.3	23.9	3.1	209	29.2	657.7	25	3.1
新中农	34	9.97	64.3	4.9	1.9	197	27.6	586	22.3	3
老中农	99	29.03	365.2	28.1	3.7	271	37.9	1120.6	42.6	4.1
富农	12	3.52	107.6	8.3	9	18	2.5	60.1	2.3	3.3
地主	28	8.21	157.1	12.1	5.6	12	1.7	35.4	1.3	3
其他剥削阶级	63	18.48	292.4	22.5	4.6	4	0.6	17.1	0.7	4.3

资料来源：同表四。

表六

湖南省1953年9个乡土地租佃关系统计表

（单位：亩）

阶层	租出					租入				
	户数	占租出总户数%	土地数	占租出总土地数%	户均	户数	占租人总户数%	土地数	占租人总土地数%	户均
贫雇农	93	23.3	307	20.6	3.3	153	20.2	319.3	12.9	2.1
新中农	89	22.3	176.4	11.8	2	292	38.6	828.9	33.6	2.8
老中农	105	26.3	537.1	36	5.1	258	34.1	1171.7	47.5	4.5
富农	17	4.3	104	7	6.1	28	3.7	64.1	2.6	2.3
地主	20	5	75.2	5	3.8	8	1.1	21.7	0.9	2.7
其他剥削阶级	67	16.8	239.2	16	3.6	3	0.4	10.1	0.4	3.4

资料来源：同表四。

表七

湖南省1954年9个乡土地租佃关系统计表

(单位:亩)

阶层	租出					租入				
	户数	占租出总户数%	土地	占租出总土地数%	户均	户数	占租入总户数%	土地数	占租入总土地数%	户均
贫雇农	128	24.2	337.6	22.1	2.6	172	19.6	399.1	16.5	2.3
新中农	139	26.3	150.2	9.8	1.1	377	42.9	884.1	36.5	2.3
老中农	116	22	448	29.3	3.9	276	31.4	940.3	38.9	3.4
富农	28	5.3	146.1	9.5	5.2	25	2.8	86.1	3.6	3.4
地主	34	6.4	100.3	6.6	3	20	2.3	63.7	2.6	3.2
其他剥削阶级	75	14.2	320.1	20.9	4.3	4	0.5	7.1	0.3	1.8

注:表五、表六、表七中其他劳动人民在土地租佃关系中所占比重甚小,故未列入。

资料来源:同表四。

表八

湖南省8个乡1952年雇佣关系统计表

阶层	出雇							雇入						
	户数	占出雇总户数%	长工		短工			户数	占雇入总户数%	长工		短工		
			户数	工数	户数	工数	户均			户数	工数	户数	工数	户均
贫雇农	329	50.08	7	6.5	322	9921	30.81	332	31.71			332	7787	23.45
新中农	188	28.61	3	3	185	5197	28.09	183	17.48			183	6680	36.5
老中农	101	15.37			101	2790	27.62	326	31.14		3.5	333	10654	31.99
富农	5	0.76			5	338	67.6	55	5.25	3	151	53	3236	61.06
地主	29	4.41			29	1187	40.93	49	4.68	2		49	1682	34.33
其他剥削阶级	3	0.46			3	35	11.67	80	7.64			80	2949	36.86

资料来源:同表四。

表九

1953 年湖南省 8 个乡雇佣关系统计表

阶层	出雇							雇人						
	户数	占出雇总户数%	长工		短工			户数	占雇人总户数%	长工		短工		
			户数	工数	户数	工数	户均			户数	工数	户数	工数	户均
贫雇农	268	33.6	6	6	262	7604	29	290	24.6			290	7097	24.5
新中农	278	34.9	3	3	275	8627	31.4	297	25.1			297	8996	30.3
老中农	209	26.2	1	1	208	5054	24.3	396	33.5			396	11866	30
富农	10	1.3			10	430	43	59	5	1	1	58	3414	58.9
地主	25	3.1			25	772	30.9	43	3.6	1	1.5	42	1189	28.3
其他剥削阶级	4	0.5			4	60	15	80	6.8	1	1	79	3515	44.5

资料来源:同表四。

表十

湖南省8个乡1954年雇佣关系统计表

阶层	出雇							雇人						
	户数	占出雇总户数%	长工户数	长工工数	短工户数	短工工数	短工户均	户数	占雇人总户数%	长工户数	长工工数	短工户数	短工工数	短工户均
贫雇农	266	33.5	3	3	263	6171	23.46	290	23.5			290	6225	21.47
新中农	321	40.43	2	2	319	6079	19.06	346	28.04			346	8363	24.17
老中农	164	20.65			164	4449	27.13	392	31.77			392	10098	25.76
富农	7	0.88			7	118	16.86	61	4.94	2	2	59	2908	49.29
地主	32	4.03			32	1117	34.91	42	3.4			42	1016	24.19
其他剥削阶级	3	0.38			3	86	28.67	89	7.21			89	3057	34.35

注：所谓工数，指出雇或雇人之长工、短工的实际工数。长工以人计，短工以工计，1天为1工；月工包括在短工内

表八、表九、表十中其他劳动人民在雇佣关系中所占比重甚小，故未列入。

资料来源：同表四。

表十一

江西省 9 个典型乡 1952 年土地买卖关系统计表

（单位：亩）

阶层	卖出					买入				
	户数	占卖出总户数%	土地	占卖出总土地数%	户均	户数	占买入总户数%	土地	占买入总土地数%	户均
总计	21	100	30.32	100	1.44	24	100	28.82	100	1.2
贫雇农	15	71.43	20.91	68.96	1.39	17	70.83	18.66	64.75	1.1
中农	3	14.29	4.48	14.78	1.49	7	29.17	10.16	35.25	1.45
其中:富裕中农	1	4.76	2	6.6	2	2	8.33	4.9	17	2.45
其他劳动人民	1	4.76	0.89	2.93	0.89					
其他剥削者	1	4.76	2.04	6.73	2.04					
地主	1	4.76	2	6.6	2					

资料来源:江西省委调研组:《关于全省（9 个典型乡）经济调查综合表》(1956 年)，江西省档案馆，X006 - 2 - 13。

表十二

江西省 9 个典型乡 1954 年土地买卖关系统计表

（单位：亩）

阶层	卖出					买入				
	户数	占卖出总户数%	土地	占卖出总土地数%	户均	户数	占买入总户数%	土地	占买入总土地数%	户均
总计	24	100	48.34	100	2.01	46	100	72.64	100	1.58
贫雇农	8	33.33	11.78	24.37	1.47	5	10.87	6.36	8.76	1.27
新中农	4	16.67	6.22	12.87	1.56	27	58.7	43.79	60.28	1.62
其中:新富裕中农						5	10.87	7.48	10.3	1.5
中农	6	25	10.17	21.04	1.7	12	26.09	17.24	23.73	1.44
其中:富裕中农						7	15.22	12.46	17.15	1.78
其他劳动人民	2	8.33	7.28	15.06	3.64	2	4.34	5.25	7.23	2.63
其他剥削者	1	4.17	6.73	13.92	6.73					
地主	3	12.5	6.16	12.74	2.05					

资料来源：同表十一。

表十三

江西省 9 个典型乡 1955 年土地买卖关系统计表

（单位：亩）

阶层	卖出					买入				
	户数	占卖出总户数%	土地	占卖出总土地数%	户均	户数	占买入总户数%	土地	占买入总土地数%	户均
贫雇农	1	12.5	1.66	9.12	1.66	5	19.23	9.03	19.43	1.81
新中农	2	25	8.12	44.59	4.06	19	73.08	30.29	65.17	1.59
其中：新富裕中农	1	12.5	1.19	6.53	1.19	4	15.38	15.79	33.97	3.95
中农						2	7.69	6.26	13.47	3.13
其中：富裕中农	1	12.5	2.13	11.7	2.13	2	7.69	6.26	13.47	3.13
新富农	1	12.5	1.5	8.24	1.5					
地主	2	25	3.61	19.82	1.81					
其他劳动人民										

资料来源：同表十一。

表十四　　江西省 9 个典型乡 1952 年土地租佃情况

（单位：亩）

阶层	租出					租入			
	户数	占租出总户数%	土地	占租出总土地数%	户均	户数	占租入总户数%	土地	占租入总土地数%	户均
贫雇农	261	51.68	662.05	39.03	2.54	534	70.54	1526.87	69.67	2.86
中农	89	17.62	302.41	17.83	3.4	196	25.89	611.17	27.89	3.12
其中:富裕中农	3	0.59	48.4	2.85	16.13	16	2.11	15.7	0.72	0.98
其他劳动人民	40	7.92	140.22	8.27	3.51	13	1.72	21.68	0.99	1.67
其他剥削阶级	73	14.46	356.73	21.03	4.89	7	0.92	13.32	0.61	1.9
富农	12	2.38	34.79	2.05	2.9	5	0.66	13.16	0.6	2.63
地主	30	5.94	141.19	8.32	4.71	2	0.26	3.4	0.16	1.7
公有地			58.66	3.46						

资料来源:同表十一。

表十五　　　　　　　　　　　　**江西省 9 个典型乡 1954 年土地租佃情况**　　　　　　　　　　　（单位：亩）

阶层	租出					租入				
	户数	占租出总户数%	土地	占租出总土地数%	户均	户数	占租入总户数%	土地	占租入总土地数%	户均
雇贫农	131	22.32	369.88	17.74	2.82	184	18.33	419.48	16.56	2.28
新中农	96	16.35	274.26	13.16	2.86	541	53.88	1335.05	52.72	2.47
其中:新富中农	26	4.43	72.79	3.49	2.8	51	5.08	149.82	5.92	2.94
中农	108	18.4	337.78	16.2	3.13	238	23.71	675.53	26.68	2.84
其中:富裕中农	37	6.3	113.2	5.43	3.06	66	6.57	179.85	7.1	2.73
其他劳动人民	61	10.39	199.07	9.55	3.26	6	0.6	8.69	0.34	1.45
富农	18	3.07	83.66	4.01	4.65	23	2.29	35.01	1.38	1.52
其中:新富农	2	0.34	13.46	0.65	6.73					
其他剥削阶级	44	7.5	164.19	7.88	3.73	10	1	35.35	1.4	3.54
地主	129	21.98	597.15	28.65	4.63	2	0.2	23.32	0.92	11.66
公有地			58.66	2.81						

资料来源：同表十一。

表十六

江西省1955年9个典型乡土地租佃情况

（单位：亩）

阶层	租出					租入				
	户数	占租出总户数%	土地	占租出总土地数%	户均	户数	占租入总户数%	土地	占租入总土地数%	户均
贫雇农	78	19.85	273.76	17.7	3.51	77	14.23	180.63	9.99	2.35
新中农	42	10.69	148.76	9.62	3.54	292	53.97	922.28	51.02	3.16
其中：新富中农	5	1.27	22.01	1.42	4.4	17	3.14	39.37	2.18	2.32
中农	60	15.27	203.39	13.15	3.39	143	26.43	381.54	21.11	2.67
其中：富裕中农	18	4.58	42.37	2.74	2.35	37	6.84	105.81	5.85	2.86
其他劳动人民	42	10.69	144.91	9.37	3.45	3	0.55	3.01	0.17	1
富农	19	4.83	92.65	5.99	4.88	14	2.59	37.94	2.1	2.71
其中：新富农	1	0.25								
其他剥削阶级	42	10.69	154.43	9.99	3.68	11	2.03	24.02	1.33	2.18
地主	110	27.99	522.37	33.78	4.75	1	0.18	2.25	0.12	2.25
公有地								256	14.16	

资料来源：同表十一。

表十七

1952 年江西省 9 个典型乡雇佣关系调查统计表

阶层	出雇							雇人						
	户数	占出雇总户数%	长工 户数	长工 工数	短工 户数	短工 工数	短工 户均	户数	占雇人总户数%	长工 户数	长工 工数	短工 户数	短工 工数	短工 户均
贫雇农	486	74.54	27	21	459	8735	19.03	619	56.12	25	16.5	594	9168	15.43
中农	128	19.63	3	3	125	1909	15.27	342	31.01	22	17	320	6134	19.17
其中:富裕中农	7	1.07	2	2	5	26	5.2	38	3.45	6	4	32	292	9.13
其他劳动人民	8	1.23			8	131	16.38	33	2.99			33	420	12.73
其他剥削阶级	4	0.61			4	43	10.75	38	3.45	1	1	37	587	15.86
富农	10	1.53	1	1	9	111	12.33	45	4.08	5	4.5	40	801	20.03
地主	16	2.45	3	1.5	13	198	15.23	26	2.36			26	395	15.19

资料来源:同表十一。

表十八　1954年江西省9个典型乡雇佣情况

阶层	出雇							雇人						
	户数	占出雇总户数%	长工		短工			户数	占雇人总户数%	长工		短工		
			户数	工数	户数	工数	户均			户数	工数	户数	工数	户均
贫雇农	152	31.67	6	5	146	2978	20.4	169	17			169	2075	12.28
新中农	200	41.67	4	5	196	2930	14.95	364	36.7	18	10.5	346	5043	14.58
其中：新富中农	11	2.29			11	150	13.64	92	9.3	8	6.5	84	1980	23.57
中农	95	19.79	2	2	93	1315	14.14	295	29.7	12	9.8	283	4876	17.23
其中：富裕中农	22	4.58			22	263	11.95	143	14.4	12	9.8	131	2971	22.68
其他劳动人民	5	1.04			5	132	26.4	36	3.6			36	479	13.31
富农	9	1.88			9	46	5.11	45	4.5	5	4	40	1138	28.45
其中：新富农								4	0.4	1	1	3	91	30.33
其他剥削阶级	17	3.54	2	2	15	148	9.87	31	3.1	1	1	30	384	12.8
地主	2	0.42			2	43	21.5	3	0.3	1	1	52	1046	20.12

资料来源：同表十一。

表十九

江西省 1955 年 9 个典型乡雇佣情况

阶层	出雇							雇人						
	户数	占出雇总户数%	长工户数	长工工数	短工户数	短工工数	短工户均	占雇人总户数%	户数	长工户数	长工工数	短工户数	短工工数	短工户均
贫雇农	47	19.92	4	4	43	582	13.53	15.46	100			100	1139	11.39
新中农	125	52.97	1	1	124	1216	9.81	36.01	233	4	4	229	3219	14.06
其中:新富中农	17	7.2			17	199	11.71	7.11	46	4	4	42	940	22.38
中农	43	18.22			43	594	13.81	26.74	173	5	4	168	2953	17.58
其中:富裕中农	7	2.97			7	253	36.14	13.76	89	5	4	84	1869	22.25
其他劳动人民	2	0.85			2	60	30	4.17	27			27	258	9.56
富农	9	3.81			9	49	5.44	5.72	37	1	0.5	36	72	2
其中:新富农								0.15	1	1	0.5	1	11	11
其他剥削阶级	8	3.39			8	47	5.88	3.86	25	1	1	24	279	11.63
地主	2	0.85			2	26	13	8.04	52	1	1	51	254	4.98

注:所谓工数,指出雇或雇人之长工、短工的实际工数。长工以人计,短工以工计,短工以天为1工;月工包括在短工内。

资料来源:同表十一。

表二十　安徽省10个调查乡土改结束至1954年土地买卖、典当关系统计表

年份	阶层	土地买卖								土地典当							
		卖出				买入				典出				典入			
		户数	占卖出总户数%	土地	占卖出总土地数%	户数	占买入总户数%	土地	占买入总土地数%	户数	占典出总户数%	土地	占典出总土地数%	户数	占典入总户数%	土地	占典入总土地数%
土改结束时	贫雇农	2	66.7	0.9	23.1	3	75	4.4	81.5	21	43.8	49	20.6	24	54.5	97.4	49.1
	中农					1	25	1	18.5	21	43.8	166.6	70.1	17	38.6	92	46.4
1952	贫雇农	37	40.7	88.7	34.8	12	21.4	26	19.8	21	36.2	51.7	20.1	20	31.7	83.4	32.6
	新中农	16	17.6	41.9	16.4	18	32.1	32.2	24.5	10	17.2	21.7	8.5	14	22.2	48.8	19.1
	老中农	22	24.2	60.4	23.7	20	35.7	50.7	38.6	22	37.9	173.4	67.6	27	42.9	121.4	47.5
1954	贫雇农	32	40.5	55.5	26.7	16	17.6	31.7	17	24	44.4	62.3	27.8	12	18.2	24.6	11.3
	新中农	15	19	33.7	16.2	35	38.5	56.3	30.1	7	13	14.2	6.3	17	25.8	59.3	27.2
	老中农	25	31.6	85.9	41.4	39	42.9	96.6	51.7	18	33.3	137.1	61.1	34	51.5	129.5	59.4

资料来源:中共安徽省委农村工作部办公室:《安徽省农村典型调查》,编者刊,1955年。

表二十一

安徽省10个调查乡土改结束至1954年土地租佃关系统计表

年份	阶层	出租					租入				
		户数	占出租总户数%	土地	占出租总土地数%	户均	户数	占租入总户数%	土地	占租入总土地数%	户均
土改结束时	贫雇农	110	47.6	404.9	41.7	3.7	228	58.6	649.2	50.3	2.8
	中农	76	32.9	289	29.7	3.8	145	37.3	586.6	45.5	4
1952	贫雇农	89	32	291.3	24.7	3.3	182	40.4	393.8	26.5	2.2
	老中农	91	32.7	368.2	31.2	4	154	34.2	587.4	39.5	3.8
	新中农	30	10.8	82.1	7	2.7	92	20.4	273.5	18.4	3
1954	贫雇农	67	23.5	207.1	19.1	3.1	119	21.9	336.4	18	2.8
	老中农	88	30.9	245.9	22.7	2.8	202	37.2	858.1	46	4.2
	新中农	62	21.8	180.3	16.6	2.9	192	35.4	572.5	30.7	3

资料来源:同表二十。

表二十二　　安徽省 10 个调查乡土改结束至 1954 年雇佣关系统计表

年份	阶层	出雇								雇入							
		户数	占出雇总户数 %	长工			短工			户数	占雇入总户数 %	长工			短工		
				户数	工数	户均	户数	工数	户均			户数	工数	户均	户数	工数	户均
土改结束时	贫雇农	269	73.9	77	446	5.8	192	5771	30.1	301	43.6	37	380.7	10.3	264	7967	30.2
	中农	90	24.7	14	14	1	76	1617	21.3	305	44.1	100	442.3	4.4	205	7634	37.2
1952	贫雇农	209	54.3	48	769.5	16	161	4473	27.8	224	28.6	20	371.5	18.6	204	5796	28.4
	老中农	79	20.5	6	5.5	0.9	73	1414	19.4	303	38.7	108	435.2	4	195	6335	32.5
	新中农	78	20.3	12	9.5	0.8	66	1537	23.3	141	18	32	25	0.8	109	5505	50.5
1954	贫雇农	138	37.9	23	23	1	115	3962	34.5	94	12.9	18	6.1	0.3	76	1089	14.3
	老中农	98	26.9	9	9	1	89	1388	15.6	290	39.9	93	72	0.8	197	7586	38.5
	新中农	106	29.1	9	726	80.7	97	2005	20.7	234	32.2	38	747.5	19.7	196	7916.5	40.4

注：1. 所谓工数，指出雇或雇入之长工数、短工工数。长工以人计，短工以工计。长工以工计，短工以人计，1 天为 1 工；月工包括在短工内。

注：2. 表二十、表二十一、表二十二主要强调贫雇农和中农转让土地在主导雇佣关系中的地位，故其他阶层未列入。

资料来源：同表二十。

参考文献

文献资料汇编

人民出版社编辑部：《新区土地改革前的农村》，编者刊，1951 年

中南人民出版社：《土地改革后的中南农村》，编者刊，1951 年

江西省土地改革委员会：《江西省土地改革重要文献汇编》，编者刊，1954 年

中央档案馆：《解放战争时期土地改革文件选编（1945—1949）》，中共中央党校出版社 1981 年版

农业部农村经济研究中心当代农业史研究室：《中国土地改革研究》，中国农业出版社 2000 年版

中央农业部计划司：《两年来的中国农村经济调查集编》，中华书局 1952 年版

湖北人民出版社：《农村经济调查选集》，编者刊，1956 年

新华书店中南总分店编审部：《中南各省农村情况调查》，编者刊，1950 年

中共湖北省委农村工作委员会调查研究科编：《湖北农村调查》，编者刊，1952 年

中南军政委员会土地改革委员会调查研究处：《中南区一百个乡调查资料选集》，编者刊，1953 年

中华人民共和国国家统计局编：《1954 年我国农家收支调查报告》，统计出版社 1957 年版

史敬堂等：《中国农业合作化运动史料》，三联书店 1957 年版

中华人民共和国国家农业委员会办公厅编：《农业集体化重要文件汇编》，中共中央党校出版社 1981 年版

中国社会科学院、中央档案馆：《1949—1952 中华人民共和国经济档案资料选编·农村经济体制卷》，社会科学文献出版社 1992 年版

中国社会科学院 中央档案馆编：《1953—1957 年中华人民共和国经济档案资料选编·综合卷》，中国物价出版社 2000 年版

中国社会科学院、中央档案馆：《1949—1952 中华人民共和国经济档案资料选编·财政卷》，经济管理出版社 1955 年版

中国社会科学院、中央档案馆编：《1953—1957 中华人民共和国经济档案资料选编·财政卷》，中国物价出版社 2000 年版

中国社会科学院、中央档案馆：《1949—1952 中华人民共和国经济档案资料选编·农业卷》，社会科学文献出版社 1991 年版

中国社会科学院、中央档案馆编：《1953—1957 中华人民共和国经济档案资料选编·农业卷》，中国物价出版社 1998 年版

财政部农业财务司编：《新中国农业税史料丛编（第五册）》，中国财政经济出版社 1986 年版

中华人民共和国财政部编辑委员会：《中国农民负担史》（第四卷），中国财政经济出版社 1994 年版

华东军政委员会土地改革委员会：《华东区土地改革成果统计》，编者刊，1952 年 12 月

华北解放区财政经济史资料选编编辑组：《华北解放区财政经济史资料选编》（第一、二辑），中国财政经济出版社1996年版

杜润生主编：《中国的土地改革》，当代中国出版社1996年版

当代中国丛书编辑部：《当代中国的农业合作制》，当代中国出版社2002年版

章有义：《中国近代农业史资料（第三辑）》，三联书店1957年版

乌廷玉：《中国租佃关系通史》，吉林文史出版社1992年版

章有义：《近代徽州租佃关系案例研究》，中国社会科学出版社1988年版

档案资料

中共中央山东分局：《关于土地改革后农村土地租佃买卖办法的意见》（1951年10月25日），山东省档案馆，A001-01-42

中华人民共和国国家统计局编：《1954年全国农家收支调查资料》（1956年5月），广东省档案馆，MA07—61·222

湖北省档案馆馆藏

湖北省农委：《农村经济情况参考资料》（1952年），SZ18-1-3

各县委调研组：《黄冈、孝感、襄阳、宜昌专区各县委关于农村生产与经济情况的调查报告》（1952年），SZ18-1-5

湖北委员会农村工作委员会：《荆州专区公安、京山等县关于农村生产与经济情况的调查报告》（1952年），SZ18-1-6

各县委调研组：《荆州专区洪湖、松滋、钟祥、潜江、监利

等县农村经济调查报告》（1952 年），SZ18 - 1 - 7

湖北省农委：《襄阳、孝感、宜昌地委关于农村经济情况的调查报告》（1953 年），SZ18 - 1 - 41

荆州地委政策研究室：《荆州专区京山、沔阳等县关于农村经济调查报告》（1953 年），SZ18 - 1 - 42

各县委调研组：《孝感专区通山、云梦等县关于土改后农村经济情况调查报告》（1953 年），SZ18 - 1 - 44

各县委调研组：《孝感专区汉阳、应城、嘉鱼县委关于农村经济情况调查》（1953 年），SZ18 - 1 - 45

各县委调研组：《襄阳、黄冈各县关于土改后农村经济情况的调查报告》（1953 年），SZ18 - 1 - 47

各县委调研组：《宜昌专区关于土改后农村经济调查报告》（1953 年），SZ18 - 1 - 48

省委农村工作部：《湖北省 12 个典型乡调查统计表》（1955 年），SZ18 - 1 - 154

省委农村工作部：《湖北农村调查（五个典型乡综合材料)》（1954 年），SZ18 - 1 - 285

中南局农村工作部：《中南各省农村情况调查》（1953 年），SZ - J - 513

中南局农村工作部：《中南区五省 35 个乡 1953 年农村经济调查总结》（1954 年），湖北省档案馆，SZ - J - 514

中共中央中南局农村工作部：《中南区 1953 年农村经济调查统计资料》（1954 年），SZ - J - 517

湖北省农村工作部：《黄冈、麻城、浠水等县农村经济调查统计分析表》（1954 年），SZ18 - 1 - 128

湖北省农村工作部：《孝感、咸宁、五峰等县农村经济调查统计分析表》（1954 年），SZ18 - 1 - 129

湖北省农村工作部：《江陵、松滋、荆门等县农村经济调查统计分析表》（1954 年），SZ18 – 1 – 130

湖北省农村工作部：《襄阳、随县、建始等县农村经济调查统计分析表》（1954 年），SZ18 – 1 – 131

湖北省农村工作部：《黄冈、浠水、孝感、咸宁、江陵、松滋、襄阳、随县、建始等县关于农村经济调查的总结报告》（1954 年），SZ18 – 1 – 133

湖北省委农村工作部：《湖北省 12 个典型乡调查报告》（1956 年 4 月），SZ – J – 526

江西省档案馆馆藏

省委农工部：《吉安淇塘乡农村经济调查总结》（1954 年 8 月 5 日），X006 – 2 – 3

江西省农村工作部：《江西省信丰县胜利乡经济调查报告》（1954 年 8 月 10 日），X006 – 2 – 4

省委农工部：《崇义县黄沙乡经济调查材料》（1954 年 9 月），X006 – 2 – 5

中共九江地委调查组：《九江县石门乡农村经济调查总结》（1954 年 7 月 31 日），X006 – 2 – 6

省委调查组：《浮梁县益田乡调查报告》（1955 年 10 月），X006 – 2 – 13

省委调查组：《吉安淇塘乡典型乡社的调查报告》（1955 年），X006 – 2 – 11

省委调查组：《关于全省（9 个典型乡）经济调查综合表》（1956 年），X006 – 2 – 13

湖南省档案馆馆藏

省委农村工作部：《关于长沙县卷塘乡 1952 年至 1954 年经济情况调查分析表》（1955 年），146 – 1 – 153

省委农村工作部：《关于长沙县草塘乡 1952 年至 1954 年经济情况调查分析表》（1955 年），146－1－165

省委农村工作部：《关于湘潭县清溪乡 1952 年至 1954 年经济情况调查分析表》（1955 年），146－1－176

省委农村工作部：《关于湘潭县常乐乡 1952 年至 1954 年经济情况调查分析表》（1955 年），146－1－197

省委农村工作部：《关于安乡县蹇家渡乡 1952 年至 1954 年经济情况调查分析表》（1955 年），146－1－204

省委农村工作部：《关于安乡县竹林垸乡 1952 年至 1954 年经济情况调查分析表》（1955 年），146－1－205

省委农村工作部：《关于沅陵县肖家桥乡 1952 年至 1954 年经济情况调查分析表》（1955 年），146－1－246

省委农村工作部：《关于沅陵县蒙福乡 1952 年至 1954 年经济情况调查分析表》（1955 年），146－1－272

江苏省档案馆馆藏

苏北区党委办公厅：《苏北情况汇编》（1952 年 9 月），3001－永－49

苏北区委员会农村工作委员会：《苏北区农业生产典型调查综合资料》（1952 年），3001－永－92

中共江苏省委办公厅：《中共中央、华东局关于土地自由买卖的指示》（1954 年），3011－长－93

江苏省统计局：《江苏省 1954 年农民家计调查资料汇编》（1956 年 4 月），3133－永－58

江苏省统计局：《江苏省 1954 年农民家计调查分析资料》（1956 年 1 月 14 日），3133－永－59

江苏省统计局：《1955 年农家收支调查资料汇编》（1957 年 1 月），3133－永－93

省委农村工作部：《江苏省农村经济概况》（1953 年 3 月 18 日），3062 - 永 - 3

省委农村工作部：《农村经济调查综合资料》（1953 年），3062 - 永 - 4

省委农村工作部：《江苏省农村工作情况资料汇编》（1959 年 1 月），3062 - 永 - 73

省委农村工作部：《有关农村经济情况的典型调查》（1953 年），3062 - 长 - 6

省委农村工作部：《淮阴县经济典型调查资料》（1953 年），3062 - 长 - 10

省委农村工作部：《常熟县经济典型调查资料》（1953 年），3062 - 长 - 14

省委农村工作部：《省农村工作团关于江宁县、溧水县、太仓县农村经济情况调查报告》（1953 年），3062 - 短 - 17

中共苏南区委员会农村工作委员会：《土地改革后土地买卖、租佃、雇佣关系办法》（1951 年），3006 - 永 - 146

苏南区委员会农村工作委员会：《12 个典型村土改后农村经济变化情况调查》（1951 年 12 月 30 日），3006 - 永 - 148

中共苏州地委、农委：《关于土地改革后农村土地租佃关系的情况及意见》（1951 年 10 月 5 日），3006 - 永 - 149

苏南区委员会农村工作委员会：《关于苏南地区土改统计》（1952 年 10 月），3006 - 永 - 158

苏南区委员会农村工作委员会：《关于宜兴、江宁、太仓县农村经济情况》（1952 年），3006 - 长 - 278

苏南农协会调研科第三调查组：《松江专区南汇石西村、富饶村，青浦龙田村、孙家圩村 4 个典型村典型调查综合汇报》（1951 年 12 月 19 日），3006 - 短 - 242

苏南农协会调研科：《苏南农村阶级变化情况》（1951 年），3006 - 短 - 289

各县县委员会：《南汇、青浦等县土改后农村经济变化情况》（1952 年），3006 - 短 - 324

苏南区委员会农村工作委员会：《青浦、奉贤县农村经济情况》（1952 年），3006 - 短 - 325

苏南农工团：《镇江专区句容、高淳县 4 个典型村的调查情况报告》（1951 年 12 月），3006 - 短 - 330

苏南农村工作团：《常熟、昆山、太仓、丹徒、杨中等县土改后农村阶级经济情况变化调查》（1951 年），3006 - 短 - 331

苏南农工团：《武进县新闸区大坝乡土改后农村经济调查》（1951 年 10 月），3006 - 短 - 332

苏南区委员会农村工作委员会：《江阴县夏港乡关于土地改革前后农村阶级经济情况变化的调查总结》（1951 年 10 月 18 日），3006 - 短 - 333

苏南区委员农村工作委员会：《常熟县南丰区扶海乡的雇佣关系情况调查》（1951 年 9 月 23 日），3006 - 短 - 362

苏南区委员会农村工作委员会：《江阴、句容、溧阳、南汇等县典型村调查报告》（1951 年），3006 - 短 - 363

苏州地委、农委：《关于土改后农村雇佣关系的情况及意见》（1951 年 9 月 5 日），3006 - 短 - 364

苏南区农工团：《苏南 11 个乡土改后农村经济变化情况调查报告》（1951 年 8 月 23 日），3006 - 短 - 364

中共江苏省委农村工作委员会编：《江苏省农村经济情况调查资料》（1953 年 2 月 20 日），3006 - 短 - 364

浙江省档案馆馆藏

省委农村工作部：《关于 27 个县农村经济情况的调查分析》

（1956 年 7 月 7 日），J007 – 8 – 35

省农村工作部：《关于浙江省农村副业生产情况的报告》（1956 年 9 月 13 日），J007 – 8 – 42

中华人民共和国国务院：《关于农村土地的转移及契税工作的通知》（1955 年 5 月 7 日），J123 – 18 – 40

安徽省档案馆

浙江省统计局：《1954 年浙江省农民家计调查资料》（1955 年 12 月），J136 – 2 – 111

中共皖北区党委农村工作委员会：《皖北区农村经济调查》（1954 年 10 月 14 日），J2 – 1 – 63

安徽省革命委员会皖北区农委：《肥西县乐平乡关于互助组及农村经济情况之变化汇报》（1951 年 9 月 3 日），J9 – 1 – 3

安徽省农工部省委工作组：《宿县 3 个村典型调查》（1953 年 8 月），J9 – 1 – 19

安徽省农工部：《冯礼元中农上升为新富农情况调查（无为县）》（1953 年），J9 – 1 – 19

安徽省统计局：《1954 年农民家计调查资料所反映的一些情况》（1956 年 1 月），J63 – 1 – 581

安徽省统计局：《1955 年农家收支调查分析报告》（1956 年 1 月），J63 – 1 – 609

论著部分

卜凯：《中国土地利用》中译本，金陵大学农学院经济系，1941 年

德希·帕金斯：《中国农业的发展》，上海译文出版社 1984 年版

马若孟：《中国农民经济：河北和山东的农业发展（1890—1949）》，江苏人民出版社 1999 年版

［德］马克斯·韦伯：《经济、诸社会领域及权力》，三联书店、牛津大学出版社 1998 年版

［美］黄宗智：《长江三角洲小农家庭与乡村发展》，中华书局 2000 年版

彭慕兰：《大分流——欧洲、中国及现代世界经济的发展》，江苏人民出版社 2003 年版

［美］明恩溥：《中国乡村生活》，时事出版社 1998 年版

［美］王国斌：《转变的中国：历史变迁与欧洲经验的局限》，江苏人民出版社 1998 年版

詹姆斯·R. 汤森，布兰特利·沃马克：《中国政治》，江苏人民出版社 2005 年版

赵冈：《农业经济史论集》，中国农业出版社 2001 年版

赵冈：《历史上的土地制度与地权分配》，中国农业出版社 2003 年版

黄宗智：《长江三角洲小农家庭与乡村发展》，中华书局 2000 年版

黄宗智：《华北的小农经济与社会变迁》，中华书局 2000 年版

西奥多·W. 舒尔茨：《改造传统农业》，商务印书馆 2003 年版

A. V. 恰亚诺夫：《农民经济组织》，中央编译出版社 1996 年版

道格拉斯·C. 诺斯：《经济史上结构与变迁》，商务印书馆 1992 年版

道格拉斯·C. 诺斯，罗伯斯·托马斯：《西方世界的兴

起》，华夏出版社 1999 年版

　　R. 科斯，A. 阿尔钦，D. 诺斯等：《财产权利与制度变迁》，上海三联书店 1994 年版

　　詹姆斯·A. 道，史迪夫·H. 汉科：《发展经济学的革命》，上海三联书店 2000 年版

　　吉尔伯特·罗兹曼：《中国的现代化》，江苏人民出版社 2005 年版

　　约翰·希克斯：《经济史理论》，商务印书馆 2002 年版

　　张五常：《佃农理论》，商务印书馆 2002 年版

　　薄一波：《若干重大决策与事件的回顾》，人民出版社 1997 年版

　　董志凯主编：《1949—1952 年中国经济分析》，中国社会科学出版社 1996 年版

　　吴承明、董志凯：《中华人民共和国经济史》，中国财政经济出版社 2001 年版

　　武力：《中华人民共和国经济史（1949—1999）》，中国经济出版社 1999 年版

　　苏少之：《中国经济通史》（第十卷上册），湖南人民出版社 2002 年版

　　剧锦文：《中国经济路径与政策（1949—1999）》，社会科学文献出版社 2001 年版

　　陈吉元等编：《中国农村社会经济变迁（1949—1989）》，山西经济出版社 1993 年版

　　卢现祥：《西方新制度经济学》（修订版），中国发展出版社 2003 年版

　　曹幸穗：《旧中国苏南农家经济研究》，中央编译出版社 1996 版

李金铮：《近代中国乡村社会经济探微》，人民出版社 2004 年版

周志强：《中国共产党与中国农业发展道路》，中共党史出版社 2003 年版

温锐、游海华：《劳动力的流动与农村社会经济变迁——20 世纪赣闽粤三边地区实证研究》，中国社会科学出版社 2001 年版

马俊亚：《混合与发展——江南地区传统社会经济的现代演变（1900—1950）》，社会科学文献出版社 2003 年版

姚洋：《土地、制度和农业发展》，北京大学出版社 2004 年版

武力、郑有贵：《解决"三农"问题之路——中国共产党"三农"思想政策史》，中国经济出版社 2004 年版

费孝通：《江村经济——中国农民的生活》，商务印书馆 2001 年版

王晓毅、张军：《中国村庄的经济增长与社会转型》，山西经济出版社 1996 年版

朱玉湘：《中国近代农民问题与农村社会》，山东大学出版社 1997 年版

郑风田：《制度变迁与中国农民经济行为》，中国农业科技出版社 2000 年版

周志强：《中国共产党与中国农业发展道路》，中共党史出版社 2003 年版

白跃世：《中国农业现代化路径选择分析》中国社会科学出版社 2004 年版

王琢：《中国农村土地产权制度论》，经济管理出版社 1996 年版

王景新：《现代化进程中的农地制度及其利益格局重构》，

中国经济出版社 2005 年版

　　张跃进：《现代化的最后情结》，安徽大学出版社 2005 年版

　　钱忠好：《中国农村土地制度变迁和创新研究》，中国农业出版社 1999 年版

　　钱忠好：《中国农村土地制度变迁和创新研究（续）》，社会科学文献出版社 2005 年版

　　徐汉明：《中国农民土地持有产权制度研究》，社会科学文献出版社 2004 年版

　　王琢、许浜：《中国农村土地产权制度论》，经济管理出版社 1996 年版

　　林善浪：《中国农村土地制度与效率研究》，经济科学出版社 1999 年版

　　于宪先等《两岸农地利用比较》，社会科学文献出版社 2004 年版

　　何梦笔等：《网络文化与华人社会经济行为方式》，山西经济出版社 1996 年版

　　刘兆发：《农村非正式结构的经济分析》，经济管理出版社 2002 年版

　　段晓锋：《非正式制度对中国经济制度变迁方式的影响》，经济科学出版社 1998 年版

　　郭庆：《现代化中的农村剩余拉动力转移》，中国社会科学出版社 1993 年版

　　李拓：《和谐与冲突——新时期中国阶级结构问题研究》，中国财政经济出版社 2002 年版

　　许欣欣：《当代中国社会结构变迁与流动》，社会科学文献出版社 2000 年版

　　陈吉元：《论中国农业剩余劳动力转移》，人民出版社 1993

年版

论文

高华民：《买卖土地的数据不等于就是两极分化》，《党史研究》1982 年第 1 期

苏少之：《论我国农村土地改革后的"两极分化"问题》，《中国经济史研究》1989 年第 3 期

刘裕清：《我国农业社会主义改造时期的富裕中农问题初探》，《中共党史研究》1983 年第 6 期

苏少之、常明明：《建国前后人民政府对农村私人借贷政策演变的考察》，《中国经济史研究》2005 年第 3 期

苏少之、常明明：《1952—1954 年湖北省农村私人借贷的历史考察》，《当代中国史研究》2005 年第 3 期

张静：《1950 年代农村土地使用权流转的实证考察》，《内蒙古社会科学》2005 年第 6 期

张静：《20 世纪 50 年代初期长江中下游地区乡村劳动力市场探微》，《当代中国史研究》2007 年第 5 期

张静：《建国初期长江中下游地区乡村地权市场的特征分析》，《中国农史》2008 年第 1 期

张静：《建国初期中共有关农村土地流转问题的政策演变》，《中南财经政法大学学报》2008 年第 5 期

陈益元：《建国初期中共政权建设与农村社会变迁》，《史学集刊》2005 年第 1 期

江红英：《新区土地改革与开辟工业化道路》，《中共党史研究》2004 年第 1 期

高冬梅：《新中国建立初期弱势群体及其社会救助研究》，

《中共党史研究》2005 年第 4 期

莫宏伟：《新区土地改革时期农村各阶层思想动态述析》，《广西社会科学》2005 年第 1 期

王瑞芳：《新中农崛起后中共阶级政策的调整》，《安徽史学》2004 年第 2 期

杨娜：《一九四九年至一九五六年的中国农民阶级分化》，《中共党史研究》2005 年第 2 期

武力：《略论土地改革对国家与农民关系的重塑》，国学网——中国经济史论坛

周其仁：《中国农村改革：国家和所有权关系的变化》，《管理世界》1995 年第 3、4 期

郑风田：《我国现行土地制度的产权残缺与新型农地制度构想》，《管理世界》1995 年第 4 期

张红宇：《中国农村土地产权政策：持续创新》，《管理世界》1998 年第 6 期

唐晓腾：《社会变迁中的宗族与基层政府：1950—1979》，《江西社会科学》2002 年第 4 期

孔泾源：《中国经济生活中的非正式制度安排》，《经济研究》1992 年第 7 期

胡雪萍：《劳动力迁移理论与我国农业剩余劳动力转移》，《宏观经济研究》2004 年第 5 期

李爱：《我国农村剩余劳动力的转移与问题》，《社会学研究》1990 年第 4 期

宋洪远：《关于农村劳动力流动的政策问题分析》，《管理世界》2002 年第 5 期

后　记

　　该书是在我的博士论文的基础上完善而成，尽管对该课题的研究暂时告以阶段性的结束，我却不敢有丝毫的懈怠与放松，因为它承载了太多老师和亲友的帮助与厚望。

　　首先要特别感谢我的导师苏少之教授。有幸考入导师门下，初入学时，导师就给我创造各种机会以利于我补习经济学的课程，并积极鼓励我结合经济学和历史学进行跨学科的探索。在论文写作前的搜集资料阶段，导师不但把他已有的资料毫无保留地提供给我，而且为我争取了大量的经费支持。在论文的撰写过程中，导师从选题到构架，从初稿的审阅、修改到最后的定稿，都投入了大量的时间和精力。可以说，本书渗透着导师大量的心血。先生以一位学者丰厚的学识、严谨的学术作风和深厚的人格修养时时感动着我，给予我的远不止是学术研究上的指导和教诲，更多的是一种人生的启迪和乐观从容的心灵境界。

　　华中师范大学彭南生教授是我的硕士导师，他的渊博的学识和淡泊名利、坦诚乐观深深地影响着我。他多次谈到，一个真正的学者要接受不同风格的熏陶，博采众家之长，才能避免褊狭。并鼓励我报考中南财经政法大学的经济学博士，促使我以经济学的思维重新思考经济史。

　　感谢中南财经政法大学赵德馨教授、邹进文教授，华中师范大学刘伟教授、黄华文教授，山东省社会科学院历史研究所庄维民研究员和烟台师范大学赵慧锋教授，多年来他们在我的学习和生活上都给予了无微不至的关照，并从各个方面给我以教诲和指点迷津。

感谢湖北省档案馆、湖北省图书馆、浙江省档案馆、江苏省档案馆、安徽省档案馆、山东省档案馆和淄博市档案馆的工作人员，本书资料的搜集和整理有幸得到了他们的热情帮助。感谢常明明、林柏、任志江、张连辉、何新易、曹越方、牛海涛、于晶、谷秀清等诸多同学和好友，与他们的交流给予我诸多启迪。

感谢中国社会科学出版社编辑室冯斌主任，不仅惠纳书稿，而且提供了宝贵的修改意见，使本书避免了许多硬伤。感谢我的工作单位湖北省社会科学院提供出版资助，感谢长江所、科研处的领导和同事的关心帮助，使得拙作得以及时出版。

此外，本书的顺利完成与我的爱人刘辉元先生几年来的宽容、支持和鼓励亦密不可分，感激之情自不待言。还要感谢我的父母双亲，在我漫长的求学历程中，是他们一直在背后给予我默默的支持和理解，对他们的感恩是无法用语言来表达的。该书的修改过程伴随着儿子刘兆兴的出生和成长，每天经历着他的点滴变化，是一种莫大的幸福，也常使我心情愉悦、灵感涌现，在此祝愿他健康快乐成长。

限于精力和篇幅，拙作许多观点尚值得进一步商榷，期待方家批评指正。

张静

2010 年 7 月